KB197696

존엄한 죽음은 가능한가

─ 연명의료결정법의 한계와 대안 ─

김정아 외 7인 著

法文社

추 천 사

죽음^{死}은 인간학^{人間學}의 출발점이다. 『세우지 않은 비명』(이병주, 바이북스, 2016)은 여러 사람의 죽음 문제를 다양한 관점에서 설명하고 있다. 나림 이병주(1921－1992) 소설 작품 전체가 죽음 문제를 다루고 있다. 나림 선생 문장을 읽어보자.

인생

인생이란 제국의 건설이다. 죽음은 그 제국과 함께하는 함몰이다.

이병주, 『세우지 않은 비명』, 바이북스, 2016, 13면.

1979년 독재자 죽음·부토 죽음·전쟁 피해자 죽음·의사 외삼촌 죽음·최종식 교수 간암 죽음·미네야마 후미코 죽음·어머니 위암 죽음·성유정 간암 죽음이다. 이 소설은 한마디로 「죽음학 개론서」이다.

죽음

'죽음이란 뭐냐.'
'이 세상에서 없어지는 것이다.'
'언제 없어져도 없어질 운명이 아닌가.'
'그렇다면 조만^{무晩}이 있을 뿐이지 본질적으론 다름이 없는 것이 아닌가.'
'그런데 왜 오래 살려고 발버둥치는 걸까.'

'오래 살면 죽음의 공포가 없어지는 걸까.'

'오래 살면 미련 없이 죽을 수 있는 걸까.'

'내가 가령 80세에 죽는다고 치자. 그 나이에 죽으면 지금 죽는 것보다 고통과 슬픔이 덜할까.'

'지금 80세이신 어머니는 자기의 죽음을 어떻게 생각하고 계실까.'

이병주, 『세우지 않은 비명』, 117-118면.

2016년 2월 3일 「호스피스・완화의료 및 임종과정에 있는 환자의 연명의료결정에 관한 법률」(약칭: 연명의료결정법)이 제정이 되었다(법률 제14013호, 보건복지부). 2017년 8월 4일부터 시행되고 있다. 2023년 6월 13일 제5차 개정이 있었다.

연명의료결정법은 전체 6장 43조로 구성되어 있다. 제1장 총칙(제1조-제8조)・제2장 연명의료중단등결정의 관리체계(제9조-제14조)・제3장 연명의료중단등결정의 이행(제15조-제20조)・제4장 호스피스・완화의료(제21조-제30조)・제5장 보칙(제31조-제38조)・제6장 벌칙(제39조-제43조)이다.

연명의료의 대상은 '임종과정에 있는 환자'이다. 연명의료법 제2조 제1호는 "임종과정"이란 회생의 가능성이 없고, 치료에도 불구하고 회복되지 아니하며, 급속도로 증상이 악화되어 사망에 임박한 상태를 말한다. 연명의료법 제2조 제1호는 "임종과정에 있는 환자"란 제16조에 따라 담당의사와 해당 분야의 전문의 1명으로부터 임종과정에 있다는 의학적 판단을 받은 자를 말한다.

이 책 『존엄한 죽음은 가능한가 - 연명의료결정법의 한계와 대안』은 연명의료결정법과 이 법률 시행 이후 의료현장에서 발생하고 있는 문제점을 비판적으로 분석한다. 연구자들은 최근 쟁점이 되고 있는 소위 "조력존엄사" 개념을 비판한다.

이 책은 8편 논문을 3부로 구분하였다. 이 논문들은 다양한 시각에서 역사·개념·데이터를 분석한 글이다. 연명의료결정법의 입법사·의료현장의 현실과 과제·새로운 입법안을 볼 수 있다.

이 책 저자는 8명이다. 연명의료법 신진연구자들이다. 김도경·김정아·김주현·김효신·문수경·손민국·이희재·황혜영 선생이다. 전공 분야도 다양하다. 의료윤리학·의료인문학·의료정보학·보건정책학·의료사·법학·간호윤리학이다. 이들이 분석한 연구를 읽으면, 연명의료법은 종합학문임을 알 수 있다. 의료인·예비의료인·환자·가족·입법자에게 귀중한 자료로 생각한다.

대한민국은 초고령화 사회이다. 죽음에 대한 인식과 연명의료결정이 변하는 시기이다. 이 책은 연명의료결정에 대한 올바른 방향을 제시한다. 생애 말기 환자의 연명의료 문제를 다루고 있기 때문이다. 연명의료 연구자·의료인·환자·가족에게 연명의료를 바라보는 새로운 시각을 열어준다. 의과대학 학생들에게 「죽음학」에 대한 공부 방향을 제시한다.

나는 희망한다. 이번 공동 집필을 이 책으로 끝내지 말고, 후속 연구를 계속하기를 기대한다. 연명의료 연구는 시작이기 때문이다. 죽음 관련 법제는 더 발전해야 하고, 시민들이 더 정확히 이해해야 한나. 의료인들이 법을 만나고 문제섬을 찾아 법률을 개정해 달라는 요구해야 한다. 의료인에게 정당한 권리이다.

김정아 교수님께 깊이 감사드린다. 토론하고 원고를 모으고 책을 기획하고 완성하였기 때문이다. 공동 집필 연구자에게 더 깊이 감사드린다. 함께 연구하고 오래 연구하고 싶다는 마음을 표현하였기 때문이다. 이것이 진정한 학제 공동연구이다. 우리 학계에서 필요한 덕목이다. 아름다운 학문공동체이다.

나는 힘든 환경 속에서 연구에 정진하시는 연구자들의 힘든 모습을 기억한다. 장엄한 시간이다. 학문이 직업이다. 어떻게 하겠는가. 더 나은 사회를 위해 노력해야 한다. 삶과 연구에서 하나님의 은혜가 넘치시길 기원한다.

입법 개정

현행 제도가 개선되지 않을 경우, 부모 세대는 인격적 성취와 도덕적 덕목을 허물어뜨리는 방식으로 생애 말기를 경험하고 죽을 것이다. 우리는 그들이 원치 않던 방식으로 집착적 의료를 맴돌다 죽는 모습을 그들의 마지막 이야기로 목격하게 될 것이다... 생애 말기 돌봄이란 사회 인프라의 핵심이다... 우리에게는 보다 나은 제도가 필요하다. 그 제도를 고안하고 사회적으로 합의하기 위해 현 상황을 총제적으로 살피고 더 많은 사람이 이를 이해할 수 있도록 전달하여야 한다. 이를 위한 마중물로도 턱없이 부족하겠으나 우리가 이 책을 기획한 이유이다.

김정아, 엮은이 글

이 책은 『죽음학』 입문서이다. 현행 연명의료결정법 법제도의 한계를 정확히 관찰하고 있다. 『존엄한 죽음은 가능한가』 연명의료결정법의 한계와 대안은 무엇인가. 이 책에서 한번 찾아보시길 바란다.

매년 10월 2주 토요일은 호스피스의 날
존엄한 죽음을 준비하는 날
존엄한 죽음·연명의료의 날

2024. 10. 12.
동아대학교 법학전문대학원
仁德 하태영

엮은이의 글

이 책은 엮은이를 비롯한 여러 저자들이 현행 「호스피스·완화의료 및 임종과정에 있는 환자의 연명의료결정에 관한 법률」, 즉 연명의료결정법의 한계와 앞으로의 발전 방향에 대하여 그간 연구한 다양한 분야의 논문을 모은 것이다. 이 책에서 우리는 환자의 치료거부권을 극도로 제한하는 현행 연명의료결정법의 한계를 지적하고, 이를 실증적으로 제시한다. 그리고 이에 대한 대안으로서 치료거부권에 대한 근본적 인정을 포함하여, 투명하고 효과적인 사회적 논의에 기초한 포괄적 제도 마련을 촉구한다.

다사(多死) 사회로 들어선 우리 사회는 죽음과 생애말기 돌봄이라는 큰 문제를 마주하고 있다. 그런데 이 사안은 하나의 학문 분야로 포착할 수 없는 복잡성을 지닌다. 바로 여기에 우리가 단행본이라는 기획을 한 이유가 있다. 죽음과 생애말기라는 문제는 모든 이가 겪는 주제임에도 불구하고, 우리 사회에서 이는 너무나 분절화되고 전문화된 서비스의 영역으로 분화되어 그 총체를 파악하는 것이 무척 어렵다. 게다가 이 사안은 생과 사로 이어지는 결정을 포함하므로 각 개인이 생각하는 옳고 그름, 바람직함과 허용가능함의 경계가 교차하고 충돌하기 마련이다. 문제는 이러한 사안을 섬세하게 다룰 만큼 현실에 대한 정확한 이해가 뒷받침되지 못하는 경우가 많으며, 그런 이해를 촉진시킬 사회적 자원이 부족하다는 데에 있다.

우리는 현행 연명의료결정법의 문제 중 일부가 이 복잡성을 제대로 다루지 못했기 때문에 발생했다고 생각한다. 이 법을 원했던 의사들은 법학이나 철학, 신학의 논리에 익숙하지 않았고 반대로 이론을 주장한 이들은 의학적 결정이 갖는 본질적인 개별성과 확률의 불가피함을 이해하지 못했다. 게다가 이 단행본도 거의 다루지 못한, 비의료적 돌봄의 영역은 우리 삶을 구성하는 비중이 어마어마함에도 불구하고, 그 영역의 '전문가'나 '대표'를 갖지 못한 만큼 논의에서 제외되어 왔다.

이 복잡하고 다층적인 문제를 가능한 한 이해 가능한 수준으로 풀고, 방향을 모색하기 위해서는 사회적인 투자가 필요하다. 대중뿐만이 아니라 서로 다른 영역의 전문가들마저도, 이 총체를 파악하는 데에는 시간과 노력이 필요하다. 따라서 마주한 현실을 파악하고 이를 이해 가능하게 소통하기 위하여 더 많은 자원이 필요하다. 연구와 소통 그리고 사회적 합의를 위한 투자를 촉구하기 위하여, 그리고 현재 상황에서 개별 연구자로서 수행한 다학제적 이해의 초보적 수준을 전달하기 위하여, 우리는 이 책을 기획하였다.

2024년 현재 22대 국회에서는 「호스피스 완화의료 및 임종과정에 있는 환자의 연명의료결정에 관한 법률」의 일부 개정안이 4건, 그리고 「조력존엄사에 관한 법률」의 제정안이 1건 발의되었다. 최근 언론에서 스위스 <디그니타스>로 향하는 사람들의 사례 등, 의사조력사망 문제를 잇달아 다루기도 하였고 관련한 헌법소원도 청구되었다. 그럼에도 불구하고, 원치 않는 치료에 대해서 거부를 하는 동시에 통증 완화 등 원하는 치료와 돌봄을 받을 수 있는 권리, 즉 치료거부권을 우리 법제가 폭넓게 인정하고 있지 않다는 사실에 주목하는 이는 드물다. 그리고 만일 법이 허용할 경우, 이러한 방식의 치료거부를 통해 죽음에 이를 수 있는 사람의 수가 의사조력사망이라는 방식을 통해 죽음에 이를 수 있는 사람의 수에 비해 훨씬 더 많다는 사실을 알고 있는 이는 많지 않다. 따라서 이 책은 이러한 사실을 전달하고자 하며 우리 사회가 검토해 볼 만한 온건한 대안을 제시하고자 한다.

이 책은 현행 연명의료결정법의 한계와 대안을 모색하기 위해 3부로 구성되었다. 먼저 1부에서는 연명의료결정법의 구조와 특징, 그리고 그러한 결과에 이르게 한 제정 논의의 역사를 살핀다. 1부는 환자의 자기결정권 보장을 위해 제정된 연명의료결정법이 실질적으로 환자의 치료거부권을 제한하게 된 법적 현실을 조명하며, 진정한 의미의 사회적 합의를 위하여 공통 이해가 선행해야 함을 보여 줄 것이다.

1부의 1장에서는 연명의료중단등결정에 대한 한국의 첫 번째 입법, 즉 연명의료결정법을 세 가지 측면에서 분석한다. 첫째, 법에서 허용한 연명의료결정에 대하여 알아본다. 둘째, 이러한 허용이 어떠한 법의 금지 규정을 통해 축소되었는지 살펴본 후에, 마지막으로 이러한 입법으로 인해 환자의 자기결정권과 의료 실무에 초래한 바를 분석한다. 이 법은 연명의료결정에 대한 법적 요건과 절차를 구비함으로써 종래 소극적이었던 자기결정권에 근거한 치료거부권을 구체화하였다. 그러나 그만둘 수 없는 의료행위 조항, 의사에 대한 형사처벌조항, 지속적인 의료대리인 지정 위임(durable power of attorney for healthcare)조항의 부재는 오히려 연명의료중단등결정을 축소시킨 측면이 있다. 결국 이 법은 환자의 자기결정권을 실질적으로 인정하지 못하는 효과를 불러일으킨다. 환자의 자기결정권을 보장하겠다는 법의 목적과 달리, 환자의 자기결정권의 행사를 제한하고, 전문직의 재량권을 제한하는 결과가 초래되었다.

2상에서는 2009년 대법원 판례로부터 2016년 연명의료결정법의 제정까지 이어져 온 제정 논의를 살펴본다. 쟁점별로 어떤 논의가 이루어졌으며, 어떤 결정이 유지되었는지 혹은 갑작스럽게 누락·변경되었는지 살펴본다. 서로 다른 학문분야와 실무분야가 중첩되는 생애 말기와 죽음이라는 대상을 고려하여, 이 논문은 제정 논의 안에서의 쟁점이 어떻게 서로 다른 주체들에게 해석되고 정의되었으며 그 단계에서 합의에 이르기 위해 규정되는지 확인한다. 여러 주체들이 등장과 퇴장을 반복하는 제정 논의의 특성상, 이전 단계에서 합의에 이르렀던 개념마저도 다음 단계에서 그 맥락이 상실되는 경우가 관찰된다. 본 논문은 연명의료의 중단이나 보류를 할 수 있는 대상, 의사결정능력이 없는 환자의 경우의 결정 방식, 의료기관윤리위원회의 역할, 의료인에 대한 책임의 부여와 면제라는 쟁점들에 관한 논의가 7년여 동안 어떻게 진행되었는지 추적한다. 공개된 문헌들을 대상으로 짧은 역사를 추적한 저자들은 추후 생애 말기 돌봄과 죽음 관련 법제의 제·개정을 위해서는 연속성과 투명성을 갖춘, 사회 전체가 참여할 수 있는 토의 구조가 필요하다고 결론내리며, 이를 위한 선행과제로서 충분한 정보의 생성과 전달을 요구한다. 저자들의 이러한 요구는 이 글을 쓴 문제의식과 맞닿아 있다. 당시 제정 논의에 참여한 선배 전문가들에게 그 과정은 생생한 기억이다. 하지만 저자들을 포함한 신진 학자들, 그리고 대중에게는 이러한 논의가 충분히 전달된 바 없다. 기록과 공유를 위한 사회적 투자가 부족했기 때문이다. 연명의료결정법에 대한 논의가 매번 원점에서 맴돌지 않으려면 앞선 논의를 정리하고 공유할 필요가 있기에 이 글을 작성하였다. 그러나 이러한 학술적 기록 이외에도 고려해볼 만한 사회적 소통 방식은 많다. 앞으로는 참여형 미디어 등을 적극 활용하여 진정한 의미에서 사회적 논의가 이루어지도록 장을 열어야 한다.

2부에서는 실제 의료현실 속에서 연명의료결정법이 어떤 효과를 낳고 있고 그 한계가 무엇인지 살펴본다. 3장과 4장은 통계자료를 통해 현행 연명의료결정법의 한계를 살펴본다. 3장에서는 국민건강보험공단 표본 코호트의 의료비 데이터를 분석하여 연명의료결정법의 영향을 측정했다. 병원 내에서의 사망이라 할지라도 모든 사망이 연명의료결정법을 통해 이루어지는 것은 아니다. 오히려 연명의료결정법을 통해 사망하는 환자는 전체 사망자에 비하면 소수이다. 이 연구에서는 연명의료결정법의 절차를 밟아 사망한 환자를 이행군으로, 연명의료결정법의 절차와 무관하게 사망한 환자를 대조군으로 설정하여 둘 간의 의료비 지출을 비교하였다. 성향 점수 매칭이라는 방법론을 통해, 이 두 군을 연명의료결정법에 따른 사망 여부를 제외한 나머지 인구 지표면에서 통계적으로 차이가 없도록 만든다. 그러면 다른 요소들을 제외하고 연명의료결정법의 효과를 살펴볼 수 있게 된다. 이렇게 매칭 이후 이 두 군을 비교하자 의료비용과 관련하여 이행군에서 사망 전 모든 기간에 걸쳐 사용한 의료비용이 더 높았다. 유의미한 차이가 있는 의료비의 세분화된 항목은 진찰, 입원, 주사, 검사실 검사, 영상 및 방사선 치료, 요양병원 일괄 지불, 특수 장비 등이었다. 이중, 요양병원 일괄 지불만 제외하곤 모두 연명의료결정법에 따라 사망한 이행군이 대조군에 비해 더 많은 의료비용을 사용한 것으로 나타났다. 연명의료결정법의 영향을 비용 분석을 통해 측정한 이 연구는 연명의료 보류 또는 중단이라는 방식이 환자로 하여금 불필요한 검사나 치료를 덜 받도록 할 것이라는 일반적인 기대가 현실에서 이루어지지 못하고 있음을 보여준다.

4장에서도 연명의료결정법에 따라 연명의료중단등 결정을 이행하여 사망한 사람들과 이 법과 무관하게 사망한 사람들의 의료

이용을 비교한다. 4장에서는 연명의료결정에 대한 시범사업이 진행된 2018년에서 2019년까지의 국민건강보험의 건강검진코호트 DB의 데이터를 활용하여 코호트 내 이행군 대조군 연구(nested case-control study)를 하였다. 두 군 중 연명의료중단등 결정을 이행하여 사망한 사람들인 이행군은 그렇지 않은 대조군에 비하여 남성의 성별 분율이 더 높고 나이가 75.1세로 적었으며 중환자실 입실의 분율이 높았다. 또한 이행군에서는 수도권 거주, 소득 상위 5분위, 장애 없음, 신생물, 혈액 및 조혈기관의 질환과 면역메커니즘을 침범한 특정 장애로 인한 사망, 상급종합병원에서의 사망, Charlson 동반 질환지수 3 이상(동반 질환이 많음을 의미)이 높게 나타났다. 3장에서와 마찬가지로 연명의료결정법의 절차에 따라 사망했는지의 여부를 제외하고 이행군과 대조군이 통계적 차이를 갖지 않도록 매칭을 하였다. 그러자 사망 6개월 전과 사망 1개월 전 모두에서 심폐소생술과 인공호흡기에 대한 처치, 혈압상승제의 사용에서 두 군 간 통계적으로 유의미한 차이가 보였다. 이행군이 이 세 가지 치료는 대조군보다 덜 받은 것이다. 그 외의 시술에서는 통계적인 차이를 확인할 수 없었다. 이 연구결과는 대중의 보편적 기대와는 달리, 연명의료결정법이 생애말기 돌봄에 미치는 영향이 미미함을 보여준다.

　5장에서는 간호 실무, 특히 사전연명의료의향서의 작성과 이에 대한 환자-의료진 의사소통이라는 측면에서 연명의료결정법이 어떤 영향을 끼치고 있을지를 검토한다. 연명의료결정법은 기존에 산발적으로 여러 비영리단체를 통해 작성되어 오던 사전의료지시(advance directives, AD)를 대체할 사전연명의료의향서라는 법정문서를 제시하였다. 그런 점에서 연명의료결정법은 오랫동안 환자가 자신의 치료 선택에 있어 유효한 결정권자로 인정받지 못했던 문제를 바로잡을 수 있는 단초를 제공한다. 그러나 환자의 자기결정권에 대한 제한적인 인정, 환자의 의사를 기록하는 경직된 법적 형식, 그리고 법이 규정하는 가족의 역할 등이 환자와 간호사 모두에게 어려움을 줄 수 있다. 이 장에서는 사전연명의료의향서 제도가 실제로 환자의 이익을 보호하고 자율성을 존중할 수 있는지 비판적으로 검토하고, 이 법안에 관련된 윤리적 및 법적 문제를 다루되, 세 가지 질문을 던져서 현재의 사전연명의료의향서 제도를 검토하였다:

(1) 사전연명의료의향서가 의사결정능력이 있는 개인의 자발적이고, 충분한 정보에 입각한 선택을 반영하고 있는가?
(2) 사전연명의료의향서를 다양한 임상 상황에 적용 가능한가?
(3) 사전연명의료의향서 제도는 실제로 이러한 의향서가 존중되도록 보장하고 있는가?

이 세 질문에 대한 답을 통해, 연명의료결정법이 제공하는 사전연명의료의향서가 생애 말기 결정에서 환자의 자율성을 존중하는 중요한 첫걸음이지만, 작성 과정의 질, 적용 가능성, 그리고 존중의 보장 측면에서 여전히 불충분한 것으로 결론짓는다.

2부에서 실증적으로 보인 연명의료결정법의 한계는 대안을 촉구한다. 3부는 저자들이 생각한 대안을 담고 있다. 6장은 의견(Opinion) 형식의 글을 옮긴 것으로 의료전문직 집단에 전하는 짧은 주장이다. 이 장에서는 치료거부권의 명시적 보장이 환자의 자율성을 존중하고 합리적인 치료를 보장하는 합리적인 대안이라고 주장한다. 치료거부권이 보장되면 환자는 자신의 치료에 대한 최선의 이익을 추구할 수 있는 가장 기초적 도구를 얻게 된다. 진정한 의미의 사전돌봄계획(advance care planning, ACP)이 가능해지고, 법이 규정한 범주적 분류에 속하지 않아 적절한 돌봄으로부터 탈락하는 상황을 방지할 수 있다. 의사 입장에서도 치료거부권 보장은 합리적 치료의 가능성이라는 이득을 얻는다. 의사들은 치료의 위험 – 이득 비율(risk – benefit ratio)에 따라 판단하여 환자에게 최선의 치료를 제공할 수 있다. 또한, 과잉치료를 부추기는 압박으로부터 벗어나고, 생애 말기 환자를 잘 돌볼 수 있도록 교육받을 수 있다. 대다수의 환자에게서 현재 주어진 것보다 더 명시적이고 두터운, 치료거부권의 보장이 필요하다. 이를 위한 사회적 합의와 제도화를 위하여 지식과 경험을 갖춘 의료전문직이 역할을 수행해야 한다는 것이 이 장의 주장이다.

6장에서 치료거부권을 임상적으로 기대되는 실질적 이익 면에서 살펴보았다면, 7장에서는 헌법상 권리로서 치료거부권의 의의를 고찰한다. 치료거부권은 자기결정권에 기반한 권리로, 모든 환자는 자신의 의료 선택에 대해 정보를 충분히 제공받고 자율적으로 결정할 수 있어야 한다. 그러나 우리나라 법원은 헌법 제10조의 자기결정권에 근거하여 치료거부권을 인정하지만, 치료거부권의 행사를 특정 시기로 엄격히 제한하여 실질적으로 환자의 권리를 보장하지 못하고 있다. 서구, 특히 영미법에서는 치료거부권이 오랜 기간 법적 권리로 인정되었으며, 판례와 입법을 통해 관련 논의와 쟁점이 발전하였다. 해외 의료 실무에서는 국제규범이나 각국의 의료윤리지침에 근거하여 환자의 치료거부권이 적극적으로 보장되었지만, 국내에서는 치료거부권이 주로 수혈거부나 연명의료와 같은 특정 상황에서만 논의되어, 의료 실무에서도 일반적인 치료거부권의 행사가 널리 보장되지 못하고 있다. 연명의료결정법은 연명의료를 중단할 수 있는 절차와 방법을 규정하지만, 환자가 스스로 연명의료를 거부할 수 있는 권리, 즉 치료거부권의 행사를 충분히 보장하지 않는다. 오히려 이 법은 환자가 스스로 연명의료를 거부할 수 있는 권리를 특정 시기와 방법에 한정하여 보장함으로써 치료거부권의 의미를 상당히 축소시킨다. 이러한 맥락에서 우리나라 환자의 자기결정권을 보장하기 위해서는 헌법상 치료거부권에 대한 폭넓은 논의가 필요하며, 이를 통해 환자의 헌법상 권리를 충분히 보장하는 의료 환경이 조성되어야 한다. 연명의료결정법 역시 이러한 방향성을 반영하여 개정될 필요가 있으며, 앞으로 환자의 일반적인 치료거부권을 적극적으로 보장하는 법적·제도적 장치를 마련해야 한다는 이 책 전체의 주장이 이 장에서는 법학적 근거에 기초하여 전개된다.

8장은 한국의료윤리학회지 특집호의 특집논문이었던 <우리 사회의 의사조력자살 법제화>에 대한 논평이다. 안규백 의원은 2024년 7월에 발의한 「조력존엄사에 관한 법률」안에 앞서 21대 국회에서도 연명의료결정법의 개정안의 형태로 비슷한 법안을 발의한 바 있다. 이 특집논문과 관련 논평을 다룬 특집호는 당시 안규백 의원이 발의한 연명의료결정법에 대한 개정안인 조력존엄사 법안에 대한 학계의 여러 의견을 모은 것이었다. 이 글은 논평의 형식으로 메타인지(metacognition), 우리가 무엇을 모르고 있는지 점검하고, 모르는 부분에 실질적 지식을 더하기 위해 노력하는 것이 한국 사회의 죽음 관련 의료와 법 제도에 관한 합의를 도출하기 위해 우선적으로 필요함을 수상한다. 이 징에서는 한국 사회에서 죽음 관련 의료와 관련된 실증적 연구가 부족함을 지적하며 생산적인 논의와 공감대 형성을 위해서는 관련 연구에 대한 투자가 확대되어야 한다고 주장한다. 안타깝게도 연명의료결정법 제정 과정에서 많은 전제들이 비판적 분석이나 실증적 검증을 거치지 못했다. 이에 대한 투자가 없었던 상황에서 무의미한연명치료장치제거등 사건 판결의 후속 규범을 급히 만들어야 했기 때문이다. 문제는 현재도 이에 대한 통합적 이해와 민주적 의사결정에 필요한 자료들이 모이지 않고 있다는 데에 있다. 이 글에서는 한국의 임종 돌봄과 사회적 지원에 관한 문제와 미충족

욕구에 대해 한국 시민이 개인적, 집단적으로 무엇을 알고 있는지, 무엇을 믿고 있는지, 무엇을 모르는지에 관한 실증적 연구가 수행되어야 한다고 주장한다. 우리가 이 글에서 제시하는 몇몇 연구의 목록은 다음과 같다:

(1) 한 사람이 말기부터 죽음에 이르기까지 받는 다양한 돌봄의 경로와 형태, 비용에 관한 추적 연구
(2) 위의 결과를 환자와 대중에게 전달하기 위한 교육학적 연구
(3) 연명의료결정법의 사각지대를 포함하는 현황 및 선호 조사
(4) 연명의료결정법상 지표만이 아닌, 실증연구에 기반한 지표 개발과 측정
(5) 비의료적 돌봄 제공자들의 경험 연구
(6) 가족 내 돌보는 이가 없는 이들에 대한 경험과 선호 연구
(7) 미래 인구구조를 고려한 의사결정구조 및 시스템 연구

앞선 장들에서 치료거부권의 보장을 역설하였지만, 집착적인 치료를 거부할 권리는 죽음과 생애말기 돌봄의 안정적인 구조가 마련되어 있을 때에야 실질적으로 가능하다. 그 안정적인 구조를 짜고, 발전시켜 나가기 위해 우리가 무엇을 모르고 있는지부터 점검해야 한다.

생애말기와 죽음은 각국의 문화적 환경에 많은 영향을 받는다. 그런 의미에서 국가 단위의 의료보험체계를 갖추고 있으며 통상 유교문화권으로 분류되는 한국, 대만, 일본을 비교 분석하는 것은 의미가 있다. 한국은 2016년에 제정한 연명의료결정법만을 가지는 한편, 대만은 「안녕완화조례(安寧緩和醫療條例)」와 「환자자주권리법(病人自主權利法)」라는 두 개의 법률을 두고 있다. 반면에 일본은 후생노동성(厚生労働省)이 「종말기의료결정프로세스에 관한 가이드라인(終末期医療の決定プロセスに関するガイドライン)」을 규정

했을 뿐, 별도의 법으로 이를 규제하고 있지 않다. 이러한 상황에서 앞으로의 논의를 위한 자료가 되기를 기대하며, 마지막 부록으로 대만의 「환자자주권리법(病人自主權利法)」의 제정에 핵심적인 역할을 한 Yang, Yu-Hsin(楊玉欣) 그리고 Sun, Hsiao-Chih(孫效智) 부부가 엮은이의 질문에 답한 인터뷰 요약본을 실었다. 한국이 연명의료결정법을 제정한 2016년에 대만 또한 「환자자주권리법(病人自主權利法)」을 제정하였다. 대만은 이에 앞서 2000년에 「안녕완화조례(安寧緩和醫療條例)」를 제정하여 말기 환자의 완화의료와 연명의료의 중단 권리를 규정한 바 있다. 이로부터 진일보하여, 「환자자주권리법」은 사전돌봄계획(advance care planning, 預立醫療照護諮商)에 기초한 환자의 사전 의료 결정(advance decision, 預立醫療決定)에 따라 연명치료와 수분 영양 공급의 중단 및 보류를 허용하였다. 우리의 연명의료결정법과 비슷하게 대만의 「환자자주권리법」도 특정 환자군을 대상으로 치료거부를 할 권리를 허용한다. 다만 그 특정 환자군의 범위와 치료거부를 할 수 있는 치료의 종류가 더 넓다는 것이 특징이다. 연명의료결정법이 여명의료의 중단이나 보류를 허용하는 환자는 말기환자도 아닌, 임종과정에 있는 환자로 한정된다. 이에 반해 대만의 경우 말기환자, 비가역적인 혼수 상태, 영구적인 식물 상태, 극중증 치매와 그 외 2024년 현재 중앙주관기관이 공고한 12개 질환에서 치료의 중단이나 보류가 가능하다. 연명의료결정법은 연명의료중단등결정 이행 시에도 영양분 공급, 물 공급 등, 보류나 중단을 할 수 없는 의료적 처치를 명시한다. 반면 「환자자주권리법」은 인공영양과 수액 공급을 사전 돌봄 계획과 사전 의료 결정을 할 수 있는 대상으로 두고 있다.

이 법을 통과시킬 수 있었던 요인 중 하나로서 희귀질환자이기도 한 Yang, Yu-Hsin 전 의원이 당사자성을 꼽고 있음을, 그리고 그녀의 남편인 Sun, Hsiao-Chih 교수가 각 국가의 법적 성숙 정도에 따른 속도를 역설하고 있음에 주목할 만하다.

이 책의 저자들은 산업화 세대와 베이비부머 세대의 자녀 세대인 밀레니얼 세대로 분류될 수 있다. 생애말기와 죽음의 문제는 그 누구도 피해갈 수 없는 공통의 문제이지만 우리는 더욱이 이 문제를 우리의 당면 과제로 생각하며 연구해 왔다. 현행 제도의 한계를 비교적 가까이에서 관찰할 수 있는 위치에 서서, 우리는 우리 부모들과의 예견된 이별이 얼마나 큰 고통과 아쉬움으로 남을 것인지 상상할 수 있다. 게다가 집단적으로 이 문제가 세대 간 갈등의 도화선이 될 수 있음도 인지한다.

현행 법제는 우리 사회의 지속가능성에 심각한 위험을 초래한다고 본다. 첫째, 우리 부모 세대가 남아있는 세대에게 물려줄 정신적 유산을 훼손할 수 있다. 현행 제도가 개선되지 않을 경우, 부모 세대는 그들이 성취하였던 인격적 성취와 도덕적 덕목을 허물어뜨리는 방식으로 생애 말기를 경험하고 죽어갈 것이다. 우리는 그들이 원치 않던 방식으로 집착적 의료를 맴돌다 죽는 모습을 그들의 마지막 이야기로 목격하게 될 것이다. 그들이 전 생애를 통해 성취했던 책임감, 존엄, 용기를 자기결정을 통해 발휘할 기회 없이 허물어져 가는 모습을 그들의 마지막 모습으로 기억하게 될 것이다.

둘째, 현행 제도는 우리 세대가 구성하는 이야기를 불안과 공포로 채울 수 있다. 모든 이에게 보장된, 어느 정도 괜찮은 생애 말기 돌봄이란 사회 인프라의 핵심이다. 그런데도 우리는 이를 위한 제도를 마련하지 못한 상태이다. 예를 들어, 우리 세대의 비혼 인구나 대안적 가족 형태의 증가에도 불구하고 연명의료결정법은 이들을 의사결정 과정에서 소외시킨다. 존엄한 죽음의 통로로 통상 이야기되는 호스피스는 암환자 이외의 환자들에게 거의 접근이 불가능하며, 수적으로 부족하다. 질병의 종류와 무관하게 환자와 그 가족의 삶의 질 향상을 위하여 인권으로서 보장받아야 하는 완화의료 개념은 의사들에게마저 생소하다. 점차 커지는 의료소송의 위험과 환자－의사 관계의 불신 속에서, 의사들은 연명의료결정법이 명시적으로 허용하는 안전지대 밖으로 한 발짝도 움직이지 않을 것이다. 환자의 최선의 이익이 가리키는 곳이라면, 법이 지시하는 곳 밖으로까지 환자와 함께 걸어가며 자신의 경력과 재정적 손해의 위험을 감수하고자 하는 의사를 기대할 수 없는 상황이다. 이런 상황에서 우리 세대도 늙어 갈 것이다. 그러면서 우리는 개개인이 쌓아 둔 부(富)만이 자신을 비참한 현실에서 지켜줄 것이라고 전전긍긍하게 될 것이다.

우리에게는 보다 나은 제도가 필요하다. 그 제도를 고안하고 사회적으로 합의하기 위해 현 상황을 총체적으로 살피고 더 많은 사람이 이를 이해할 수 있도록 전달하여야 한다. 이를 위한 마중물로도 턱없이 부족하겠으나 우리가 책을 기획한 이유이다.

2024년 10월 1일
저자들을 대표하여 엮은이 김정아 씀

차 례

서지사항

이 책은 저자들이 게재한 여러 편의 논문을 일부 수정, 보완하고 영문 학술지의 경우 번역을 하여 한자리에 모은 것이다. 더 많은 독자에게 가 닿을 수 있도록 단행본으로의 편집에 동의하여 주신 학술지에 감사드린다. 각각의 서지사항은 아래와 같다.

1부

■ 1장

Claire Junga Kim, Joohyun Kim. "Korea's First Legislation on Decision on Life-Sustaining Treatment." *Medicine and Law*, vol. 40, no. 4, 2021, pp. 519-528.

■ 2장

이희재, 김성아. "쟁점 중심으로 본 연명의료결정법 제정 논의." 『생명윤리정책연구』, 제16권, 제2호, 2023, 1-49쪽.

2부

■ 3장

Claire Junga Kim, Do-Kyong Kim, Sookyeong Mun, Minkook Son. "The Impact of Withdrawing or Withholding Life-Sustaining Treatment: A Nationwide Case-Control Study Based on Medical Cost Analysis." *Journal of Korean Medical Science*, vol. 39, no. 6, 2024, article e73.

■ 4장
김정아, 김도경, 문수경, 손민국. "국민건강보험공단 빅데이터를 통해 본 연명의료중단등결정의 이행 현황." 『생명, 윤리와 정책』, 제7권, 제1호, 2023, 1-24쪽.

■ 5장
Hyeyoung Hwang, Claire Junga Kim. "Nurse Roles in the Advance Directive System in Korea." *International Nursing Review*, vol. 69, no. 2, 2022, pp. 159-166.

3부

■ 6장
Claire Junga Kim. "Ensuring Patients' Well-Deserved Right to Refuse Treatment, Not Jumping to an 'Assisted Death with Dignity'." *Journal of Korean Medical Science*, vol. 39, no. 2, 2024, article e30.

■ 7장
김주현, 김정아. "치료거부권의 법적 현실: 연명의료결정법을 중심으로." 『세계헌법연구』, 제30권, 제2호, 2024, 273-307쪽.

■ 8장
김효신, 김정아. "사회적 합의를 위하여 우선 필요한 것: 무엇을 모르고 있는지 아는 것." 『한국의료윤리학회지』, 제25권, 제4호, 2022, 353-359쪽.

저자 소개

김도경 | 동아대학교 의과대학 의료인문학교실 부교수 (의료윤리학 전공). 생애말기 돌봄, 임상윤리, 의료화에 관심을 두고 있다. 한국의료윤리학회 간행이사, 한국의료윤리학회 편집위원, 대한내과학회 윤리위원회 위원으로 활동하고 있으며, 『의료윤리학의 이론과 실제』(공역, 로도스, 2016) 『죽음학 교실; 삶의 마무리에 대한 의료 이야기』(공저, 허원북스, 2022) 등을 냈다.

김정아 | 동아대학교 의과대학 의료인문학교실 부교수 (의료윤리학 전공). 생애말기 돌봄, 의료전문직업성 계발과 의학교육 생태계를 주된 연구 주제로 삼고 있다. 국가호스피스연명의료위원회 위원, 한국생명윤리학회 학술이사, 한국의학교육평가원 기획위원회 위원, 한국의료윤리학회 편집위원을 맡고 있으며 『죽음학 교실; 삶의 마무리에 대한 의료 이야기』(공저, 허원북스, 2022), 『무엇이 좋은 의사를 만드는가』(공역, 가톨릭대학교출판부, 2024) 등을 냈다.

김주현 | 이화여자대학교 법학전문대학원 젠더법학연구소 연구교수. 『평등주의에 관한 연구』로 법학 박사학위를 받았으며, 젠더법, 인권법, 법철학 분야에서 평등을 주제로 연구하고 있다. 모든 사람은 죽음에 있어 평등하다는 문제의식을 바탕으로 연명의료결정법의 법적, 윤리적 쟁점을 탐구하고 있다.

김효신 | 미국 오레건 주립대학교 보건대학 연구조교수 (보건정책학 전공). 미국 내 생애말기 돌봄 모델과 정책, 의료서비스 질과 접근의 불평등 문제, 환자-의료진 간 신뢰와 커뮤니케이션, 이민자 건강 등을 연구한다. 미국국립보건원 등의 지원을 받아 진행된 연구들은 다양한 노인학 관련 저널에 꾸준히 출판되고 있다.

문수경 | 동아대학교 대학원 의학과 의료인문학교실 박사과정생. 안경사. 의료윤리와 전문직 윤리에 관심을 두고, 생애말기 연구에 참여하고 있다. 박사과정에서는 안경사로 근무한 경험을 바탕으로 안경사의 전문직 윤리를 주제로 연구하고 있다.

손민국 | 동아대학교 의과대학 생리학교실 및 학과간협동과정 데이터사이언스융합학과 조교수 (의생명공학 및 의료정보학 전공). 의료정보학, 임상정보학, 의료인공지능 및 디지털 헬스케어를 주된 연구주제로 삼고 있다. 의사과학자 혁신인재 육성지원센터 연구자문위원을 맡고 있으며 의료정보학 활용하여 의료인문학을 포함한 다양한 의학 분야에서 공동 연구를 진행하며 논문을 출판했다.

이희재 | 이화여자대학교 사학과 박사수료생. 한국 근현대 의료사를 주된 연구 주제로 삼고 있고, 특히 20세기 초중반 한국 사회에 의료·보건이 미친 영향에 큰 관심을 두고 있다. 현재 서울대학교 의과대학의 전신인 경성제국대학 의학부의 설립과 변천에 대하여 일본·대만과의 비교사적 분석을 주제로 박사학위논문을 쓰는 중이다.

황혜영 | 존스홉킨스 간호대학 박사과정생, 미국 종양전문간호사. 한국과 미국의 암 및 호스피스 병동에서 근무한 경험, 그리고 생명윤리학 석사학위를 통해 쌓은 학문적 배경을 바탕으로, 임상 현장에서 발생하는 윤리적 쟁점과 간호윤리를 주된 연구 주제로 삼고 있다. 현재 박사 과정에서는 임종기 의사결정을 통해 이민자를 포함한 소수 집단의 생애 말기 건강 형평성을 보장하기 위한 방안을 연구하고 있다.

감사의 글

신진학자인 저자들이 각각의 논문을 발표하고 이 단행본으로 묶기까지 수많은 분께서 지식, 경험, 지혜, 그리고 격려를 아낌없이 보내주셨다. 가족들에게 우선 감사를 드리며, 논문과 책에 직접적으로 도움을 주신 아래의 분들께 깊이 감사드린다. 이분들이 밝혀주신 견해가 저자들과 일치하지 않는 경우도 많았음을, 그럼에도 불구하고 인내심과 열린 마음으로 소통하여 주셨음을 밝힌다.

강민아, 강지연, 고윤석, 권복규, 권혁기, 구영신, 김다혜, 김대균, 김명숙, 김명희, 김문정, 김보배, 김성은, 김수정, 김아진, 김옥주, 김은애, 김은희, 김재련, 김현철, 남유하, 남은미, 노윤정, 박은주, 박은호, 박인환, 박중철, 박진, 박혜숙, 박혜윤, 반유화, 배현아, 백수진, 손현진, 손순희, 손홍락, 宋병기, 신동일, 심지원, 안경진, 오영진, 유기훈, 유지홍, 유신혜, 윤병철, 이명식, 이석배, 이순남, 이신영, 이윤성, 이윤성, 이인영, 이일학, 이원복, 이홍열, 임민경, 임지수, 문재영, 정병준, 조수영, 조정숙, 천상명, 최경석, 최민영, 최윤선, 최다혜, 하태영, 허정식, 홍경숙, 홍양희, 홍창권, Kuo,Wen-Hua, Lin,Cheng-Pei, Rei,Wenmay, Sun,Stephany, Sun,Hsiao-Chih, Yang,Hsiu-I, Yang,Yu-Hsin.

이 성과는 정부(과학기술정보통신부)의 재원으로 한국연구재단의 지원을 받아 수행된 연구임 (RS-2022-00166151).

제1부

연명의료결정법의 제정과 역사

1

국내 최초 연명의료결정에 관한 법률 제정[†]

김정아, 김주현

연명의료중단등결정에 대한 한국의 첫 번째 입법은 「호스피스·완화의료 및 임종과정에 있는 환자의 연명의료결정에 관한 법률」¹⁾이다. 2016년에 제정된 연명의료결정법은 헌법 제11조의 자기결정권에 근거한 환자의 치료거부권을 최초로 규정하였다. 연명의료결정법은 환자의 치료거부권을 행사할 수 있는 요건을 구체적으로 제시함으로써 연명의료중단등결정을 법적으로 허용하고 있다. 그러나 이 법은 제정 과정에서 환자의 생명권을 위협할 수 있다는 일각의 우려를 불식시켜야 했고, 결과적으로 환자의 연명의료결정을 허용하는 규정보다, 연명의료결정을 제한

---

† 이 글은 *Medicine and Law* vol.40, no.4(2021)에 게재되었던 글을 번역하고 일부 수정·보완한 것이다.
1) 2016년에 제정된 「호스피스·완화의료 및 임종과정에 있는 환자의 연명의료결정에 관한 법률」을 약칭인 「연명의료결정법」, 혹은 이 법으로 칭한다.

하는 규정을 더 많이 포함하게 되었다. 결국 연명의료결정법은 연명의료중단등결정을 허용하여 환자의 치료거부권을 인정하였지만, 이 권리를 행사할 수 있는 주체와 절차, 방식을 엄격하게 제한하여—법에서 연명의료중단등결정 및 그 행사를 금지하는 요건을 강화하여—환자의 치료거부권을 다소 소극적으로 보장하게 되었다. 따라서 이 장에서는 법에서 허용한 연명의료결정에 대하여 알아보고, 이러한 허용이 어떠한 법의 금지 규정으로부터 축소되었는지 살펴본 후에, 이러한 입법으로 인해 환자의 자기결정권과 의료 실무에 초래한 바를 분석하고자 한다.

1. 법이 허용하는 것

2016년 2월, 한국에서 「호스피스·완화의료 및 임종단계에 있는 환자의 연명의료결정에 관한 법률」이 제정되었다. 이 법은 연명의료결정을 최초로 입법화한 것이다. 이 법에서 연명의료는 "임종과정에 있는 환자에게 하는 심폐소생술, 혈액 투석, 항암제 투여, 인공호흡기 착용 및 그 밖에 대통령령으로 정하는 의학적 시술로서 치료효과 없이 임종과정의 기간만을 연장하는 것(제2조 제4호)"으로 한정된다. 이러한 점은 서구에서 연명의료를 정의할 때에 종류를 특정하지 않고 의료인이 상황에 따라 생명을 연장하기 위해 행하는 포괄적인 치료행위를 정의하는 것과 다르다.[2] 또한 연명의료결정을 할 수 있는 환자는 '임종과

---

2) *Mental Capacity Act* 2015 (UK), s.4(10); *Natural Death Act* 2005 (WA), s.70.122.020.

정에 있는 환자'인데, 회생의 가능성이 없고, 치료에도 불구하고 회복되지 아니하며, 급속도로 증상이 악화되어 사망에 임박한 상태에 있는 환자(제2조 제1호), 즉 임종과정에 있는 환자만이 법에 근거한 절차를 거쳐 연명의료결정을 시행할 수 있다.

무의미한연명치료장치제거등 사건[3]에서 자기결정권에 근거한 치료거부권을 인정한 것이 계기가 되어, 한국에서 연명의료결정이 법제화되었다. 대법원은 "회복불가능한 사망의 단계에 이른 후에 환자가 인간으로서의 존엄과 가치 및 행복추구권에 기초하여 자기결정권을 행사하는 것으로 인정되는 경우에는 특별한 사정이 없는 한 연명치료의 중단이 허용될 수 있다"고 판시하였다.[4] 이 판결은 한편으로 의료계와 시민사회가 연명의료결정법을 입법화를 추진하는 동력을 제공하였다.

자기결정권을 존중한다는 측면에서, 연명의료결정법은 환자의 의사가 반영된 사전연명의료의향서와 연명의료계획서에 근거하여 연명의료 보류 및 중단을 허용한다. 이 법에 의하면, 사전연명의료의향서는 19세 이상인 사람이 자신의 연명의료중단등결정 및 호스피스에 관한 의사를 직접 문서로 작성한 것을 말

---

3) 법제처, "무의미한연명치료장치제거등(대법원 2009. 5. 21. 선고 2009다 17417)". 이 판결은 국내에서 '무의미한연명치료장치제거등 사건'으로 알려져 있다. 이 사건 환자의 자녀들은 병원에 지속적인 식물 인간 상태에 있는 환자의 인공호흡기 등 연명치료의 중단을 요구하였고, 대법원은 연명치료는 무의미한 신체침해 행위로서 오히려 인간의 존엄과 가치를 해하는 것이며, 회복 불가능한 사망의 단계에 이른 환자가 인간으로서의 존엄과 가치 및 행복추구권에 기초하여 자기결정권을 행사하는 것으로 인정되는 경우에는 연명치료 중단을 허용할 수 있다고 판시하였다.
4) 법제처, "무의미한연명치료장치제거등(대법원 2009. 5. 21. 선고 2009다 17417)".

하며(제2조 제9호), 법에서 지정된 등록기관에서 상담 후에 작성할 수 있다(제12조). 반면 연명의료계획서는 말기환자[5]의 의사에 따라 담당의사가 환자에 대한 연명의료중단등결정 및 호스피스에 관한 사항을 계획하여 문서로 작성한 것을 말한다(제2조 제8호). 담당의사는 말기환자에게 연명의료계획서에 관한 정보를 제공할 수 있으며, 말기환자가 직접 담당의사에게 작성을 요청할 수 있다(제10조). 사전연명의료의향서와 연명의료계획서는 엄격한 법적 요건을 충족하여 작성해야 하며, 반드시 단일한 법정 서식에 작성해야 하고, 국립연명의료관리기관이 구축하고 관리하는 온라인 데이터베이스에 등록되어야 한다.[6] 만일 법에서 정한 작성 절차와 등록을 하나라도 거치지 않는다면, 사전연명의료의향서와 연명의료계획서는 무효가 된다.

연명의료중단등결정은 담당의사가 사전연명의료의향서나 연명의료계획서에 작성된 의사를 환자에게 확인하여 이행할 수 있는데, 이때 연명의료계획서가 있다면 환자의 의사는 바로 간주되지만(제17조 제1호), 사전연명의료의향서의 경우에 담당의사가 환자에게 그 내용을 확인해야 사전연명의료의향서의 내용이 환자의 의사로 간주된다. 만일 환자에게 그 내용을 확인할 수 없다면, 담당의사 및 해당 분야의 전문의 1명이 환자가 사전연명의료의향서의 내용을 확인하기에 충분한 의사능력이 없다는

---

5) "말기환자(末期患者)"란 적극적인 치료에도 불구하고 근원적인 회복의 가능성이 없고 점차 증상이 악화되어 보건복지부령으로 정하는 절차와 기준에 따라 담당의사와 해당 분야의 전문의 1명으로부터 수개월 이내에 사망할 것으로 예상되는 진단을 받은 환자를 말한다(제2조 제3호).

6) 국립연명의료관리기관 정보포털 웹사이트. https://www.lst.go.kr/main/main.do(최종 검색일: 2024년 7월 20일).

의학적 판단과 사전연명의료의향서가 법에 따라 작성되고 등록 되었다는 사실 모두를 확인해야 한다(제17조 제2호).

그런데 사전연명의료의향서와 연명의료계획서에 의해 환자의 의사를 확인할 수 없고, 환자가 의사를 표현할 수 없는 의학적 상태인 경우에는 환자의 연명의료중단등결정에 관한 의사로 보 기에 충분한 기간 동안 일관하여 표시된 연명의료중단등에 관 한 의사에 대하여 환자가족[7] 2명 이상의 일치하는 진술이 있으 면 담당의사와 해당 분야의 전문의 1명의 확인을 거쳐 이를 환 자의 의사로 본다(제17조 제3호). 이러한 경우에는 환자의 의사 를 추정할 수 있기 때문에 이에 대한 확인 절차를 거쳐 연명의 료결정을 허용하는 것이다. 이는 환자의 의사 추정에 대한 엄격 한 확인 절차를 도입하여 환자의 자율성이 훼손되지 않으면서 연명의료중단이나 보류의 결정을 허용하려는 입법 태도를 나타 낸다고 볼 수 있다. 법은 연명의료계획서 또는 사전연명의료의 향서에 환자의 명시적 또는 구체적인 의사가 없는 경우 환자의 추정적 의사를 연명의료결정을 포기할 수 있는 정당한 근거로 인정하고 있다. 또한 환자의 자율성이 훼손되는 것을 방지하기 위해 환자의 추정적 의사를 확인하는 엄격한 절차를 채택하여 연명의료결정의 보류 및 중단이 허용되는 경우 환자의 의사를 확인하도록 하고 있다.

그러나 환자의 사전연명의료의향서와 연명의료계획서가 없 고, 환자의 의사도 추정할 수 없는 경우, 즉 환자가 연명의료결

---

7) "환자가족"이란 가족이란 배우자, 직계비속 및 직계존속을 말하며, 이러한 범주에 속하는 사람이 없는 경우 형제자매를 말한다(제17조제3호).

정에 대하여 어떠한 의사도 표시하지 않은 경우에는 대리 의사
결정(surrogate decision making) 문제가 발생한다. 이 법은 미성
년 환자의 경우에 친권자나 후견인의 연명의료결정을 허용하였
으며, 성년 환자의 경우에 환자가족 전원의 합의로 연명의료결
정을 허용하고 있다. 다만 두 경우 모두 대리 결정이 법의 요건
과 절차에 따라 이루어졌다는 것을 담당의사와 해당 분야 전문
의 1명이 확인할 것을 요구한다.

이처럼 연명의료결정법은 연명의료결정에 대한 법적 요건과
절차를 구비함으로써 종래 소극적이었던 치료거부권을 구체화하
고, 관련 기관의 설립 등 국가적 지원의 근거를 마련하여 연명
의료결정 제도를 확립하고 안정화하였다. 특히 이 법은 연명의
료중단등결정의 이행을 허용하여, 형사처벌의 두려움으로 위축
되었던 의료계가 실무에서 이를 이행할 근거를 마련하였다고
볼 수 있다.[8]

2. 법이 금지하는 것

법은 그만둘 수 없는 의료행위들을 규정하여 환자의 자기
결정권을 제한한다. 법 제19조 제2항은 연명의료를 중단하거나

---

8) 보라매병원 사건의 경우, 환자의 아내는 의학적 소견에 반해 의사결정 능력
   이 없는 남편의 퇴원을 요구하였다. 그 요구를 받아들인 의사들은 살인 방
   조죄로 유죄 판결을 받았다(법제처, "살인(인정된 죄명: 살인방조)·살인(대
   법원 2004. 6. 24. 선고 2002도995)"). 이 사건에서 치료는 연명의료가 아
   니었음에도 불구하고 국내 의료계는 이 사건을 잘못 이해하였다. 이후 의사
   들은 연명의료결정을 보류하거나 중단하는 경향을 보였다. 국가생명윤리정
   책원, 연명의료 법제화 백서(국가생명윤리정책원, 2018), 9-10면.

보류할 때, 통증 완화를 위한 의료행위, 영양분 공급, 물 공급, 산소의 단순 공급은 중단이나 보류할 수 없다고 규정한다. 법이 정의하는 연명의료란 임종과정에서 제공되는 것이므로, 이 네 가지 의료행위에 대한 지속은 임종과정에서 법적으로 요구되는 것이다. 특히 인공적인 영양과 수분 공급(artificial nutrition and hydration, ANH)은 환자의 상황에 따라서 다양한 합병증으로 인해 임종과정에 있는 환자에게 오히려 고통을 가중시킬 수 있음에도 불구하고[9] 법적으로 연명의료 중단과 보류의 대상이 될 수 없다. 이러한 제한은 인공적인 영양과 수분 공급을 연명의료의 한 가지로 포함시켜 중단 여부를 선택할 수 있도록 한 서구의 여러 입법(영국[10] · 미국[11] · 프랑스[12])에 비하여 보수적인 입장을 보여준다. 게다가 비슷한 문화권에 있는 대만이 최근 입법에서 아시아 최초로 인공적인 수분과 영양 공급의 중단을 말기 등(말기, 비가역적 혼수, 영구적 식물상태, 극중증의 치매[13] 등)에 해당하는 환자에게만 중단할 수 있다고 한 것에 비하여 더 엄격

9) Danielle Ko, Craig Blinderman, "Withholding and Withdrawing Life-sustaining Treatment (Including Artificial Nutrition and Hydration)," *Oxford Textbook of Palliative Medicine* (Oxford University Press, 2015).
10) Department for Constitutional Affairs, *Mental Capacity Act 2005 Code of Practice* (TSO, 2007), pp.166-167.
11) *Natural Death Act* 2005 (WA), s.70.122.020.
12) *Code de la santé publique*, art. L1110-5-1 (Fr.).
13) 영문법령에는 severe dementia로 규정하고 있으나 중국어 원문에서는 극중도의 치매(極重度失智)로 규정한다. 관련한 논의에 대하여, 이 법을 발의한 Yu-Hsin Yang 전 국회의원, 그리고 이 법의 초안과 제정과정에 적극 참여한 Johannes Hsiao-Chih Sun 교수가 인터뷰에 답한 내용 및 중앙관할기관인 보건복지부가 고시한 그 외 12개의 질환은 이 책의 부록에서 확인할 수 있다.

한 제한이다.[14]

환자가 쓴 사전연명의료의향서나 연명의료계획서, 혹은 2명 이상의 가족의 증언, 환자가족 전원이 합의한 결정에 반하여 연명의료를 중단하거나 보류하는 의사는 1년 이하의 징역 또는 1천만 원 이하의 벌금에 처한다. 이것은 다른 나라의 규정에 비하여 엄격한 처벌 규정이다.[15] 게다가, 의사가 임종과정에 있는 환자를 대상으로 법에 따라 연명의료중단등결정을 이행하여서 그 결과 환자가 사망에 이르렀더라도, 이를 처벌하지 않는다는 면책 조항은 없다.[16] 이 법이 규정하는 처벌은 엄격한 반면, 전문직의 자유재량은 한정된다고 볼 수 있다. 게다가 이 법의 벌칙 규정은 의사가 환자의 진정한 의사에 반하여 연명의료결정을 한 경우에 의사를 처벌할 뿐 아니라, 환자의 가족의 의사나 환자가족의 전원합의[17]로 인정된 의사에 반하여 연명의료결정을 한 경우에도 의사를 처벌할 수 있다. 그런데 후자의 경우에는 환자의 자율성을 침해한 경우에 의료인에 대한 형사처벌을 부과하는 것이 아니다. 그러므로 전자와 후자를 동일하게 취급하는 것은 형벌의 비례성 원칙을 위반하며, 환자의 자율성을 보장하려는 법의 취지를 훼손한다.

연명의료결정법은 연명의료에 있어 지속적인 의료대리인 지정

---

14) "病人自主權利法", 제14조.
15) 미국의 통일의료결정법(Uniform Health-care Decisions Act of 1993)은 법을 위반한 의사의 형사처벌을 규정하지 않고, 법정손해배상만 규정하고 있다.
16) 이러한 점은 미국의 통일의료결정법에서 면책조항을 명시적으로 규정한 것과 대조적이다.
17) 즉 환자의 진정한 의사가 아닌 가족이 추정한 의사나 환자의 의사를 알 수 없이 가족들만의 전원 합의를 의미한다.

위임(durable power of attorney for healthcare)[18]을 금지하는 결과를 초래한다. 법은 미성년자의 친권자나 후견인이 연명의료를 결정할 수 있다고 규정하였지만, 사전 의사를 확인하거나 추정할 수 없는 성인환자에 있어서는 가족이 전원 합의하였을 때에만 연명의료를 그만둘 수 있다고 하였다. 몇몇 학자들은 동양과 서양에서 널리 퍼져 있는 견해의 차이를 강조하면서 가족 구성원이 조화롭게 내린 결정이 도덕적으로 정당하다고 주장한다.[19] 이러한 주장은 법이 가족의 만장일치 결정을 환자의 연명의료 결정의 근거로 허용하는 것을 정당화할 수 있다. 그러나 자신의 생사 문제에 대한 의사 결정권자로서 대리인을 미리 지정하는 것은 환자가 자기 결정권을 행사할 수 있는 중요한 수단이다. 이 기회를 박탈하면 환자의 자기 결정권이 제한될 수 있다.

법은 의사 추정을 할 수 없는 환자에서, 연명의료를 중단이나 보류할 수 있는 결정 주체를 환자에게 지정받은 대리인이나 우선순위를 갖는 대리인들이 아닌, 가족 전원으로 분명히 한정한다. 그리고 가족은 전원 합의를 이루어야만 한다. 결과적으로, 가족 내에서 서로 다른 의견이 있는 경우에는 연명의료를 중단

---

18) 이 책에서는 의료 영역에서 환자가 추후 의사결정능력을 잃더라도 그 효력이 지속되는 대리인의 지정, 즉, durable power of attorney for healthcare을 지속적인 의료대리인 지정 위임 혹은 지속적인 의료대리인 지정 위임장으로 옮긴다. 그러나 문맥에 따라 그렇게 위임받은 이를 의미할 경우에는 대리인이라는 표현을 사용하였다.

19) Ruiping Fan, "Self-determination vs. Family-determination: Two Incommensurable Principles of Autonomy: A Report from East Asia," Bioethics vol.11, nos.3-4(1997), pp.309-322; Xiaoyang Chen, Ruiping Fan, "The Family and Harmonious Medical Decision Making: Cherishing an Appropriate Confucian Moral Balance," *Journal of Medicine and Philosophy* vol.35, no.5(2010), pp.573-586.

하거나 보류할 수 없다. 이러한 법적 요건은 의사결정능력을 잃은 환자의 생애말기 치료를 놓고 가족 구성원들이 의사결정을 할 때, 그 가족구성원으로 하여금 주류 의견에 동조해야 한다는 의식적, 무의식적 압박을 느끼도록 만들 수 있다. 이러한 압박은 특히, 평소에 발언권이 제한되었다고 느끼는 주체 - 많은 경우 경제력이 없는 여성 주체 - 에게서 두드러지게 나타날 수 있다.

법적 가족이 없는 환자들은 가족에 의한 대리 의사 결정 자체를 활용할 수 없는 결과에 이른다. 대리 의사결정 권한을 가족으로 - 이 법에는 그 가족의 범위까지도 명시되어 있는데 - 상정해 놓았으므로 법적 가족이 없는 환자들은, 사전에 사전연명의료의향서나 연명의료계획서를 쓰지 않는 한, 연명의료를 그만둘 수 없다. 이는 법적 가족이 있는 사람과 없는 사람을 평등하게 대우하지 않는 것이다. 법적 가족이 있는 성인 환자의 경우 문서를 작성하지 않더라도 2인 이상의 일치하는 증언이나 전원합의에 의해 연명의료를 중단할 수 있는 반면, 법적 가족이 없는 성인 환자들에게는 이러한 대리 의사 결정의 선택지가 주어지지 않는다. 가족이 없는 환자들이나 법적으로 인정되지 않는 가까운 관계를 지닌 환자들의 수는 한국에서 늘어나고 있다.

가족에 의한 연명의료결정 - 2인 이상의 진술이나 전원합의 - 은 법 시행 시점부터 2023년 말까지 과반 이상을 차지하여 왔다.[20] 또한 가장 최근의 통계에서 사전연명의료의향서 등록자

---

20) So-Youn Park, et al., "A National study of Life-Sustaining Treatments in South Korea: What Factors Affect Decision-Making?," *Cancer*

수는 647,974명[21])으로 2020년 추계인구 51,780,579명 대비 약 1.25%에 그칠 뿐이다.[22]) 요약하자면 이 법이 인정하는 범위의 가족이 없는 환자들은 이 법이 인정하는 가족이 있는 환자들에 비하여, 자신이 원치 않았을 연명의료를 중단할 기회가 실질적으로 축소된다.

3. 법의 효과

연명의료결정법의 목적은 "환자의 최선의 이익을 보장하고 자기결정을 존중하여 인간으로서의 존엄과 가치를 보호"하는 것이다(제1조). 그러나 연명의료를 중단하거나 보류하기 위한, 법이 규정하고 있는 요건이나 사람들이 이 법을 따르는 방식을 보여주는 실증적 자료들을 살펴볼 때, 이 법은 그 목적을 달성하기에는 부족할 수도 있다.

연명의료결정법은 헌법에서 인정하는 자기결정권을 임종과정에서만 행사할 수 있도록 제한하여, 자기결정권을 실질적으로 보장하지 못한다. 법의 시행 10여 년 전, 대법원은 이미 환자의 자기결정권이 헌법상 인정되는 권리이며 회복 불가능한 사망의 단계에서 죽음을 맞이하는 방식으로도 행사될 수 있다고 판시

Research and Treatment vol.53, no.2(2020), pp.593-600.
21) "사전연명의료의향서 등록현황 월간통계(2021년 3월 기준)", 국립연명의료관리기관 웹사이트. https://www.lst.go.kr/comm/monthlyStatistics.do 단, 이 수는 비약적으로 늘어 2024년 8월 기준으로 2,535,285명에 달하며 2024년 추계인구 51,751,065명 대비 4.89%를 차지한다. (최종 검색일: 2024년 9월 25일)
22) 행정안전부, "주민등록 인구통계(2020년 2월 기준)", 행정안전부 웹사이트. https://jumin.mois.go.kr (최종 검색일: 2024년 7월 20일).

하였다. 이 법은 판례에서 인정된 헌법상 자기결정권을 보장하기 위해 환자의 권리를 구체화한 법률이다. 하지만 헌법상 인정되는 권리라 하더라도 그 행사가 극심하게 제한이 되는 경우, 실질적으로는 그 권리를 인정하지 않은 것과 같다. 이 법은 임종과정이라는 시기, 임종과정에 중단될 수 있는 특정 치료, 사전 의사결정 방식을 지나치게 제한하여, 과연 이 법이 어느 정도 실질적으로 자기결정권을 보장하게 된 것인지 의문스럽다.

게다가 이 법의 실행에 관한 실증적 자료를 보면, 과연 이 법이 가족중심의 문화로 인해 환자가 자기 자신의 의료와 관련된 의사결정을 주체적으로 하지 못하게 되는, 오래된 관행을 타파하고 있는 것인지도 의심스럽다. 많은 경우, 지금껏 한국의 생애말기 의료의 의사결정 주체는 가족이었다. 종종 가족들은 환자가 받을 "심리적 충격"을 막는다는 핑계로 환자가 죽음에 이르기까지도 말기 진단을 알리는 것을 막는 경우가 있었다. 또한 많은 경우 환자는 가족들에 의해, 그리고 의사의 방관에 의해, 자기 자신에게 주어질 치료에 대한 결정으로부터 소외되었다. 또한 가족은 환자를 잃고 싶지 않고, 가족 구성원으로서의 도덕적 의무-많은 경우 환자의 성인자녀(adult children)로서의 효(孝)-를 다하고자 하여 집착적인 의료를 선택하는 경향이 있었다. 이 법은 환자의 자기결정을 존중하고자 사전 의사를 밝힐 수 있는 방식을 제공하지만, 다른 한편으로는 가족이 환자의 치료를 결정할 수 있는 길도 열어두었다. 이 법은 환자가 결정권을 명시적으로 위임할 수 있는 대신, 가족 전원의 합의를 적법한 방법으로 제시하였다. 이러한 의사결정 방법은 기존의 바람직하지 못한 관행—환자가 자신의 질병을 모르거나 의사결정 과정으로부터 철저히 소외되는 것—을 따르더라도 여전히 가능한 방법이다. 그리고 실증 자료는 환자가 사전연명의료의향서나 연명의료계획서를 작성하여 분명히 자기 의사를 사전에 표명하는 경우는 어느 의료기관에서건 이 법을 따른 전체 연명의료 중단 사례의 40%를 밑돌고 있음을 보여준다.[23]

연명의료결정법은 치료의 보류나 중단이 생애말기환자의 최선의 이익에 부합한다고, 그리하여 윤리적으로도 요청된다고 여기는 경우에 법적으로도 보호받으면서 연명의료 중단이나 보류를 수행하고 싶다는 의료인들의 오랜 요구에 의해 제정되었다.[24] 그러나 법의 요건과 이에 따라 연명의료의 중단을 해 본 의료인들의 부정적 평가를 고려해 볼 때, 이 법은 전문직적 수행(professional practice)을 행할 자유를 기존 관행에 비해 더 많이 보장하지 못한다.

이 법이 극히 제한적인 시점인 임종과정에서의 치료 중단과 보류만을 허용하기 때문에, 환자의 최선의 이익에 관한 전문가적 판단으로 그 시점 이외에 치료 중단과 보류를 할 자유가 제한된다. 일례로, 지속적 식물상태(persistent vegetative state, PVS) 환자의 치료 결정과 같은, 의료계에서 지속되어 온 오랜 논쟁을 해결하지 못했다. 게다가, 이 법과 같이 의사가 환자의 의사(意思)뿐 아니라 가족의 전원합의에 반하는 결정을 한 경우에도 형

23) So-youn Park, et al., 위의 글(주 16).
24) "연명의료결정법 논란 속 시행··제도 보완에도 '머나먼 길'", 메디파나, 2018.12.31. https://www.medipana.com/article/view.php?news_idx=232832(최종 검색일: 2024월 7월 20일).

사처벌을 받는 규정이 존재하는 한, 의사는 과잉치료에 대한 환자가족의 비윤리적 요구에 동의해야 한다는 압박을 느낄 수 있다. 이 법은 환자에게 해를 끼치지 않고, 환자에게 최선의 이익을 제공하고, 희소한 자원의 공정한 분배를 보장해야 하는 의사의 직업적 의무에 반하는 과잉치료를 유발할 수 있다.

향후 법 개정의 궁극적인 목표인 환자의 자기결정권 보장을 위해 다음과 같은 두 가지 원칙이 구현되어야 한다: 첫째, 의사결정능력이 있는 환자의 자기결정권을 보다 명확히 인정할 것이고, 둘째, 다양한 임상 상황에서 전문직 재량의 불가피성을 인정할 것이다. '연명의료'로 분류할 수 없는 치료의 종류나 기간에 관한 조항을 폐지하여 법적으로 정의되지 않은 특정 치료가 환자의 명확한 의사에도 불구하고 중단되지 못하는 것을 방지해야 한다. 환자에게는 지속적인 의료대리인 지정위임을 할 수 있는 권한이 있어야 한다. 또한 의사가 환자의 의사가 아닌 가족의 의사에 반해 치료 결정을 내리더라도 처벌하는 조항을 폐지하여야 한다. 법 개정을 통해 의료인은 환자가 임종과정에 있는지 등, 경직된 분류와 과도한 제한에 얽매이지 않고 의학적으로 정확하고 일관된 판단과 권고를 할 수 있는 자유를 누릴 수 있게 된다.

✤ ✤ ✤

연명의료결정법은 연명의료중단등결정을 허용한 한국의 첫 번째 입법이라는 점에서 중요한 의미를 가지고 있다. 그러나 환자의 자기결정권을 보장하겠다는 법의 목적과 달리, 이 법은 기존의 관행과 생명권 침해에 대한 우려로 연명의료중단등결정을 결과적으로 극히 제한하거나 금지하는 규정을 더 많이 포함하고 있다. 특히 다른 나라의 법제와 비교해 볼 때, 이 법은 환자의 자기결정권을 적절히 보장하지 못하고, 전문가가 합리적인 판단에 따라 양질의 임종 돌봄을 제공할 수 없을 정도로 전문직 재량을 제한하는 것으로 나타난다. 특정 임상 상황과 관련하여, 환자의 자기결정권과 전문직의 판단을 실질적으로 보상할 수 있는 새로운 접근 방식을 모색해야 할 것이다.

2

쟁점 중심으로 본 연명의료결정법
제정 논의 †

이희재, 김정아

「호스피스・완화의료 및 임종과정에 있는 환자의 연명의료
결정에 관한 법률」(약칭 '연명의료결정법')의 개정 논의가 현재 진
행 중이다.[1] 논의를 촉발시킨 시민 인식 조사[2]와 이에 뒤따른

---

† 이 글은 생명윤리정책연구 제16권 제2호(2023)에 게재되었던 글을 일부 수
  정・보완한 것이다.
1) 안규백 의원이 「연명의료결정법」의 개정안을 대표발의한 데 이어, 보건복지
  부도 연구용역을 통해 연명의료결정제도 개선방안 마련 연구를 한국의료윤
  리학회가 수행토록 하였다. 안규백 의원 등 12인, "「호스피스・완화의료 및
  임종과정에 있는 환자의 연명의료결정에 관한 법률」 일부개정법률안(의안번
  호 제15986호)", 2022.6.15. 발의. 보건복지부, 한국의료윤리학회, "「연명의
  료결정제도 개선방안 마련 연구」 연구보고서", 2022.11.30.
2) Young Ho Yun, et al., "Attitudes toward the Legalization of Euthanasia
  or Physician-Assisted Suicide in South Korea: A Cross-Sectional
  Survey," *International Journal of Environment Research and Public
  Health* vol.19, no.9(2022).

안규백 의원 대표의 연명의료결정법 개정 발의안[3]이 국회 안에서 어떻게 진행될 것인지, 그리고 사회적 논의가 향후 어떻게 진행될 것인지 현재로서는 알 수 없다.[4] 다만 생애말기 돌봄과 죽음에 관한 논의의 전환점이 될 수도 있는 현시점에서, 과거 제정 논의 과정을 살피는 것은 생산적 논의를 위한 준비작업이 될 수 있다. 특히 서로 다른 학문 분야와 실무 분야가 중첩되는 생애말기와 죽음이라는 대상을 고려할 때, 제정 논의 안에서의 쟁점이 서로 다른 주체에게 어떻게 시기별로 해석되고, 조작적으로 정의되었으며, 최종적 합의에 이르기 위해 활용되었는지를 점검하는 것이 필요하다. 다년간 여러 주체들이 등장했다 퇴장하는 제정 논의의 특성상, 이전 단계에서 합의에 이르렀던 개념마저도 다음 단계에서 그 맥락이 상실되는 경우가 있기 때문이다.[5]

---

3) 안규백 의원 등 12인, 위의 글(주 1).
4) 이 글이 작성되었던 시점에 해당 발의안은 국회 보건복지위원회에서 2022년 12월 6일 검토되었으며, 보건복지위원회는 해당 법률안을 계속 심사하기로 결정한 바 있다. 이후 21대 국회가 만료됨에 따라 해당 법안은 자동 폐기되었다. "제440회 국회 보건복지위원회 제2법안심사소위원회 회의록 제1호", 2022.12.6., 24-25면.
5) 이는 현재에도 벌어지고 있는 일로 보이는데, 안규백 의원 대표발의안에 대한 보건복지위원회 검토보고서 중 검토의견은 보건복지부 제출 자료를 토대로 재구성한 내용을 바탕으로 하였다. 이때 현행 연명의료중단등결정을 연명치료중단과 같다며, 소극적 안락사(통상 존엄사)의 정의로 표에 소개하고 있다. 이는 연명의료결정법의 제정 당시에 논의되었던 용어 사용에 관한 합의를 역행하는 것이라고 볼 수 있다. 10여 년에 걸친 논의의 결과가 관련 부처로부터도 인지되고 있지 않을 가능성이 있다는 점은 이전 제정 논의를 살펴보고 이 논의들 사이의 연속성과 질을 평가하여야 하는 필요성을 보여준다. 해당 사안의 함축은 이 장의 결론에서 보다 자세히 다룰 것이다. 최선영(보건복지위원회 전문위원), 「호스피스·완화의료 및 임종과정에 있는 환자의 연명의료결정에 관한 법률」 일부개정법률안 검토보고," 2022.11., 13-14면.

이 장에서는 2009년 대법원 판례로부터 2016년 연명의료결정법의 제정까지 이어져 온 논의 과정을 살펴보되, 쟁점별로 어떤 논의를 거치고 결정이 되었으며, 그 결정이 유지되거나 혹은 갑작스럽게 누락·변경되어 버렸는지를 살펴보려고 한다. 또한 이 장은 지난 시기 제정 논의와 그 결과로서의 연명의료결정법의 특징을 요약함으로써 생애말기 돌봄과 죽음 관련 법제의 향후 제·개정 논의에 시사점을 던지고자 한다. 과연 지난 시기에 우리 사회는 어떤 논의 구조를 가지고 이 문제에 접근했으며, 어떤 쟁점에서 그 구조가 취약성을 드러냈는지, 따라서 앞으로의 논의를 위하여 무엇을 준비해야 하는지 점검하려 한다. 특히 연명의료결정법의 구조적 취약성을 드러내는 쟁점들을 제기함에 있어서, 해당 법률의 호스피스·완화의료 측면은 차치하고 연명의료결정 및 이행 측면에 초점을 맞추었음을 밝힌다.

이 장에서 검토하는 시기적 범위는 대법원 판결로부터 2016년 제정된 연명의료결정법(이하 '제정법')[6])까지로 제한한다. 7여년간의 짧은 역사를 기술하기 위하여 대상으로 삼는 문헌은 정부가 공개한 자료와 개별 논문, 보도들로 한정된다. 그럼에도 불구하고 기존의 연구들과 차별화되는 지점은 시간 순서로 문헌들을 나열하는 데에 그치지 않고, 각 문헌에서 다룬 쟁점들을 한데 모으고 그 안에서의 변화와 연결고리를 탐색한다는 점에 있다. 이를 통해 이 장은 제정 논의가 대법원 판례로부터 얼마

---

6) 연명의료결정법은 2016년 2월 3일 제정된 이후 개정을 거쳐 왔다. 이 장에서는 주로 제정 당시의 법률을 그 이전의 제정 논의들과의 연결고리 안에서 다루고자 한다.

나 확장 혹은 축소된 영역에까지 우리 사회를 도달시켰는지를 탐색하고, 논의의 맥락 안에서 의도적 배제나 비의도적 누락, 혼동을 추적하고자 한다.

1. 연명의료결정법이 제정되기까지

2009년 대법원 판결[7]

2009년 5월 21일, 대법원은 회복불가능한 사망의 단계에 이른 지속적 식물상태(persistent vegetative state, PVS)인 고령 환자 김씨의 인공호흡기를 제거해 달라는 청구를 인용하였다. 김씨는 폐암이 의심되어 세브란스병원에서 폐종양조직검사를 받다가 폐출혈과 심호흡 정지로 인공호흡기를 부착하게 되었다. 김씨의 가족들은 해당 환자에서의 인공호흡기 부착은 치료가 아니라 김씨의 상태를 유지하는 수단이라고 생각했고, 김씨의 인공호흡기의 제거를 병원측에 요청했다. 그러나 병원이 이러한 요청을 받아들이지 않자, 2008년 5월 9일 김씨의 가족들은 법원에 무의미한 연명치료 중지 가처분 신청을 하였다. 이에 대하여 제1심법원과 고등법원 모두 신청을 인용했으며, 대법원도 "회복불가능한 사망의 단계에 이른 후에 환자가 인간으로서의 존엄과 가치 및 행복추구권에 기초하여 자기결정권을 행사하는 것으로 인정되는 경우에는 특별한 사정이 없는 한 연명치료의 중단이

---

7) 이 절에서는 연명의료결정법 제정까지의 개별 국면마다 사용하였던 용어를 그대로 쓸 것이다. 즉 2009년 대법원 판결부터 2012년 12월 국가생명윤리심의위원회가 특별위원회를 구성하고 '연명의료' 용어를 채택하기 전까지는 당시에 통용되었던 '연명치료'라는 표현을 사용하고자 한다.

허용될 수 있다"라고 판시하였다.[8]

이 판결은 환자의 최선의 이익과 자기결정권에 근거하여 연명치료의 중단을 명시적으로 허용한 국내 첫 판결이라는 데 의의가 있다. 이 판결을 계기로 연명치료결정에 대한 사회적 공론화가 가속화되었고, 연명치료 중단에 대한 법제화 요구가 높아졌다. 또한 대법원 판결의 주요 쟁점은 제정법의 핵심적인 내용에 영향을 미쳤다. 구체적으로 ① 연명치료중단 대상 환자를 회복불가능한 사망의 단계의 환자로 보되, 회복불가능한 사망 단계를 주치의 소견 이외의 의학적 소견까지 고려해 신중히 판단하도록 한 것, ② 사전의료지시에 의한 연명치료결정, ③ 환자의 추정적 의사 판단, ④ 회복불가능한 사망 단계에 이르렀는지 여부 판단에 있어서의 전문의사 등으로 구성된 위원회의 역할이다.[9] 이러한 내용은 2016년에 제정된 연명의료결정법의 주요 내용으로 반영되었다.

입법과정

▸ 전문가 집단의 지침

2009년 5월 대법원 판결을 계기로 대한의사협회·대한의학회·대한병원협회는 연명치료에 대한 공통된 지침 마련에 합의하였다. 이를 위하여 2009년 6월 초 '연명치료 중지에 관한 지

---

8) 법제처, "무의미한연명치료장치제거등(대법원 2009. 5. 21. 선고 2009다17417)", 7면.
9) 본문의 원문자로 나열한 쟁점들은 대법원 판결의 판결요지 중 다수의견에서 항목별로 제시된 바를 요약한 것이다. 이상의 네 가지 골자는 제정법까지 영향을 미쳤다.

침 제정 특별위원회'를 구성하였다. 연명치료 중지에 대한 보건
복지부 용역 연구를 맡았던 이윤성 교수가 위원장을 담당하였
고 그 외에 각 단체로부터 추천된 9명의 위원이 소속되었다. 동
위원회는 지침에 대한 연구 검토 공청회, 세미나 등을 개최하여
논의를 거듭하였다. 특히 공청회에서는 환자의 의사 확인, 말
기·임종환자 구분 기준, 윤리적 논란 우려가 있는 표현, 법제
보완 필요성 등 다양한 문제에 대한 의견들이 제기되었다. 이러
한 과정 끝에 2009년 10월 1일 '연명치료 중지에 관한 지침'(이
하 '2009 의협 지침')이 수립되었다.

2009 의협 지침은 회복 가능성이 없는 환자가 연명치료를
적용 혹은 중지할 상황에 있는 경우 의료인의 대처 방법을 제
시하였다. 주요 내용은 연명치료 중지 결정의 원칙, 연명치료의
대상·종류, 연명치료 중지 절차, 이견 조정 절차 등이었다. 동
지침은 회복 가능성이 없는 환자 자신의 결정과 의사의 의학적
판단에 의거하여 무의미한 연명치료를 중지하거나 시행하지 않
을 수 있다는 핵심 원칙을 명시하였다. 이처럼 의료계 전문가들
은 연명치료 중지에 관한 지침을 완성하고, 추후 국내 연명치료
중지를 논의함에 있어서 유용한 자료를 남기기 위하여 지침에
관한 연구논문을 발표하였다.[10] 그러나 2009 의협 지침은 사회
적 합의로 이어지지 못하였고, 의료계조차 동 지침과 연명치료
중지에 대하여 큰 관심을 보이지 않았다.[11]

---

10) 고윤석 외, "연명치료 중지에 관한 지침의 특징과 쟁점", 대한의사협회지 제
54권 제7호(2011), 748면.
11) 문재영 외, "대한의사협회 연명치료 중지에 관한 지침(2009)에 대한 한국
중환자 전담의사의 인식", 한국의료윤리학회지 제14권 제3호(2011), 266-

▶ 정부의 구성에 의한 사회적 협의체

2009년 12월부터 2010년 6월까지 보건복지부는 연명치료 중단의 제도화를 기하고자 사회적 협의체(이하 '2010 사회적 협의체')를 수립하여 운영하였다. 2010 사회적 협의체는 대법원의 무의미한 연명치료장치 제거 관련 판결 이후 연명치료 중단의 제도화에 관련한 쟁점들을 두루 논의하여 국회의 법률안 심의에 활용하기 위해 마련된 것이다. 신언항 전 보건복지부 차관이 위원장을 맡았고 종교계·의료계·법조계·시민단체·입법부에서 추천한 18명의 위원이 집결하였다.

이들은 총 7회에 걸친 논의 끝에 연명치료 중단 대상을 '말기환자'로, 중단 가능한 연명치료의 범위를 '특수연명치료'로 제한하였다. 사전의료의향서는 말기환자 본인의 서면 작성을 원칙으로 하되 입증이 가능하다면 구두 의사표시도 인정하고, 국가·기관 차원의 의사결정기구로 각각 '국가말기의료윤리심의위원회', '병원윤리위원회'를 설치하기로 합의하였다. 그러나 말기환자가 명시한 바가 없을 경우 그 의사표시를 추정할지 혹은 대리할지에 대해서는 의견이 분분했고 연명치료에 관한 입법 필요성 측면도 찬반 이견이 대립하였다.[12]

▶ 국가생명윤리심의위원회 권고의 형성과 이에 기초한 법률안의 마련

2012년 12월 28일 제3기 국가생명윤리심의위원회(이하 '국생

275면.

12) "연명치료중단 제도화 관련 사회적 협의체 논의결과 발표", 보건복지부 보도자료, 2010.7.14., 3-4면.

위')는 '무의미한 연명치료 중단 제도화 논의를 위한 특별위원회'(이하 '특별위')를 구성하여 6개월간 한시적으로 운영하였다.[13] 특별위 위원은 11명으로, 여기에는 이윤성 위원장을 비롯하여 사회적 협의체에 참여하였던 6명의 위원이 가담하였다.[14] 특별위는 사회적 협의체의 합의 사항을 기반으로 논의하면서 '임종기', '연명의료' 등의 용어를 채택하고, '연명치료 중단' 대신 '연명의료결정'을 쓰기로 하였다. 이와 관련된 원칙과 핵심 사안을 합의하여 '연명의료결정에 관한 권고(안)'을 수립하였다. 특별위는 연명의료 결정에 관한 제도화를 권고하되, 특별법을 제정할 것인지 혹은 기존의 법률을 개정할 것인지의 결정은 추후 논의로 넘겼다. 이후 공청회와 간담회를 거쳐 국생위에 권고(안)을 제출하였다.

국생위는 2013년 7월 31일 보건복지부 장관의 참석하에 정기회의에서 특별위의 권고(안)을 심의하였다. 국생위는 권고(안)의 구조와 내용을 대체로 수용하면서 일부 용어나 문구 등을 수정하여 권고를 마련하였다. 특히 환자의 자기결정권 보장과 의료현장에서의 혼란 예방을 위한 제도화의 필요성에 공감하면서, 그 구체적인 방안으로는 특별법 제정이 바람직하다고 합의하였다.[15] 정기회의 직후 김성덕 위원장은 보건복지부 출입기자들에게 권고를 설명하였다. 그는 연명의료 결정에 대한 사회적

---

13) 국가생명윤리심의위원회, 제3기 국가생명윤리심의위원회 2013 연례보고서 (국가생명윤리심의위원회, 2013), 13면.
14) 국가생명윤리정책원, 연명의료결정 법제화 백서(국가생명윤리정책원, 2018), 23면.
15) "연명의료의 환자 자기결정권, 특별법 제정 권고 – 2013년도 제1차 국가생명윤리심의위원회 심의 결과 발표", 보건복지부 보도자료, 2013.7.31., 1면.

기반을 조성하는 데에 정부의 역할이 중요하며, 환자의 의사 미추정 문제를 입법과정에서 충분히 보완해야 한다고 강조했다. 보건복지부는 관련 보도자료를 배포하면서 국생위 권고를 토대로 2013년 말까지 정부입법안을 준비하겠다고 표명했다.[16] 이 권고는 대법원 판결의 주요 법리를 상당히 반영하였고, 제정된 연명의료결정법의 핵심 내용과 유사하다고 볼 수 있다. 국생위 측의 특별법 제정 권고에 따른 입법안 도출을 위해 연세대 의료법윤리학연구원에서는 "연명의료 환자결정권 제도화 관련 인프라 구축 방안" 연구를 통하여 「연명의료결정법(안)」을 제안하였다. 이에 관해 국가생명윤리정책연구원은 자문단을 꾸려 수정된 법률(안)인 「임종과정환자의 연명의료결정에 관한 법률(안)」을 마련하였다. 이후 3차에 걸친 정책간담회 및 국가생명윤리연구원의 작업 끝에 "연명의료결정 관련 법률(안)"이 도출되었고, 국생위 보고를 거쳐 2014년 8월 보건복지부에 "연명의료결정 관련 법률(안) 마련을 위한 검토 보고"가 제출되었다.[17]

---

16) "연명의료 중단 '환자 결정권' 특별법 제정을", 경향신문, 2013.7.31. https://m.khan.co.kr/national/health-welfare/article/201307312212095?utm_source=urlCopy&utm_medium=social&utm_content=sharing (최종 검색일: 2022년 11월 14일).

17) 이 법률안은 추후 김재원 의원 대표발의안에 반영된다. 이는 '정부가 법안을 직접 발의하기보다 행정부에서 원하는 법을 자체적으로 만들어 의원에게 해당 법안 발의를 위임하는 형태'인, 이른바 청부입법에 해당한다고 볼 수 있다. 청부입법에 관해서는 다음을 참조하라. 정하용, "정부 제출 입법과 의원 발의 입법의 정책 영역 분석 — 19대 국회를 중심으로", 한국정당학회보 제16권 제2호(2017), 90면.
국회 보건복지위원회 법안심사소위원회에서 수석전문위원 김승기가 김재원 대표발의안을 소개하면서 "특수한 경우에는 연명치료의 중단이 허용될 수 있다는 그런 연명치료 중단에 대한 대법원 판결이 있었습니다. 그리고 나중에 2012년부터 2013년에 심의가 된 게 국가생명윤리심의위원회에서 연명의

의원 발의 법률안

제19대 국회에서는 연명의료결정에 관한 법률안이 다수 상정되었다. 그중에서도 2016년 2월 연명의료결정법 제정에 영향을 미친 주요 법률안은 다음의 세 개를 꼽을 수 있다.[18] 먼저

료에 관한 결정에 관해서 죽 논의를 하다가 권고안을 낸 게 있습니다. 그래서 이 법안도 사실은 그 권고안에 따라서 의원안으로 발의가 된 것이라고 볼 수가 있겠습니다"라고 둘 간의 연결고리를 밝히거나, 보건복지부 보건의료정책실장 권덕철이 "국생위에서 고민 끝에 그렇게 '중단'이라는 말 빼고 '연명의료결정' 이렇게 했고 그 용어를 정의 규정에서 '시행을 보류 또는 중단하기로 하는 결정을 말한다' 이렇게 했었습니다. 그러니까 그게 자칫하면 '중단'이 다른 생명윤리와, 조금 더 문제를 일으킬까봐 그렇게 했다고 합니다. 그래서 그 부분은 저희가 이런 법적 용어로서는 '중단'이 들어가는 게 명확한데 그런 국생위의 권고가 있었다는 것을 참고해 주시기 바랍니다" 등으로 국생위 권고를 언급하는 데에서 확인할 수 있다. "제337회 국회 보건복지위원회 법안심사소위원회 회의록 제13호", 2015.12.8., 5-8면.
또한 2015년 5월 22일 김재원 의원이 주최한 정책토론회 자료를 보면 특별위 간사위원이었던 김명희 위원이 입법 방향을 발표하며 법안을 소개하였고(19-33면), 마지막 자료로 「임종과정환자의 연명의료결정에 관한 법률(안)」이 김재원 의원의 이름으로 수록되어 있음을 확인할 수 있다(83-93면). 흥미로운 것은 이 토론회 시점까지만 하더라도 법안에 호스피스·완화의료의 부분이 통합되어 있지 않다는 점이다. 다만 토론자인 정재우 신부의 '「임종과정환자의 연명의료결정에 관한 법률안」에 대한 의견'이라는 토론문에 "1. 호스피스·완화의료가 전제되어야" 절에서 "연명의료 결정에 관한 법의 제정과 공포를 서두르지 않는 것이 좋으며 …… 적어도 호스피스·완화의료에 관한 법과 정책이 충분히 추진될 만큼은 기다릴 필요가 있다"를 확인할 수 있으며(51면), 한편, 토론자 최경석 교수와 정통령 생명윤리정책과장은 각각 호스피스법과의 조화(68면)와 "두 법[인용자 주: 김세연(호)안과 토론회 대상인 「임종과정환자의 연명의료결정에 관한 법률안」]이 함께 제정되고, 서로 조화롭게 적용"(80면)되는 것이 바람직할 것으로 내다보고 있다. 김재원 외, 어떻게 죽음을 맞이해야 하나?(보건복지부, 2015). 참조.
18) 19대 국회에 상정되었던 「연명의료결정에 관한 법률안」은 김세연(삶)안, 김세연(호)안, 김재원안, 암관리법 일부개정법률안(이명수 의원 등 12인), 암관리법 전부개정법률안(김춘진 의원 등 10인), 존엄사법안(신상진 의원 등 12인) 등이었다. 이 장에서는 청부입법의 형식으로 정부안을 그대로 발의한 김재원안을 주되게 검토하되, 후술할 대안통합 이후에 추가 상정되었던 점에서 김세연(삶)안도 중점적으로 살펴본다. 또한 같은 의원이 발의한 김세연(호)안의 경우, 이미 호스피스·완화의료 부분 법안의 또 다른 한 축으로 통

2014년 3월 3일 김세연 의원이 대표발의한 「삶의 마지막 단계에서 자연스러운 죽음을 맞이할 권리에 관한 법안」(이하 '김세연(삶)안')이다. 동 법안은 환자가 연명의료를 스스로 선택하거나 혹은 거부하는 데 필요한 사항을 정하여 환자의 인간 존엄성을 보호하고, 적극적·소극적 안락사를 모두 금지하여 지속적 식물상태에 대한 연명의료 중지를 막기 위하여 제안되었다.[19]

김세연 의원은 2015년 4월 30일에 「호스피스·완화의료에 관한 법률안」(이하 '김세연(호)안')을 재차 대표발의하였다. 발의자 32인은 세계 각국에서 호스피스·완화의료의 제도화가 이루어졌음에도 불구하고 한국은 호스피스에 대한 인식과 시설이 매우 열악한 실정임을 지적하였다. 동 법률안은 이른바 '웰다잉(well-dying)'에 대한 세간의 관심이 높아지는 상황에서 국민들이 인간적 품위를 지키며 삶을 마무리할 수 있도록 그 기반을 조성하고자 하였다. 즉 호스피스 서비스를 암환자 외에도 모든 말기환자에게 적용하고, 이에 대한 체계적이고 종합적인 근거법령으로서 별도의 법률을 제정하고자 한 것이다.[20]

마지막으로 2015년 7월 7일 김재원 의원이 대표발의한 「호스피스·완화의료의 이용 및 임종과정에 있는 환자의 연명의료결정에 관한 법률안」(이하 '김재원안')이다. 앞서 김세연(삶)안은

합시켜 놓았던 김재원안이 호스피스를 다룬 타법안과 통합되는 과정에서의 의도치 않은 결과를 확인할 수 있는 자료가 되기 때문에 주요 검토대상으로 포함하였다. 특히 이 의도치 않은 결과에 대해서는 각주 22에서 다룬다.

19) 김세연 의원 등 11인, "「삶의 마지막 단계에서 자연스러운 죽음을 맞이할 권리에 관한 법안(의안번호 제9592호)」", 2014.3.3. 발의, 1-2면.

20) 김세연 의원 등 32인, "「호스피스·완화의료에 관한 법률안」(의안번호 제14991호)", 2015.4.30. 발의, 1-2면.

연명의료, 김세연(호)안은 호스피스만을 중점적으로 강조하였다면 김재원안은 연명의료와 호스피스 양자를 동시에 다루는 법안을 제출하였다. 동 법안은 임종과정에 있는 환자의 연명의료 결정과 호스피스·완화의료 이용 등에 대한 사항을 규정하고 법제화함으로써 환자의 자기결정을 존중하고 존엄성을 보장하는 것을 목표로 하였다.[21]

2015년 12월 8일 보건복지위원회 제13차 법안심사소위원회에서는 김세연(호)안과 김재원안 등 연명의료 관련 법률안 5개를 상정하였고, 김재원안을 우선 심사하면서 다른 법안들을 병합하여 검토하였다.[22] 그 과정에서 수정된 내용을 반영하여 「호

---

21) 김재원 의원 등 10인, "「호스피스·완화의료의 이용 및 임종과정에 있는 환자의 연명의료 결정에 관한 법률안」(의안번호 제15988호)", 2015.7.7. 발의, 2면.

22) 당시 김재원안과의 병합 검토 대상은 암관리법 개정법률안 2건과 김세연(호)안, 존엄사법안이었다. 이때 김세연(호)안과 김재원안의 정의조항 및 호스피스·완화의료 부분을 살펴보면 기존의 암관리법으로부터 관련 조항을 발췌하여 구성한 것으로 보인다. 이에 따라 암관리법의 해당 조항, 제20조부터 제26조까지가 타법개정으로 삭제된 것을 확인할 수 있다. 특기할 만한 점은 정부안과의 연속성이 가장 두드러진 김재원안의 경우 말기환자를 정의조항으로 두지 않은 반면, 김세연(호)안과 김춘진 의원이 대표발의한 암관리법 전부개정법률안의 경우 기존 암관리법에서 "말기암환자"였던 정의조항을 "말기환자"로 포함시키고 있음이다. 호스피스·완화의료의 대상자로서 "말기암환자"를 규정하였던 조항이－여기에서 "암"만을 삭제하고－김세연(호)안과 암관리법 개정안 등을 거쳐 제정법으로 통합됨으로써, 연명의료결정에 있어서의 말기가 갖는 함축 또한 의도치 않게 도입되게 된 것이다. 제정법의 호스피스·완화의료 부분과 기존 암관리법 조항 간의 밀접한 연관은 생명윤리 학술집담회에서의 최경석 교수의 코멘트 덕에 비로소 검토할 수 있었다. 저자들은 정확한 사실관계의 전달뿐만 아니라 제정 논의 과정에서의 봉사, 그리고 그 과정에 대한 후향적 분석을 생산적인 비판으로 수용하여 주신 아량에 모두 감사를 드린다. "「암관리법」(법률 제14031호)", 2016.2.3. 개정, 2017.8.4. 시행; 김세연 의원 등 32인, 위의 글(주 20); 김재원 의원 등 10인, 위의 글(주 21); 이명수 의원 등 12인, "「암관리법 일부개정법률안」(의안번호 제14351호)", 2015.3.17. 발의; 김춘진 의원 등 10인,

스피스·완화의료의 이용 및 임종과정에 있는 환자의 연명의료 결정에 관한 법률안」을 보건복지위원회 위원장 대안으로 채택하고 다른 발의안들은 본회의에 부의하지 않기로 하였다.[23] 다음날인 12월 9일 제337회 국회 보건복지위원회 제12차 회의에서 상기한 대안과 암관리법 대안에서 분리되어 나온 김제식 의원의 「암관리법 일부개정법률안」(이하 '김제식안'), 김세연(삶)안이 상정되었다.[24] 이때 김제식안과 김세연(삶)안은 대안에 병합되었고 국회 보건복지위원회는 대안을 채택하여 법제사법위원회로 넘겼다. 법제사법위원회 전문위원의 검토의견에 따라 대안의 일부 수정 후[25] 2016년 1월 8일 제338회 국회 법제사법위원회 제3차 회의에서 수정법률(안)이 의결되었으며[26] 같은 날 국회 본회의에서 최종 가결되었다.[27]

"「암관리법 전부개정법률안」(의안번호 제14518호)", 2015.4.1. 발의; 신상진 의원 등 12인, "「존엄사법안」(의안번호 제15510호)", 2015.6.9. 발의; 김정아, "연명의료결정법 제정 논의를 되돌아보기", 2023년 제1차 생명윤리 학술집담회(생명윤리학회 주최, 죽음과 생애말기돌봄 연구 소모임 주관) 발표자료, 2023.2.27.

23) "제337회 국회 보건복지위원회 법안심사소위원회 회의록 제13호", 2015.12.8., 34면.

24) 김제식안은 2015년 12월 8일 보건복지위원회 제13차 법안심사소위원회 상정 당시 암관리법 일부개정법률안(대안)으로 통합되었다. 그러나 12월 9일 보건복지위원회 제12차 회의에서 이명수 법안심사소위원장은 김제식안이 "요양병원을 완화의료전문기관으로 지정할 수 있도록 하는 내용으로서 호스피스·완화의료와 관련된 내용"이라고 지적하였고, 이에 따라 「호스피스·완화의료의 이용 및 임종과정에 있는 환자의 연명의료 결정에 관한 법률안(대안)」에서 통합된 것으로 조정하였다. 김제식 의원 등 10인, "암관리법 일부개정법률안(의안번호 제12767호)", 2014.12.2. 발의; "제337회 국회 보건복지위원회 회의록 제12호", 2015.12.9., 3면.

25) 심태규(법제사법위원회 전문위원), "제338회 국회 법제사법위원회 체계자구보고서: 「호스피스·완화의료 및 임종과정에 있는 환자의 연명의료결정에 관한 법률안(대안)」 검토보고", 2015.12., 3-4면.

26) "제338회 국회 법제사법위원회 회의록 제3호", 2016.1.8., 14-15면.

연명의료결정법

2016년 2월 3일 법률 제14013호 제정법은 연명의료 결정에 관한 국내 최초의 법률로서, "환자의 최선의 이익을 보장하고 자기결정을 존중하여 인간으로서의 존엄과 가치를 보호"하고자 목표하였다. 먼저 총칙에서는 목적, 주요 개념 및 기본원칙 정의, 제도적 확립을 위한 종합계획 수립을 설명하면서 호스피스와 연명의료결정에 관한 특별법적 지위를 명시하였다. 다음으로 국립연명의료관리기관을 마련해 연명의료결정에 관한 사항을 관리하고, 사전연명의료의향서 등록기관을 지정하며, 연명의료결정 및 이행 업무를 수행하는 의료기관은 기관 내에 윤리위원회를 설치해야 한다고 규정했다. 뒤이어 연명의료결정 이행 시에는 의사가 임종과정의 환자인지 판단하고 나서 환자의 의사를 확인하여 그 결정을 존중해야 한다고 규정했다. 그밖에 호스피스·완화의료 사업에 관한 사항, 보칙 및 벌칙까지 확립하였다. 공식적인 시행일은 2017년 8월 4일부터였으나, 부칙 제1조에 의거하여 연명의료결정의 관리체계와 이행 조항과 보칙 및 벌칙의 일부 조항은 2018년 2월 4일부터 시행되었다.[28]

2018년 이후 제정법은 총 4차례의 개정을 거쳐 현재는 2021년 12월 21일에 개정된 법을 시행하고 있다. 기존의 제정법은 연명의료 대상의 범위가 한정적이었고, 말기 또는 임종기에만 연명의료계획서를 작성하도록 규정하여 환자의 자기결정권을 지

---

27) "제338회 국회 본회의 회의록 제3호", 2016.1.8., 9면.
28) 「호스피스·완화의료 및 임종과정에 있는 환자의 연명의료결정에 관한 법률」(법률 제14031호)", 2016.2.3. 제정, 2017.8.4. 시행.

나치게 제한한다는 비판이 있었다.[29] 연명의료결정을 위한 서류
작성 등의 규정은 의료 현실과 부합하지 않았고 의료인에 대한
과도한 벌칙규정도 문제시되었다. 이상의 지적들은 2018년 3월
27일 일부개정을 통하여 일부 보완되었다.[30] 한편 환자의 의사
확인이 불가능할 때 연명의료 중단을 위하여 반드시 환자의 배
우자와 직계존비속인 가족 전원이 합의해야 한다는 조항은 비
합리적이라는 비판에 따라, 2018년 12월 11일 일부개정으로 환
자가족은 배우자 및 1촌 이내 직계존비속까지로 그 범위가 축
소되었다.[31] 2020년에는 호스피스 및 연명의료결정이 사회 전반
에 걸쳐 영향을 미치는 가치라는 점에서 관계 중앙행정기관장
과 협의하여 종합계획을 수립하게 하였고[32] 2021년 12월 연명
의료결정에 대한 노인층의 관심과 참여 확대에 발맞춰 일정 요
건을 갖춘 노인복지관도 사전연명의료의향서 등록기관으로 지정
할 수 있도록 개정했다.[33]

---

29) 현재도 말기 진단을 받은 이들만 연명의료계획서를 쓸 수 있는 것은 동일하
   다. 단, 제정법 당시에는 같은 여명일지라도 질환에 따라 말기로 분류될 수
   있는지 여부에 차이가 있도록 한 흠결이 있어, 암, 후천성면역결핍증, 만성
   폐쇄성 호흡기 질환, 만성 간경화 이외에는 임종기에 이르러서야 연명의료
   계획서를 작성할 수 있었다. 이에 대해서는 제2장 '시기를 한정짓기'에서 추
   가로 다룰 것이다.
30) "「호스피스・완화의료 및 임종과정에 있는 환자의 연명의료결정에 관한 법
   률」(법률 제15542호)", 2018.3.27. 제정, 2018.3.27. 시행. 단, 동 개정법률의
   일부 조항은 공포 후 1년이 경과한 날인 2019년 3월 28일부터 시행되었다.
31) "「호스피스・완화의료 및 임종과정에 있는 환자의 연명의료결정에 관한 법
   률」(법률 제15912호)", 2018.12.11. 제정, 2019.3.28. 시행.
32) "「호스피스・완화의료 및 임종과정에 있는 환자의 연명의료결정에 관한 법
   률」(법률 제17218호)", 2020.4.7. 일부개정・시행.
33) "「호스피스・완화의료 및 임종과정에 있는 환자의 연명의료결정에 관한 법
   률」(법률 제18627호)", 2021.12.21. 일부개정, 2022.3.22. 시행.

2. 연명의료결정의 주요 쟁점을 둘러싼 제정 논의

연명의료중단등결정 이행의 대상

▶ 말기환자, 임종과정에 있는 환자

법의 제정과정에서 연명의료중단 및 보류를 할 수 있는 대상환자의 범위는 주요한 쟁점이었다. 대법원 판례는 회복불가능한 사망의 단계로 연명의료중단 시기를 한정하였는데, 이로부터 연명의료중단 대상환자의 범위가 문제되었다. 대법원은 회복불가능한 사망의 단계를 "의학적으로 환자가 의식의 회복가능성이 없고 생명과 관련된 중요한 생체기능의 상실을 회복할 수 없으며 환자의 신체상태에 비추어 짧은 시간 내에 사망에 이를 수 있음이 명백한 경우"라고 하였다. 특히 이 단계는 연명의료의 적용이 죽음의 과정의 시작을 막는 것이 아니라, "자연적으로 이미 시작된 죽음의 과정에서의 종기를 인위적으로 연장시키는 것"이라고 판시하였다.[34]

이처럼 판례는 연명의료중단을 할 수 있는 대상환자를 임종과정에 있는 환자로 제한하였고, 이후 제정 논의 과정에서는 대상환자의 정의 조항과 관련하여 말기, 임종과정 등의 용어 채택을 둘러싼 논의가 있었다. 2009 의협 지침에서는 '말기환자'와 '임종환자'라는 용어를 각각 사용하여 판례가 제한한 환자의 범위를 다소 확장한 측면이 있다.[35] 2010 사회적 협의체안에서는

---

34) 법제처, "무의미한연명치료장치제거등(대법원 2009. 5. 21. 선고 2009다 17417)", 7면.
35) 고윤석 외, 위의 글(주 10), 749면.

말기상태라는 용어만 사용하였지만,[36] 2013년 특별위에서는 '말기환자의 무의미한 연명치료의 중단'이라는 표현을 '임종기에 있는 환자'로 변경하였다. '말기환자'는 사망의 과정에 진입했다는 의미가 아닌, 일반적인 질병의 '말기' 단계로 이환된 환자와 혼동될 수 있다는 의견이 제시되어, '말기'의 의미를 더욱 명확하게 하기 위한 '임종기'라는 용어로 합의한 것이다. 공청회에서는 초기가 아니면 '말기'로 오해하기도 하고, 진행기 환자와의 구분이 모호한 점이 있어, 논의의 대상 환자에 대한 정의를 '임종기(臨終期)' 환자로 표현하기로 하였다고 공표하였다. 이후 2013년 국생위에서는 말기 대신 임종과정이라는 용어만 사용하기로 합의하였다.[37]

이후 국생위 권고에 따라 법률안을 도출하였는데, 연세대의 「연명의료결정법(안)」, 국가생명윤리정책연구원 자문단의 「임종과정환자의 연명의료결정에 관한 법률(안)」, 국가생명윤리연구원의 「연명의료결정 관련 법률(안)」까지 연명의료중단등의 이행 대상을 임종과정으로 제한하는 접근은 변함없이 유지되었다.

의원 발의 법률안 중 국생위 권고와 이에 따른 법률안의 구조를 가장 많이 따른 것은 김재원안이다.[38] 단, 김재원안과 이후 추가 상정된 김세연(金)안이 제정법의 말기환자와 임종과정의 정의에 미친 영향을 면밀히 살펴보는 것이 필요한데, 이 두 주요 법안이 마련되고 병합되는 과정에서 이전 제정 논의에서

---

36) "연명치료중단 제도화 관련 사회적 협의체 논의결과 발표", 보건복지부 보도자료, 2010.7.14., 2면.
37) 이하의 내용은 국가생명윤리심의위원회, 위의 글(주 13), 45면 참조.
38) 위의 글(주 17) 참조.

배제하기로 하였던 용어인 '말기'가 재도입되고 미처 예상치 못한 결과가 초래되었기 때문이다. 먼저 김재원 의원은 2015년 5월 22일 토론회까지는 호스피스·완화의료 부분이 없는 법률안을 발표하였다. 이 토론회에서 정통령 과장은 호스피스와의 조화를 이야기하는데, 이때만 하여도 하나의 법률로 두 개의 사안을 다루려는 의도가 정부와 김재원 의원 모두에게 없었음을 보여준다. 그런데 이후 7월 7일 발의한 법안에서는 호스피스·완화의료와 연명의료결정을 동시에 다루고 있는데, 이때 호스피스·완화의료를 "통증과 증상의 완화 등을 포함한 신체적, 심리사회적, 영적 영역에 대한 종합적인 평가와 치료를 통하여 임종과정에 있는 환자 또는 몇 개월 내에 임종과정에 있을 것으로 예견되는 환자(이하 "임종과정에 있는 환자등"이라 한다)와 그 환자 가족의 삶의 질을 향상시키는 것을 목적으로 하는 의료를 말한다"라고 정의하여 이 중, "몇 개월 내에 임종과정에 있을 것" 부분이 제정법의 말기환자의 정의와 유사함을 알 수 있다. 다만, 이 법안에서는 말기환자의 정의를 두지는 않았다.

한편, 김세연(호)안은 말기환자의 정의 조항을 두고 있었고[39] 김세연(삶)에서도 그대로 되풀이되었다. 이는 제정법의 조항과 매우 유사하며, 담당의사 1인과 전문의사 1인에게 진단을 받아야 한다는 점까지도 같다. 단, 제정법에서는 4개의 질환을 열거

---

39) 제2조 제2항에 따르면 말기환자란 "현대의학적 지식 및 의료기술 측면에서 수술, 방사선치료 및 약물요법 등 가능한 치료를 모두 시행하여도 환자의 질병경과에 더 이상 도움을 줄 수 없고, 회복가능성이 없어 점차 전신(全身) 상태가 악화되어 담당의사 1인과 해당 질병의 전문의사 1인에 의하여 수개월 이내에 사망할 것으로 예상되는 진단을 받은 환자"로 정의되었다. 김세연 의원 등 32인, 위의 글(주 20), 5면.

하였다. 요약하자면, 이전의 제정 논의에서 호스피스·완화의료와의 연계를 생각하지 않고 "임종과정"으로 이행 시기를 한정하기만 하였던 것이 2015년 5월 22일 이후 7월 7일 사이의 어떤 계기로 호스피스·완화의료와 통합된 법안으로 마련이 되고, 게다가 법안 병합 과정에서 호스피스 대상 환자인 "말기환자"의 정의 조항까지 도입된 것이다.

김재원안과 김세연(호)안 모두, 호스피스·완화의료에 관한 조항을 구성하면서 기존의 암관리법의 관련 조항을 일부 수정하여 삽입한 것으로 보인다. 이에 따라 타법개정으로 암관리법의 관련 조항 제20조부터 제26조까지가 삭제된다.[40] 그런데 기존의 암관리법은 완화의료의 대상자를 한정하고 이들에 대하여 목표하는 의료서비스를 제공하기 위한 법이었다면, 연명의료결정법의 연명의료결정 부분은 원하는 모든 이들이 되도록 빠른 시기에 예후 판단을 포함한 관련한 정보를 받고, 이에 기반하여 사전의료결정을 하며 연명의료중단등결정의 이행 권한을 보장받도록 하는 것을 목표한다. 문제는 이 서로 다른 목표의 두 법안이 충분한 입법론적 논의 없이 합쳐지는 과정에서 호스피스·완화의료 부분과 연명의료결정 부분이 공통으로 활용하였던 말기라는 용어가 "말기환자"라는 정의조항으로 규정되고, 이 용어를 매개로 두 부분 간의 의도치 않은 연결과 통합이 발생하였다는 점이다. 말기환자가 아닌, 임종과정에 있는 환자가 연명의료중단등 이행의 대상이 된다는 점, 말기환자로 진단을 받은 이들이 비로소 연명의료계획서를 작성할 수 있다는 점 등이 바로

---

40) 위의 글(주 22) 참조.

연결과 통합의 결과로 보인다.

[표 1] 연명의료중단등 이행의 대상환자 정의

대상시기		내 용	
말기	임종과정	말기	임종과정
2009 대법원 판결	×	○		• 의학적으로 환자가 의식의 회복가능성이 없고 생명과 관련된 중요한 생체기능의 상실을 회복할 수 없으며 환자의 신체상태에 비추어 짧은 시간 내에 사망에 이를 수 있음이 명백한 경우(이하 '회복불가능한 사망의 단계'라 한다)에 이루어지는 진료행위(이하 '연명치료'라 한다)는, 원인이 되는 질병의 호전을 목적으로 하는 것이 아니라 질병의 호전을 사실상 포기한 상태에서 오로지 현 상태를 유지하기 위하여 이루어지는 치료에 불과 • 회복 불가능한 사망의 단계에 이른 후에 환자가 인간으로서의 존엄과 가치 및 행복추구권에 기초하여 자기결정권을 행사하는 것으로 인정되는 경우에는 특별한 사정이 없는 한 연명치료의 중단이 허용될 수 있다. • 환자가 회복불가능한 사망의 단계에 진입한 경우, … 의학적인 의미에서는 치료의 목적을 상실한 신체 침해 행위가 계속적으로 이루어지는 것이라 할 수 있으며, 이는 죽음의 과정이 시작되는 것을 막는 것이 아니라 자연적으로는 이미 시작된 죽음의 과정에서의 종기를 인위적으로 연

				장시키는 것으로 볼 수 있다. … 회복불가능한 사망의 단계에 이른 후에 환자가 인간으로서의 존엄과 가치 및 행복추구권에 기초하여 자기결정권을 행사하는 것으로 인정되는 경우에는 특별한 사정이 없는 한 연명치료의 중단이 허용될 수 있다.
2009 의협 지침	○	○	임종환자는 의학적 판단과 가족의 동의에 따라 연명치료를 중지할 수 있다.	• 연명치료를 적용해야 하는 대상은 2명 이상의 의사가 회복 가능성이 없다고 판단한 말기환자 또는 지속적 식물상태(PVS: persistent vegetable state)의 환자이다. 말기환자란 원인 상병이 중증이고 회복할 수 없는 환자이다. • 임종환자: 말기환자 가운데 상태가 극히 위중하여 여러 계통의 기능이 매우 저하되거나 상실된 상태(multi-organ failure)여서, 적극적인 치료를 하여도 죽음이 임박하여 짧은 시간에 사망할 것으로 예상되는 경우.
2010 사회적 협의체	○	×	연명치료 중단 대상은 말기환자로 제한하고 지속적 식물상태 환자는 대상에서 제외하되, 말기상태이면 포함한다.	
2013 국생위	×	○		연명의료에 대한 결정의 대상이 되는 환자란 회생 가능성이 없고, 원인 치료에 반응하지 않으며, 급속도로 악화하는, 즉 임종과정에 있는 환자(이하 "환자"라 한다)를 의미한다. 환자의 의학적 상태에 관하여는 2인 이상의 의사(해당 분야 전문의 1인을 포함한다)가 판단한다.

의원발의법률안	김재원	× 41)	○		"임종과정"이란 회생의 가능성이 없고, 치료에도 불구하고 회복되지 않으며, 급속도로 증상이 악화되어 사망에 임박한 상태를 말한다.
	김세연 (삶)	× 42)	○	"말기환자(末期患者)"란 현대 의학적 지식 및 의료기술 측면에서 수술, 방사선치료 및 약물요법 등 가능한 치료를 모두 시행하여도 환자의 질병 경과에 더 이상 도움을 줄 수 없고, 회복가능성이 없어 점차 전신(全身) 상태가 악화되어 담당의사와 해당 질병의 전문 의사 에 의하여 수개월 이내에 사망할 것으로 예상되는 진단을 받은 환자를 말한다.	제7조(말기환자의 연명의료 보류 등)① 말기환자가 다음 각 호의 요건을 구비한 경우 연명의료 보류 등을 요청할 수 있다. … 3. 환자가 회생 가능성 없는 비가역적(非可逆 的)인 사망과정에 진입하였을 것
제정법		×	○	제2조(정의) … "말기환자(末期患者)"란 다음 각 목의 어느 하나에 해당하는 질환에 대해 적극적인 치료에도 불구하고 근원적인 회복의 가능성이 없고 점차 증상이 악화되어 보건복지부령으로 정하는 절차와 기준에 따라 담당의사와 해당 분야의 전문의 1명으로부터 수개월 이내에 사망할 것으로 예상되는 진단을 받은 환자를 말한다. 가. 암 나. 후천성면역결핍증 다. 만성 폐쇄성 호흡기 질환 라. 만성 간경화 마. 그 밖에 보건복지부령으로 정하는 질환 … 6. "호스피스·완화의료"(이하 "호스피스"라 한다)란 말기환자 또는 임종과정에 있는 환자(이하 "말기환자등"이라	제2조(정의) … "임종과정"이란 회생의 가능성이 없고, 치료에도 불구하고 회복되지 않으며, 급속도로 증상이 악화되어 사망에 임박한 상태를 말한다. … "호스피스·완화의료"(이하 "호스피스"라 한다)란 말기환자 또는 임종과정에 있는 환자(이하 "말기환자등"이라 한다)와 그 가족에게 통증과 증상의 완화 등을 포함한 신체적, 심리사회적, 영적 영역에 대한 종합적인 평가와 치료를 목적으로 하는 의료를 말한다.

		한다)와 그 가족에게 통증과 증상의 완화 등을 포함한 신체적, 심리사회적, 영적 영역에 대한 종합적인 평가와 치료를 목적으로 하는 의료를 말한다.

대법원 판결 이후 법률에 이르기까지, 연명의료를 중단·보류할 수 있는 특정한 시기가 지속적으로 규정되어 왔다. 의협 지침만이 말기와 구분되는 시기인, 임종이 예상되는 상황을 따로 두어 연명의료를 그만두는 것을 결정할 주체를 각기 규정했을 뿐, 그 외의 지침들은 말기 혹은 임종기(임종과정) 둘 중의 하나의 시기를 선택하여 중단이나 보류, 즉 중단 등 이행이 가능한 시기로 규정하였다. 특별위와 국생위에서는 드러나지 않았으나 김재원안부터는 연명의료의 정의 안에 임종과정이라는 시기를 조건으로 포함시켰는데, 이는 대법원 판결이 회복불가능한

---

41) 김세원안에는 말기환자의 정의가 없다. 다만, 호스피스·완화의료의 정의를 "통증과 증상의 완화 등을 포함한 신체적, 심리사회적, 영적 영역에 대한 종합적인 평가와 치료를 통하여 임종과정에 있는 환자 또는 몇 개월 내에 임종과정에 있을 것으로 예견되는 환자(이하 "임종과정에 있는 환자등"이라 한다)와 그 환자가족의 삶의 질을 향상시키는 것을 목적으로 하는 의료를 말한다"라고 하여 제정법의 말기환자의 정의와 다소 유사한 대상군을 치료의 대상군에 포함시키고 있다. 그렇지만 말기의 진단과정을 적시하지는 않았다. 특히 이 법안에서는 "임종과정에 있는 환자"는 정의 조항으로 포함시키고 정의 안에 진단의 과정을 넣은 한편, "말기환자"에 대해서는 그렇게 하지 않았다는 점에서 제정법과 차이를 확인할 수 있다. 이는 말기환자의 정의 조항이 병합과정에서 도입된 것이라는 점을 보여준다.
42) 김세연(삶)안에는 말기환자의 정의가 존재하며 이 정의에는 담당의사와 전문의사로부터 받은 진단이 포함된다. 그러나 연명의료 보류 등을 위하여 만족시켜야 하는 조건으로 "환자가 회생가능성 없는 비가역적(非可逆的)인 사망과정에 진입하였을 것"을 제시하고 있으므로 대상환자는 임종과정으로 봄이 타당하다. 김세연 의원 등 11인, 위의 글(주 19), 8-9면.

사망의 단계에 이루어지는 진료행위를 연명치료라고 규정했던 방식으로 회귀하는 결과를 낳았다.

최종적으로 제정법은 임종과정에 있는 환자로 연명의료중단 대상 범위를 한정하였다. 법 제2조 제4호는 "연명의료중단등결정이란 '임종과정에 있는 환자'에 대한 연명의료를 시행하지 아니하거나 중단하기로 하는 결정"이라고 정의하여 연명의료중단 대상 범위를 임종과정에 있는 환자로 제한하고 있다. 여기서 임종과정이란 "회생의 가능성이 없고, 치료에도 불구하고 회복되지 아니하며, 급속도로 증상이 악화되어 사망에 임박한 상태(제2조 제1호)"를 말하는데, 이러한 정의는 대법원 판례에서 "회복불가능한 사망 단계에 진입"을 진료중단의 허용요건으로 함으로써, 연명의료중단 시기를 한정한 방식을 그대로 따른 것이라 볼 수 있다.

한편 제정법에서 말기환자는 "적극적인 치료에도 불구하고 근원적인 회복의 가능성이 없고 점차 증상이 악화되어 보건복지부령으로 정하는 절차와 기준에 따라 담당의사와 해당 분야의 전문의 1명으로부터 수개월 이내에 사망할 것으로 예상되는 진단을 받은 환자(제2조 제3호)"로서 연명의료중단 대상환자가 아니라 호스피스 완화의료의 대상환자(제2조 제6호)로 보고 있다.

▶ 지속적 식물상태

지속적 식물상태도 연명의료중단 대상환자에 포함되는지에 대한 문제도 중요한 이슈였다. 지속적 식물상태는 대법원 판례가 다룬 환자의 상태인데,[43] 당시 대법원은 해당 환자가 회복불가능한 사망의 단계에 이르렀다고 보아 자기결정권의 행사로 인정되는 경우 치료 중단이 허용될 수 있다고 판시한 바 있다. 이후 2009 의협 지침은 지속적 식물상태의 환자를 연명의료중단등 대상환자라고 보았다. 이렇게 지속적 식물상태의 환자가 연명의료중단등 이행의 대상으로 포함된 것은 2002년 대한의학회의 "임종환자의 연명치료 중단에 관한 의료윤리지침 제1보" 보고서 이후 유일하다. 의료계의 이 두 문서(2002, 2009)는 모두 널리 활용되지 못하였는데,[44] 지속적 식물상태가 포함됨으로써 실효성을 갖지 못했기 때문이라는 분석도 있다.[45] 2010 사회적 협의체는 "연명치료 중단 대상은 말기환자로 제한하고 지속적 식물상태 환자는 대상에서 제외하되, 말기상태이면 포함한다"라고 규정하여, 말기환자인 경우를 제외하고 지속적 식물상태 환자를 포함시키지 않았다.[46]

---

43) 다만, 지속적 식물상태라는 진단만이 아니라 회복가능성이 없는 사망의 단계라는 사실이 연명의료중단 대상 환자인지를 가리는 데에 핵심적인 사항이었다. "원고의 담당 주치의는 원고에게 자발호흡은 없지만 뇌사상태는 아니며 지속적 식물인간상태로서 의식을 회복할 가능성은 매우 낮아 5% 미만이라는 견해를 피력하였으나, 진료기록 감정의는 원고가 자발호흡이 없어 일반적인 식물인간상태보다 더 심각하여 뇌사상태에 가깝고 회복가능성은 거의 없다고 하고 있으며, 신체감정의들도 모두 원고가 지속적 식물인간상태로서 회생가능성이 희박하다는 취지의 견해를 밝히고 있는 사실, 자발호흡이 없어 인공호흡기에 의하여 생명이 유지되는 상태인 사실을 각 인정한 후, 원고가 회복불가능한 사망의 단계에 진입하였다고 판단하였다." 법제처, "무의미한연명치료장치제거등(대법원 2009. 5. 21. 선고 2009다17417)", 9면.
44) 국가생명윤리정책원, 위의 글(주 14), 11면; 국가생명윤리심의위원회, 위의 글(주 13), 72면.
45) 국가생명윤리심의위원회, 위의 글(주 13), 72면.
46) 사회적 협의체에서 규정하는 말기는 현행법의 말기와 다를 수 있다. 다만 현재 공개되어 있는 자료는 보도자료뿐이며, 그 안에서는 말기를 구체적으로 규정하고 있지 않다. 필자들은 정확한 정보를 얻기 위하여 관련 부처에 회의록 공개를 요청하였으나(민원신청번호 1AA-2303-0026402), 추가 자

사회적 협의체는 치료 중단의 시기를 보다 한정하는 데에 분명한 모멘텀이 되었는데, 2010 사회적 협의체에 기독교 대표로 참석하였던 이상원의 회고에 의하면 '지속적 식물인간상태'라는 표현을 삼가고 '말기'를 사용하기로 결의한 것은 개신교와 천주교의 의견을 받아들인 결과이다.[47] 이때부터 지속적 식물상태는 말기 혹은 임종기와 같은 연명의료 중단 및 보류의 기준을 충족하지 않는 한, 연명의료 중단 및 보류의 대상이 될 수 없도록 규정된다.

예를 들어 2013 국생위 회의에서는 "앞으로의 논의를 위하여 지속적 식물상태 환자를 대상에서 원칙적으로 제외하고 예외적으로 지속적 식물상태 환자가 임종기 상태로 악화된 경우에 연명의료중단 대상환자로 포함하기"로 하였다.[48] 더 나아가 김세연(삶)안에서는 "의료인은 대뇌의 손상으로 의식과 운동기능은 상실하였으나 호흡, 순환, 흡수 및 소화 등의 기능을 유지하고 있는 환자에게 생명/연장조치를 중단하여서는 아니 된다"라고 하여 지속적 식물상태를 연명의료 중단의 대상으로 포함시키면 안 된다는 결론에 이르렀다.

료제공 없이 연명의료결정 법제화 백서에 기공개된 사항을 확인하라는 답변만을 받았다. 이 장이 결론으로 도출하기도 한 바, 공적 논의를 위해 보다 많은 자료가 투명하게 공개되는 구조가 필요하다.
47) 이상원, "'연명치료 중단'을 둘러싼 한국사회의 법적 논쟁에 관한 연구: 개혁주의적 인간관과 윤리관의 관점에서", 성경과 신학 제62권(2012), 109면.
48) 국가생명윤리심의위원회, 위의 글(주 13), 48면.

[표 2] 이행 대상에 지속적 식물상태 포함 여부

	연명의료중단등 이행의 대상환자 여부	지속적 식물상태에 관한 언급	비고
2009 의협 지침	○	연명치료를 적용해야 하는 대상은 2명 이상의 의사가 회복 가능성이 없다고 판단한 말기환자 또는 지속적 식물상태의 환자[49]	
2010 사회적 협의체	×	연명치료 중단 대상은 말기환자로 제한하고 지속적 식물상태 환자는 대상에서 제외	지속적 식물상태 환자가 말기상태이면 포함
2013 국생위	×	지속적 식물상태 환자를 대상에서 제외[50]	다만 지속적 식물상태 환자가 임종기 상태로 악화된 경우에 한하여 포함
의원발의 법률안 · 김재원	×		
의원발의 법률안 · 김세연 (삶)	×	의료인은 대뇌의 손상으로 의식과 운동기능은 상실하였으나 호흡, 순환, 흡수 및 소화 등의 기능을 유지하고 있는 환자에게 연명의료를 중단하여서는 안 됨	
제정법	×		

49) 의협 지침은 "심한 뇌 손상으로 지각 능력이 완전히 소실되어 외부 자극에 대하여 의미 있는 반응이 없는 상태가 지속되는 경우"로 지속적 식물상태를 정의하였다. 이어서 지속적 식물상태 환자란 "식물상태로 6개월 이상이 지났고 회복 가능성이 없는 경우"로 명시했다. 고윤석 외, 위의 글(주 10), 749면.

50) "국가위 위원장(김성덕)은 지난 2002년 및 2009년 지침이 6개월 이상 지속적인 식물인간상태를 포함하였기 때문에 실효성을 갖기 어려웠다고 밝혔다." 국가생명윤리심의위원회, 위의 글(주 13), 72면.

의사결정능력이 없는 환자의 경우

▶ 환자의 의사로 간주(제17조 제1항 제3호)

의사능력이 없는 환자는 스스로 자신의 의사를 표명하며 연명의료결정을 내릴 수 없다. 특히 임종과정에서 연명의료중단등의 결정을 하는 환자는 환자 본인의 의사능력이 제한되는 경우가 많다. 서구에서는 오랫동안 이러한 경우에도 환자의 의사를 존중하여 연명의료중단 결정을 할 수 있

는지, 할 수 있다면 어떠한 근거에서 할 수 있는지를 둘러싼 논쟁이 있었고, 그 결과 사전의료지시(advance directives), 대신판단(substituted judgment), 최선의 이익(best interest)이라는 의사결정의 세 가지 원칙이 도출되었다.[51]

대법원에서도 의사표시를 할 수 없는 환자를 대상으로 한 연명의료결정에 대한 판단이었기 때문에, 환자의 의사를 파악하는 것이 중요한 쟁점으로 부각되었다. 결론적으로 환자의 의사표현이 불가능한 경우에 ① 환자가 사전의료지시를 남긴 경우와 ② 사전의료지시를 남기지 않았으나 여러 정황에 비추어 환자의 의사를 추정 가능한 경우로 구분하였다. 의사표시를 할 수 없는 환자는 명시적 의사에 의해 연명의료중단 요구를 할 수 없지만, 사전의료지시나 가족에게 했던 진술 등에 근거하여 환자의 의사를

---

51) 이 글에서 필자들은 대리 의사 결정(surrogate decision making)을 의사결정 능력이 없는 환자의 치료 결정을 놓고 이루어지는 결정들을 모두 포괄하는 용어로 사용한다. 즉, 주어진 상황에 따라 사전의료지시(advance directives), 대신판단(substituted judgment), 최선의 이익(best interest)의 안내원칙을 적용해 가며 내리는 선택을 포괄한다. Allen E. Buchanan, Dan W. Brock, Deciding for Others: The Ethics of Surrogate Decision Making (Cambridge University Press, 1989), pp.93-96.

추정 가능하다. 이는 대리 의사 결정(surrogate decision making) 중, 환자의 의사를 존중하여 이루어지는 대신판단으로 볼 수 있다. 그러나 이러한 대신판단에 대해 반대의견이 있었다. 반대의견은 환자의 보호자가 자신의 사정들에 기하여 또는 자신의 편의나 이익을 위하여 그 "가정적 의사"의 존재를 뒷받침하는 사정들만을 제시함으로써 환자의 의사를 존중하지 않고 자기결정을 왜곡할 수 있다는 우려를 표명했다.[52]

이에 따라 환자의 추정적 의사에 의하여 연명의료중단이 허용될 수 있는지에 대한 논의는 제정 논의 과정에서도 진행되었다. 2009 의협 지침은 "환자가족은 환자의 자기 결정이 없을 때에는 환자의 추정적 의사를 존중하여 환자에게 최선의 치료를 결정하여야 한다"라고 규정하여 추정적 의사에 의한 환자가족의 연명의료결정을 인정하였다. 특별위에서도 환자의 명시적인 의사가 없고 의사표시가 불가능한 경우에 "평소의 사전의료의향서나 가족 2인 이상의 진술을 의사 2인이 확인하여 인정한다"고 규정하여 환자의 의사를 추정하여 연명의료를 중단할 수 있다고 보았다.[53] 이때 가족의 범위는 「장기등 이식에 관한 법률」에 준하여 배우자, 직계비속, 직계존속으로 한하였고, 추정적인 의사(意思) 확인과정에서 의사(醫師) 개인의 가치관이 개입될 여지를 방지하고자 의사 2인 참여 및 모두의 동의를 원칙으로 하였다. 상기한 특별위의 권고는 2013 국생위 회의에서 그대로

---

52) 법제처, "무의미한연명치료장치제거등(대법원 2009. 5. 21. 선고 2009다 17417)", 13면.
53) 국가생명윤리심의위원회, 위의 글(주 13), 54면.

수용되었다.

다만 2013 국생위 권고를 검토하였던 국가생명윤리정책연구원 자문단은 법률안 초안을 작성하면서 사전연명의료의향서나 환자가족 2인의 진술에 대하여 그 객관성이 보증되지 않으면 의사추정이 불가능하다는 조항을 추가하였다.[54] 이러한 내용은 국가생명윤리정책연구원이 정리한 '연명의료결정 관련 법률(안)'에도 반영되었다. 즉 환자가족 2인이 객관적으로 진술했더라도 다른 가족의 진술과 차이가 있으면 인정하지 않기로 하여 자문단 법률안 초안보다 까다로운 요건을 제시하였다.[55] 이후 2015년 김재원안도 국가생명윤리정책연구원의 기조를 유지하여, 환자가족 2명 이상이 같은 진술을 해도 "그 진술과 배치되는 내용의 다른 환자가족의 진술 또는 보건복지부령으로 정하는 객관적인 증거가 있는 경우"에는 이를 환자의 의사로 간주하지 않는다는 조항이 추가되었고[56] 제정법까지 그대로 이어졌다.[57]

▶ 환자의 의사를 확인할 수 없는 경우(법 제18조)

연명의료결정법은 환자의 의사를 추정조차 할 수 없을 때 가족전원합의에 의한 연명의료중단등결정을 허용한다. 이는 대리 의사 결정의 또 다른 방식을 인정한 것이라고 볼 수 있는데, 대리 의사 결정, 특히 대리인 지정에 대한 논의는 제정 과정에서 중요한 쟁점이었다. 2010 사회적 협의체의 한 참여자가 5차

---

54) 국가생명윤리정책원, 위의 글(주 14), 53면.
55) 국가생명윤리정책원, 위의 글(주 14), 60면.
56) 김재원 의원 등 10인, 위의 글(주 21), 18면.
57) "「호스피스·완화의료 및 임종과정에 있는 환자의 연명의료결정에 관한 법률」(법률 제14031호)", 2016.2.3. 제정, 2017.8.4. 시행.

회의를 회고하기로는, "성인에 대한 대리인 제도 도입에 대하여 찬반 양론이 대립되어 결론을 내리지 못했다. 대리인제도를 법으로 규정하여 절차적 정당성을 확보할 필요가 있다는 의견이 다수의 의견으로 제시되었으나, 개신교와 천주교는 그런 제도화는 사람의 생명을 죽이는 것을 법적으로 정당화하는 안락사허용입법이나 다름없다는 반론을 강하게 제기했다"고 한다.[58]

특별위에서는 의사 추정을 비롯한 대리 의사 결정을 도입하기 위해 객관성을 확보할 수 있는 방안[59]과 엄격한 기준을 보호장치로 두었는데, 이때부터 의사추정이 불가능한 상황에서의 대리 의사 결정의 기준으로서의 가족 전원의 합의가 등장한다. 다만, "적법한 대리인이나 가족 전원이 합의해 결정했다고 하더라도 의사 2인 이상이 합리적인지 확인하여야 한다"라고 하여[60] 가족 전원이라고 하여 일정한 절차 없이 결정할 수는 없음을 보였다. 최선의 이익은 환자가 사전의사를 밝히지 않은 사례나, 추정이 불가능한 상황에서의 안내원칙(guidance principles)으로 활용된다.[61] 환자의 고유한 의사나 가치관을 확인할 수 없으므로 현재의 상황에서 무엇이 환자에게 최선일지, 보다 객관적인 판단으로 넘어가는 것이다. 이 안내원칙을 따를 경우, 대리 의사 결정자는 의사의 도움을 받아 환자에게 최선이 무엇인지를

---

58) 보건복지부, "연명치료중단 제도화 관련 사회적 협의체 제5차 회의 결과", 2010.4.14.; 이상원, 위의 글(주 49), 110면에서 재인용.
59) 추정의사의 경우 가족 2인 이상의 진술 내용이 동일하여야 하며 반대되는 내용을 말하지 않아야 한다. 진술을 확인하는 사람은 담당의사이며, 담당의사와 전문의 자격을 갖춘 또 다른 한 명이 확인한다.
60) 국가생명윤리심의위원회, 위의 글(주 13), 57면.
61) Allen E. Buchanan, Dan W. Brock, 위의 글(주 53), pp.93-96.

판단하는 이가 되어야 한다.

특별위에 앞서, 2009 의협 지침은 자기 결정이 없는 환자의 가족에게 "환자에게 최선의 치료"를 결정하여야 한다고 하였고, 특별위의 보고를 받은 국생위는 가족 모두가 합의하여 "최선의 조치를 결정할 수 있다"고 했으며, 이어 국생위는 "법정 대리인이나 후견인, 성년후견인 등의 적법한 대리인 그리고 가족 모두가 합의하여 환자를 위한 최선의 조치를 결정할 수 있다. 환자를 대신한 결정은 의사 2인이 합리적인지를 확인하여야 한다"라고 하여 최선의 조치라는 판단기준을 제시하였다. 이후 국가 생명윤리정책연구원의 2013년 보고서에서는 환자가족 전원이 합의한 내용이 "환자의 최선의 이익에 맞는지를 확인"할 의무를 담당의사와 해당 분야 전문의에게 지웠다. 그러나 '최선의 이익'이란 명문의 표현은 김재원안부터 없어져서 단지 환자가족 전원의 합의로 연명의료결정 의사를 표시하고 담당의사 및 해당 분야 전문의 각 1명이 확인하는 것으로 바뀌었는데, 가족이 전원 합의하여야 하는 대상 및 의사들이 확인하여야 하는 것이 무엇인지 모호하다.

한편 국생위에서는 대리결정을 인정하면서도 그로 인한 부작용을 막을 수 있는 제도적 장치가 마련되어야 한다고 권고하였다. 다만, 국생위 논의 중 '대리결정'이 자기결정권과 모순되는 만큼, 그 용어도 거부감이 든다는 지적이 나왔다. 이에 추정조차 할 수 없다(누군가가 결정해 준다)는 의미를 담아 '의사 미추정'이라는 용어를 채택하였다. 그리고 "환자의 명시적 의사표시도 없고 환자의 의사를 추정할 수도 없다면, 법정대리인이나 후

견인, 성년후견인 등의 적법한 대리인 그리고 가족 모두가 합의
하여 환자를 위한 최선의 조치를 결정할 수 있다. 환자를 대신
한 결정은 의사 2인이 합리적인지를 확인하여야 한다"라고 말
하였다.

[표 3] 대리 의사 결정 중 대리인에 의한 결정 및 가족전원의 합의

	여부	내용
2009 의협 지침	○	환자가 스스로 결정할 수 없을 때에는 환자의 대리인 또는 후견인 이 대신할 수 있다.
2010 사회적 협의체	×	
2013 국생위	○	환자의 명시적 의사 표시도 없고 환자의 의사를 추정할 수도 없다 면, 법정 대리인이나 후견인, 성년후견인 등의 적법한 대리인 그리 고 가족 모두가 합의하여 환자를 위한 최선의 조치를 결정할 수 있다. 환자를 대신한 결정은 의사 2인이 합리적인지를 확인하여야 한다.
의원발의법률안	김재원 ○	제16조(환자의 의사를 확인할 수 없는 경우의 연명의료결정) (1) 제15조에 해당하지 아니하여 환자의 의사를 확인할 수 없으며 환 자기 의사능력이 없는 경우에는 다음 각 호의 어느 하나에 해당할 때에는 해당 환자를 위한 연명의료결정이 있는 것으로 본다. 　1. 미성년자인 환자의 법정대리인이 연명의료결정의 의사표 　　시를 하고 담당의사와 해당 분야 전문의 1명이 확인한 　　경우 　2. 환자가족(행방불명자 등 대통령령으로 정하는 사유에 해 　　당하는 사람은 제외한다) 전원의 합의로 연명의료결정의 　　의사표시를 하고 담당의사와 해당 분야 전문의 1명이 확 　　인한 경우 　3. 제1호·제2호에 따른 법정대리인이나 환자가족이 없는 　　환자에 대하여 해당 의료기관의 병원윤리위원회 및 공용 　　병원윤리위원회가 그 의결로 연명의료결정을 한 경우 제23조(호스피스·완화의료의 신청) (1) 호스피스·완화의료를 받으려는사람은 본인이 작성한 호스피스·완화의료 동의서와 의 사가 발급하는 호스피스·완화의료 대상자임을 나타내는 의사소 견서를 첨부하여 호스피스·완화의료전문기관에 신청하여야 한다.

		다만, 호스피스·완화의료 대상자가 미성년자로서 의사능력이 없는 경우에는 법정대리인이 호스피스·완화의료 동의서의 작성 및 호스피스·완화의료 신청을 할 수 있다.[62]
김세연 (삶)	×	
김세연 (호)	○	제21조(호스피스의 신청) … (3) 말기환자가 의사결정능력이 없을 때에는 미리 지정한 지정대리인이 신청할 수 있고 지정대리인이 없을 때에는 다음 각 호의 순서대로 신청할 수 있다. 1. 배우자 2. 직계비속(「민법」상 성인인 경우에만 해당한다) 3. 직계존속 4. 형제자매 … (6) 말기환자는 언제든지 호스피스 이용신청을 철회할 수 있다. 대리인을 통하여 호스피스 이용을 신청한 경우에도 말기환자 본인은 이용을 철회할 수 있다.
제정법	○	제18조(환자의 의사를 확인할 수 없는 경우의 연명의료중단등결정) (1) 제17조에 해당하지 아니하여 환자의 의사를 확인할 수 없고 환자가 의사표현을 할 수 없는 의학적 상태인 경우 다음 각 호의 어느 하나에 해당할 때에는 해당 환자를 위한 연명의료중단등결정이 있는 것으로 본다. 다만, 담당의사 또는 해당분야 전문의 1명이 환자가 연명의료중단등결정을 원하지 않았다는 사실을 확인한 경우는 제외한다. 　1. 미성년자인 환자의 법정대리인(친권자에 한한다)이 연명의료중단등결정의 의사표시를 하고 담당의사와 해당 분야 전문의 1명이 확인한 경우 　2. 환자가족(행방불명자 등 대통령령으로 정하는 사유에 해당하는 사람은 제외한다) 전원의 합의로 연명의료중단등결정의 의사표시를 하고 담당의사와 해당 분야 전문의 1명이 확인한 경우 제28조(호스피스의 신청) (1) 말기환자등이 호스피스전문기관에서 호스피스를 이용하려는 경우에는 호스피스 이용동의서와 의사가 발급하는 말기환자등임을 나타내는 의사소견서를 첨부하여 호스피스전문기관에 신청하여야 한다. (2) 말기환자등이 의사결정능력이 없을 때에는 미리 지정한 지정대리인이 신청할 수 있고 지정대리인이 없을 때에는 제17조제1항제3호 각 목의 순서대로 신청할 수 있다. (3) 말기환자등은 언제든지 직접 또는 대리인을 통하여 호스피스의 신청을 철회할 수 있다. (4) 호스피스의 신청 및 철회 등에 필요한 사항은 보건복지부령으로 정한다.

병원윤리위원회의 역할

대법원은 "환자 측이 직접 법원에 소를 제기한 경우가 아니라면, 환자가 회복불가능한 사망의 단계에 이르렀는지 여부에 관하여는 전문의사 등으로 구성된 위원회 등의 판단을 거치는 것이 바람직하다"라고 판시하였다. 이는 대법원이 병원윤리위원회의 역할을 의학적 예후 판단으로 제시하고 있음을 보여준다. 이후 논의에서 병원윤리위원회의 역할은 점차 확대되어 의협지침에서는 연명치료 중지를 권고할 수 있는 권한을, 2010 사회적 협의체에서는 직접적 의사표시가 불가능한 말기환자에서 추정의사의 확인의 절차를 수행할[63] 역할을 부여하였다. 2013년 국생위부터는 대리인이 없는 경우에 결정을 대신하는 역할에 대하여 "법정대리인이나 환자가족이 없는 경우에는 병원윤리위원회가 결정할 수 있도록 하는 규정을 마련하기로 했다"라고 추가되었다.[64] 이러한 권한은 김재원안으로 이어졌으나, 최종 대안에 대한 국회 법제사법위원회 검토에서 삭제되었다.[65]

---

62) 김재원안의 경우 호스피스・완화의료에서도 지정대리인을 허용하고 있지 않음을 확인할 수 있다. 다시 말해, 김재원안 내에서 대리인 제도는 연명의료결정 부분과 호스피스・완화의료 부분 간의 정합성이 있다. 이 정합성은 이후 법안의 병합과정에서 상실된다.

63) 이때 건견이 확인할 것인지, 혹은 이견이 있거나 요구가 있는 경우에만 확인할 것인가는 이견이 있었다.

64) 국가생명윤리심의위원회, 위의 글(주 13), 53면.

65) 법제사법위원회의 심태규(법제사법위원회 전문위원) 검토의견을 그대로 옮기면 다음과 같다:
   □ 무연고자에 대한 연명의료중단등결정을 윤리위원회 또는 공용윤리위원회가 할 수 있도록 한 규정 삭제(안 제18조제1항제3호, 같은 조 제2항, 제3항, 제5항)
   ○ 개정안 제18조제2항은 안 제17조에 따라 법정대리인이나 환자가족이 없는 환자 즉, 무연고자에 대하여 해당 의료기관의 윤리위원회 또는 공용

현재 의료기관윤리위원회는 심의, 상담, 교육의 역할을 수행
하는데 그 심의의 대상은 "연명의료중단등결정 및 그 이행에 관
하여 임종과정에 있는 환자와 그 환자가족 또는 의료인이 요청
한 사항"과 담당의사 교체에 관한 건이다.[66) 2019년 수행된 연
구에 따르면 심의의 주된 대상은 연명의료결정에 관한 내용
(82.8%)이며[67) 여기에는 임종기 판단에 대한 논의가 포함될 것
으로 예상된다.

윤리위원회(이하 '위원회'라 함)가 그 의결로 연명의료중단등결정을 할
수 있도록 규정하고 있음.
○ 그러나 안 제17조는 연명의료중단등결정에 대한 환자 의사를 확인하는
내용을 규정하면서 그 내용이나 절차를 엄격하게 규정하고 있음. 이는
연명의료중단등결정이 인간의 생명권과 직접적이고 밀접한 관련이 있는
부분이므로 본인의 의사를 최대한 존중하려는 입법취지가 반영된 결과
로 보여짐.
○ 그런데 안 제18조 제3호는 무연고자에 대하여는 위원회에게 연명의료중
단등결정을 모두 맡기면서 최소한 해당 위원회가 갖추어야 할 법적장치
를 규정하고 있지 않아 이와 관련된 제도적 정비가 미흡한 상황임. 해
당 위원회의 역할이 인간의 생명권과 밀접한 관련성이 있는 점, 가족이
없는 무연고자 본인의 연명의료중단등결정을 위원회가 결정하는 점 등
위원회의 공익성을 고려하여 추후 법적장치를 마련하기로 하고 이번 개
정안에서는 위원회와 관련된 규정을 삭제하기로 하였음.
"제338회 국회 법제사법위원회 체계자구보고서: 「호스피스·완화의료
및 임종과정에 있는 환자의 연명의료결정에 관한 법률안(대안)」 검토보
고", 2015.12., 3-4면.
66) "「호스피스·완화의료 및 임종과정에 있는 환자의 연명의료결정에 관한 법
률」(법률 제18627호)", 2021.12.21. 일부개정, 2022.3.22. 시행.
67) 최지연 외, "연명의료결정법과 의료기관윤리위원회: 현황, 경험과 문제점",
한국의료윤리학회지 제22권 제3호(2019), 214면.

[표 4] 병원윤리위원회 역할 및 기능

	여부	역할 및 기능
2009 대법원 판결	○	환자가 회복불가능한 사망의 단계에 이르렀는지 여부 판단
2009 의협 지침	○	연명치료 중지를 권고하면 담당의사는 가족과 협의하여 그 결정을 수행함
2010 사회적 협의체	○	직접적인 의사표시가 불가능한 말기환자의 경우, 예외적으로 추정에 의한 의사표시를 인정할 수 있으며, 이 경우 병원윤리위원회를 통한 의사확인 등의 절차가 병행될 수 있다.[68]
2013 국생위	○	환자 및 환자가족 상담 대신할 가족도 없는 경우(무연고자 등)의 연명의료결정 담당의사가 이행을 거부할 경우 교체 의료기관 내 연명의료 결정 및 이행에 대한 조사 및 감독, 의료인 및 종사자 교육 환자 보호대책 수립, 의료기관 윤리지침 마련 등
의원발의법률안 / 김재원	○	제12조(병원윤리위원회의 설치 및 운영 등) (1) 연명의료결정 및 그 이행에 관한 업무를 수행하려는 의료기관은 보건복지부령으로 정하는 바에 따라 해당 의료기관에 병원윤리위원회를 설치하고 이를 보건복지부장관에게 등록하여야 한다. (2) 병원윤리위원회는 다음 각 호의 활동을 수행한다. 　1. 연명의료결정 및 그 이행에 관하여 임종과정에 있는 환자 등과 그 환자가족 또는 의료인이 요청한 사항에 관한 심의 　2. 제16조제1항제3호에 따른 연명의료결정 　3. 제17조제2항에 따른 담당의사의 교체에 관한 심의 　4. 환자와 환자가족에 대한 연명의료결정 관련 상담 　5. 해당 의료기관의 의료인에 대한 의료윤리교육 　6. 그 밖에 보건복지부령으로 정하는 사항 제16조(환자의 의사를 확인할 수 없는 경우의 연명의료결정) (1) 제15조에 해당하지 아니하여 환자의 의사를 확인할 수 없으며 환자가 의사능력이 없는 경우에는 다음 각 호의 어느 하나에 해당할 때에는 해당 환자를 위한 연명의료결정이 있는 것으로 본다. 　3. 제1호·제2호에 따른 법정대리인이나 환자가족이 없는 환자에 대하여 해당 의료기관의 병원윤리위원회 및 공용병원윤리위원회가 그 의결로 연명의료결정을 한 경우
의원발의법률안 / 김세연 (삶)	○	제6조(의료기관윤리위원회) (1) 「의료법」 제3조에 따른 의료기관 중 생명연장조치를 시행하는 의료기관은 말기환자가 요청하는 다음 각 호의 사항을 심의하기 위하여 의료기관윤리위원회(이하

		"기관위원회"라고 한다)를 두어야 한다. 1. 제7조제1항 각 호의 판단에 관한 사항. 다만 기관위원회가 이를 판단하기 어렵거나 이의가 있는 경우에는 제6조에 따른 국가생명윤리심의위원회 또는 법원에 그 판단을 요청할 수 있다. 2. 의료인의 설명·상담절차 등에 관한 사항 3. 생명연장조치 중단 등의 이행에 관한 사항 4. 그 밖에 생명연장조치 중단 등 요청에 따른 심의에 필요한 사항
김세연 (호)	○	제21조(호스피스의 신청) … (4) 의사결정능력이 없는 말기환자에게 제3항의 대리인이 없는 경우에는 병원윤리위원회가 신청할 수 있다.
제정법	○	제14조(의료기관윤리위원회의 설치 및 운영 등) (1) 연명의료중단등결정 및 그 이행에 관한 업무를 수행하려는 의료기관은 보건복지부령으로 정하는 바에 따라 해당 의료기관에 의료기관윤리위원회(이하 "윤리위원회"라 한다)를 설치하고 이를 보건복지부장관에게 등록하여야 한다. (2) 윤리위원회는 다음 각 호의 활동을 수행한다. 1. 연명의료중단등결정 및 그 이행에 관하여 임종과정에 있는 환자와 그 환자가족 또는 의료인이 요청한 사항에 관한 심의 2. 제19조제2항에 따른 담당의사의 교체에 관한 심의 3. 환자와 환자가족에 대한 연명의료중단등결정 관련 상담 4. 해당 의료기관의 의료인에 대한 의료윤리교육 5. 그 밖에 보건복지부령으로 정하는 사항

68) 추정에 의한 의사표시를 확인함에 있어 병원윤리위원회가 건건이 확인해야 한다는 의견(진교훈·이인영위원)이 있었으나, 환자가족과 의료진간 이견이 있거나 요구가 있는 경우 등에 한해 확인해야 한다는 의견이 다수(고윤석·김명희·김재성·신현호·원영상·이윤성·장석일·홍양희·허대석위원)였다. "연명치료중단 제도화 관련 사회적 협의체 논의결과 발표", 보건복지부 보도자료, 2010.7.14., 7면.

의사에 대한 형사처벌

연명의료결정법은 의사에 대한 명시적인 면책 조항이 없다. 제정과정에서 유일하게 김세연(삶)안에만 의료인과 의료기관에 대한 민·형사상 책임면제 조항을 두었으며 고소, 손해배상청구, 이의신청 권한 없음의 명시가 조항에 삽입되었다. 그러나 이 조항은 법안이 병합심의되는 과정에서 삭제되었다.

반면, 의사에 대한 벌칙조항의 경우 국생위에서는 특별한 언급이 없었지만, 이 권고를 바탕으로 한 국가생명윤리정책연구원의 2013년 보고서에서는 여러 벌칙조항과 함께 의사에 대한 벌칙규정이 추가되었다.[69] 보고서 벌칙조항 중 "대상환자 판단 및 연명의료결정에 관한 환자의 의사를 확인하지 않고 연명의료결정을 이행한 사람"은 의사가 될 터이다. 이때 예후에 근거하여 대상 환자를 판단할 의무 및 문서 등을 확인하여 환자 의사를 확인할 의무를 의사에게 지우는 동시에, 이를 수행하지 않고 연명의료결정을 하면 3년 이하의 징역 또는 3천만 원 이하의 벌금에 처하도록 정한 것이다. 제정법은 이에 따라 "제15조를 위반하여 연명의료중단등결정 이행의 대상이 아닌 사람에게 연명의료중단등결정 이행을 한 자"를 3년 이하의 징역 또는 3천만 원 이하의 벌금에 처하게 하였다. 이 조항을 엄격하게 따를 경우, 말기를 임종과정이라고 잘못 판단하여 연명의료중단등을 이행하여도 징역형의 가능성에 처하게 되었다. 즉 환자의 예후 판

___
69) 의사에 대한 형사처벌은 법률에서만 검토할 수 있는 사항이며, 따라서 2013년도 국생위와 자문단 검토 안에서 벌칙규정을 논하기를 기대하는 것은 적절치 않았음을 일깨워 주신 익명의 심사자께 감사드린다. 국가생명윤리정책원, 위의 글(주 14), 60면.

정이 의학적으로만이 아니라 법적으로도 중대한 효과를 갖도록
하여, 비현실적으로 정확한 판정을 요구한 것이다. 이 조항은
다행히 2018년 3월 27일 일부개정에서 삭제되었다. 다만 제40
조에 따라 "임종과정에 있는 환자에 대하여 제17조에 따른 환
자의 의사 또는 제18조에 따른 연명의료중단등결정에 반하여
연명의료를 시행하지 아니하거나 중단한 자"는 "1년 이하의 징
역 또는 1천만 원 이하의 벌금"에 처하도록 하여, 연명의료중단
등 이행 과정에서의 환자 의사 확인의 의무와 이를 위반하였을
때의 벌칙은 유지되고 있다.

[표 5] 의사에 대한 형사처벌

		여부	내용
2014 국가생명 윤리정책 연구원*		○	병원윤리위원회의 의결요건을 위반하여 환자를 대신할 사람이 없는 경우의 연명의료결정을 한 사람, 대상환자를 거짓으로 판단한 사람, 환자가족의 진술을 거짓으로 한 사람, 대상환자 판단 및 연명의료결정에 관한 환자의 의사를 확인하지 않고 연명의료결정을 이행한 사람에 대해서는 3년 이하의 징역 또는 3천만원 이하의 벌금으로 정하였다. 『형법』 제233조의 의사 등이 진단서 등에 관한 증명서를 허위로 작성한 때와 동일한 수준의 형벌로 정한 것이다.
의 원 발 의 법 률 안	김 재 원	○	제34조(벌칙) 다음 각 호의 어느 하나에 해당하는 자는 3년 이하의 징역 또는 3천만원 이하의 벌금에 처한다. 　1. 제13조를 위반하여 연명의료결정 이행의 대상이 아닌 사람에게 연명의료결정 이행을 한 자
	김 세 연 (삶)	×	제16조(책임면제) (1) 누구든지 이 법에 따라 연명의료 보류 등의 이행과정에 참여한 의료인 또는 의료기관에 대하여 고의 또는 과실이 없는 한 민사 또는 형사상 책임을 물을 수 없다. (2) 누구든지 말기환자에 대한 연명의료 보류 등의 이행을 이유로 담당의사나 의료기관을 고소하거나 손해배상청구 또는 행정기관에 이의신청 등을 할 수 없다.
제정법		○	제39조(벌칙) 다음 각 호의 어느 하나에 해당하는 자는 3년 이하의 징역 또는 3천만원 이하의 벌금에 처한다.

1. 제15조를 위반하여 연명의료중단등결정 이행의 대상이
   아닌 사람에게 연명의료중단등결정 이행을 한 자

*2014년 4~5월 국가생명윤리정책연구원이 자문단 법률 초안을 바탕으로 수정·보완한 연명의료결정 관련 법률(안)을 의미한다.

3. 연명의료를 둘러싼 논의가 법률에 미친 영향

시기를 한정짓기

대법원은 소송이 제기되어 판단의 대상이 된 특정 상태, 즉, 김할머니가 처해 있던 회복불가능한 사망의 단계에서 연명의료 중단이 가능하다고 판시하였다. 그래서 법률상 형법의 살인죄 등으로부터 면책 대상이 되는 "연명치료"는 회복불가능한 사망의 단계에 이루어지는 진료행위로 정의내렸다. 그리고 바로 그러한 상황에서의 처치만 중단을 허용할 수 있다고 결정하였다. 그런데 대법원 판결에서 결론으로 제시된 바는 치료 중단에 관한 보편적인 규정이나 원칙의 도출이라고 보기는 어렵다. 즉 대법원은 회복불가능한 사망 단계 이외의 치료는 무엇이라고 부를 수 있는지에 대하여 직접적으로 판단하지 않았다. 이는 해당 사안을 판단하는 판례의 특성상 다른 상황에서 치료 중단이 가능할 수 있음을 배제하지 않는 것이다.

판례가 갖는 이러한 속성에도 불구하고, 대법원 판결은 이후 제정 논의 과정에서 연명의료를 중단하거나 보류할 수 있는 특정 시기를 한정지우는 규정 방식의 기본 틀이 되었다. 법률에서는 연명의료를 "임종과정에 있는 환자에게 하는 심폐소생술, 혈

액 투석, 항암제 투여, 인공호흡기 착용 및 그밖에 대통령령으로 정하는 의학적 시술로서 치료효과 없이 임종과정의 기간만을 연장하는 것"으로 정의함으로써 임종과정이라는 시기 구분을 정의 조항에 위치시키고 있으며, 이 연명의료를 그만둘 수 있는 방식을 규정하는 것이 법률 중 (호스피스 · 완화의료 부분 이외) 연명의료결정 부분의 핵심이다. 다시 말해, 임종과정에 있는지가 그만둘 수 있는 치료인지를 결정하게 되는 현행법의 구조는 대법원 판결의 구조를 그대로 따르고 있다. 이는 연명의료결정을 할 수 있는 환자를 회복불가능한 사망의 단계로 제한하여 판단하고 그 상황에서의 치료만을 "연명치료"로 정의 내리며, 그 치료의 중단 가능성을 결정한 대법원 판결 요지를 그대로 따르고 있는 것처럼 보인다.

그러나 연명의료결정법의 제정논의 과정은 결과적으로 대법원 판결의 주요 법리를 간과하였다고 보인다. 대법원은 임종과정 외에 다른 상황에서의 치료 중단 허용 가능성을 배제하지 않았지만, 법을 제정하는 과정에서는 법률에 규정된 상황 이외의 치료 중단을 배제함으로써 법률에 규정되지 않은 연명의료중단등결정을 실질적으로 금지하는 효과를 불러일으켰다. 물론 법에서 특별히 금지하지 않았기 때문에 의사들이 충분히 자율적인 결정으로 기존의 의료관행에 합치하여 연명의료중단등을 결정할 수 있지만, 현실적으로 의료계에서는 법에서 규정하지 않은 범위까지 치료중단(연명의료결정 중단)을 할 수 없는 상황에 처했다. 이는 의료계가 연명의료결정법을 제대로 이해하지 못하거나 법 체계에 무지한 것이 아니라, 연명의료중단결정을 적극적으로 할 수 없는 이유가 있었기 때문이다. 그 이유는 크게 세 가지로 대별하여 볼 수 있다.

첫째, 지금까지의 판례에서 임종과정에 진입하지 않은 환자의 자기결정권에 의한 치료중단을 근본적인 수준에서 명시적으로 인정한 바가 없으므로[70] 제정법이 언급하지 않는 부분에 대해 최대한 보수적으로 접근하는 것이 개별 의사의 입장에서는 안전한 방안이기 때문이다. 생사와 관련된 상황에서 치료거부권이라는 개념은 널리 쓰이고 있지 않으며, 현재까지 판례에서 실질적인 수준으로 구체화된 바가 없다고 보인다. 우리가 검토하고 있는 제정법과 가장 긴밀한 연관을 갖는 대법원 판례[71]와 더불어 치료거부와 관련한 판례로 인용되는 판례는 수혈거부 판례[72]이다. 그러나 이 판례에서 "환자의 자기결정권이 생명과 대등한 가치가 있다고 평가"하기 위하여 종합적으로 고려할 것이 요구되는 "제반사정"은 환자의 지적 능력이나 신념의 지속성 등 의료윤리 교과서에서 약한 온정적 간섭주의의 조건[73]이라고 범주화될 만한, 그리하여 많은 이들에게 정당화될 만한 고려사항에 그치지 않는다. 여기에는 나이, 가족관계, 자기결정권 행사 배경·경위·목적 및 그중 자살 목적의 배제라는 총체적인 사항까지 요구되며 게다가 제3자 이익 침해가능성까지 포함한다.

---

70) 박형욱, "연명의료결정법 개정안 1, 2", 「연명의료결정제도 개선방안 마련 연구」 공청회 발표자료, 2022.12.29.
71) 법제처, "무의미한연명치료장치제거등(대법원 2009. 5. 21. 선고 2009다17417)".
72) 법제처, "업무상과실치사(대법원 2014. 6. 26 선고 2009도14407)".
73) Tom L. Beauchamp, James F. Childress, *The Principles Biomedical Ethics, 8th Ed.* (Oxford University Press, 2019), pp.233-235.

이러한 사항을 의사가 판단하는 것은 임상 현실에서 사실상 불가능하다. 보다 근본적으로 이러한 조건은 환자에게는 자기결정권 발휘에 과도한 제약을 가하는 한편 의사에게는 그러한 제약을 수행할 역할을 부당하게 부과하는데, 의사는 이 조건들에 관한 정보에 비추어 환자가 내린 판단의 "옳음"을 평가하도록 교육받거나 평가 권한을 받은 이가 아니다.[74] 그 결과, 실질적으로 이러한 판례는 의료 실무에서 환자의 자기결정권에 대한 두터운 인정보다는 불인정으로 읽히게 될 것이다.

둘째, 제정법의 벌칙규정은 확대적용을 명시적으로 금지한 바 있다. 제정법 제39조는 3년 이하의 징역 또는 3천만 원 이하의 벌금에 처하는 벌칙규정이며, 법 제39조 제1호에서 처벌대상을 "제15조를 위반하여 연명의료중단등결정 이행의 대상이 아닌 사람에게 연명의료중단등결정 이행을 한 자"라고 규정하고 있다.[75] 그런데 법 제15조는 임종과정에 있는 환자에서 환자의 사전의사나 가족전원의 결정을 연명의료중단등결정 이행의 요건으로 규정하고 있으므로, 제39조 제1호의 이행의 대상이 아닌

---

74) 의사는 환자가 충분한 정보에 근거하여 이해에 바탕을 둔, 자발적인 선택을 하도록 돕는 이이며, 이러한 조건이 만족되는지 평가할 의무를 지고 또 이에 따라 교육을 받아야 한다. 그러나 이러한 충분한 정보에 의한 동의의 조건을 이미 만족하는 선택들에서, 무엇이 옳고 그른지 평가하는 역할을 부여하는 것은 정당화되지 않는 수준의 온정적 간섭주의를 의사들에게 비현실적으로 기대하는 것이라 볼 수 있다. 그런데 현실은 그 기대와는 정반대의 방향으로 해악을 초래하고 있을 수 있는데, 게다가 그 해악의 크기는 위의 기대가 함축할 해악(환자에게 과도하게 간섭함으로 인한 해)보다도 더 큰 것이다. 현재의 적대적 실무 환경 속에서 이러한 기대를 마주하였을 때, 의사들은 환자에게 과도하게 간섭하기보다는 본인을 보호하기 위해 일련의 치료적 대화로부터 환자를 내팽개칠 수 있다.
75) 해당 호는 2018년 3월 27일 첫 번째 일부개정 때 삭제되었다.

사람에는 임종과정에 있지 않은 사람도 포함될 것으로 보인다. 임종과정에 있지 않은 사람에 대한 연명의료중단결정을 이행한 경우에 처벌 규정이 있다고 제정법을 읽고 '법의 적용 대상 이외의 환자에 대하여 자율적인 연명의료결정이 불가능하다'고 판단하는 것은, 과도하게 자기방어적이라고 비난받을지언정, 개별 의사에게는 합리적인 판단이 될 수 있다. 요약하자면 연명의료결정법의 침묵과 이로 인한 모호함은 자신의 전문성과 양심에 따라 환자의 이익에 부합하도록 특정 의료적 행위를 중단하거나 보류하는 것에 대한 의사들의 부담을 경감시키는 데에 실패했다고 보인다.

셋째, 제정과정에서 나타난 논의를 구체적으로 살펴보면, 이 법이 규정하고 있는 시기만을 허용하고 그 외의 시기의 치료중단에 관하여 침묵하려는 의도가 더 확연히 드러난다. 특별위에서는 말기라는 표현이 모호하여 의도하는 환자들보다 더 넓은 군을 포함할 수 있으므로 임종기라는 표현을 사용하였다.[76] 즉, 치료중단이라는 권리행사를 분명하게 한정된 시기에로 제한하고 그 외로는 확대하지 않도록 하겠다는 것이다. 마찬가지로 권고안이 "임종과정에 있는 환자만을 전제로 접근하는 것이 한계"라고 지적된 바 있지만 대법원 판례에서 "죽음의 과정에 들어가는"이라는 표현을 그대로 국생위에서 담은 것이 "임종기(임종 과정)"이라고 함으로써 판례 이상으로 확대시킬 의향이 없음을 확실히 하였다.[77] 이는 특별위에서의 문구가 일반적 의료 모

---

76) 국가생명윤리정책원, 위의 글(주 14), 14면.
77) 국가생명윤리심의위원회, 위의 글(주 13), 72면.

두에 적용되도록 잘못 읽힐 수 있으므로 "자기결정권의 대상을 (치료 일반이 아닌) "연명의료 결정"으로 구체화[괄호 안은 인용자]"한 국생위의 결정에서도 드러난다.[78] 이는 명문의 치료거부권이 법조항으로 존재하거나 판례를 통해 구체화된 바가 없는 상황에서 사회적 합의의 적극적 도출을 꾀할 수 없었던, 촉박한 제정 논의 과정을 생각하면 이해할 만한 접근이다. 그러나 이러한 침묵이 법에서 규정하지 않은 범위까지의 치료중단을 환자와 그를 돌보는 의사 간의 충분한 의사소통에 따른 합당한 선택지로 보장하지 못하는 결과를 낳았음은 부정할 수 없다.

제정과정에서는 특정 시기에만 치료를 그만둘 수 있다는 대법원 판결로부터 유래한 접근을 유지하면서, 각각의 기준들은 "말기" 혹은 "임종과정", "임종환자" 등의 표현을 통하여 세밀하게 그 시기를 규정하려 하였다. 먼저 2009 의협 지침은 예외적으로 임종환자와 말기 두 시기 구분을 동시에 활용한 기준을 발표하였는데, 임종환자는 말기환자 가운데 더 죽음에 임박한 상황에 있는 이들로, 이 환자들을 대상으로 하여서는 의학적 판단과 가족의 동의에 의거하여 연명치료를 중지할 수 있도록 제안하였다. 한국보건의료연구원의 사회적 합의안[79]과 2010 사회적 협의체에서는 말기라는 표현을 사용하였다. 그러나 특별위를 거쳐 국생위에서 논의되면서 말기는 확대 해석에 대한 우려에 반응하며 임종기 혹은 임종과정이라는 표현으로 보다 경직되었다. 이 과정은 위원회 내부의 서로 다른 전문성과 시각 안에서

78) 국가생명윤리심의위원회, 위의 글(주 13), 70-71면.
79) 국가생명윤리정책원, 위의 글(주 14), 16-17면.

최소한의 "중첩적 합의"를 찾고자 할 때 어떻게 보수적인 결론으로 도달하게 되는지를 보여주는 한 예라고 볼 수 있다. 예를 들어 다음과 같은 우려가 제기되었다고 회고되는데,

> 특별위원회는 '말기환자의 무의미한 연명치료의 중단'이라는 표현을 '임종기환자의 연명의료 결정'으로 변경하였다. (중략) 회의에서는 '말기환자'는 사망의 과정에 진입했다는 의미기 아닌, 일반적인 질병의 '말기'단계로 이환된 환자와 혼동될 수 있다는 의견이 제시되었다. '말기'의 의미를 더욱 명확하게 하기 위해 '임종기'라는 용어를 사용하기로 하였다. 공청회에서는 초기가 아니면 '말기'로 오해하기도 하고, 진행기 환자와의 구분이 모호한 점이 있어, 논의의 대상 환자에 대한 정의를 '임종기'(臨終期) 환자로 표현하기로 하였다고 공표하였다.[80]

이러한 해석은 의학적 말기 개념에 익숙한 전문가에게는 터무니없는 오해로 여겨질 만한 것이다. 그러나 그 오해가 법령의 실행 과정에서 일반 대중에게 되풀이될 수 있음을 생각하면, 결국 학습되고 숙고된 논의와 그 결과로서의 합의의 필요성을 보여준다고 볼 수 있다.

결국 특별위에서 세밀한 조정과 협상의 결과로 임종과정(임종기)라는 용어가 결정되고 그 용어는 연명의료의 중단 및 보류의 시기가 보다 분명하게 죽음에 가깝게 설정된 시점을 뜻하게 되었다. 이는 이후 국생위 및 국가생명윤리정책연구원의 법률안

---

80) 국가생명윤리심의위원회, 위의 글(주 13), 45면.

까지 유지되었다.[81]

그런데 이후 호스피스 법안과의 통합과정에서 이전에 폐기된 말기라는 용어가 호스피스의 대상자 설정의 기준으로서 재등장하게 되는데, 결과적으로 죽음에 이르는 과정은 말기와 임종과정, 두 단계의 시기 구분을 갖게 되었다.

이 통합 과정에서 특별위에서 합의되었던 바가 면밀하게 검토되었는지는 확인할 수 없다. 애초에 임종과정(특별위 당시에는 임종기)이라는 용어는 말기라는 용어를 쓰지 않기 위하여 선택되었다. 그런데 이후 한 법안에 말기환자라는 정의규정이 제시되었고 병합과정에서 말기환자와 임종과정이 모두 법안의 정의조항에 도입됨으로써, 임종과정이라는 시기는 말기와 비교 대상으로 제시되게 된다. 이에 따라 임종과정은 그 정의 안에 '얼마나' 죽음에 임박하였는가를 나타내는 수량적 개념은 없음에도 불구하고, 자연스럽게 "수개월 이내에 사망"하는 말기보다도 죽음에 더 가까운 짧은 기간임이 분명해졌다.

연명의료 결정에 관한 법안이 호스피스·완화의료 법안 및 암관리법 개정안과 병합되면서 결과적으로 시기에 관한 두 단계 규정을 갖게 된 것의 또 다른 문제점은 연명의료 중단 등 치료 행위를 놓고 호스피스를 개시한 말기환자와 그렇지 않은

81) 특별위의 용어 결정은 법률로서 면책되는 의료행위의 범위를 대법원 판결과 일치시키고자 한 것으로, 이 범위 밖의 행위에 대하여 반드시 처벌됨을 의미하고자 한 것은 아니었다. 생사와 연관된 의학적 처치에 있어서의 치료거부 및 중단등을 위한 권리 보장 및 이와 관련된 면책은 앞으로 사회 전반이 이 문제에 대한 정확한 이해와 논의에 기초하여 합의를 이룰 부분이다. 사회적 합의의 필요성과 그 선결조건에 대해 필자들은 이 글의 말미에서 논의한다.

말기환자 간에 실질적인 차이가 발생하게 되었다는 점이다.[82) 다시 말해, 호스피스를 개시한 말기환자는 호스피스라는 돌봄의 세팅이 증상 완화를 목표하기 때문에 연명의료를 보류하거나 중단하는 것을 전제로 하는 시설 혹은 시스템에 들어가게 되며, 임종과정에 진입하지 않았다고 하더라도 실질적으로는 연명의료를 보류하거나 중단하게 된다. 이에 반해 호스피스라는 세팅에 들어가지 않은 혹은 들어가지 못한 말기환자들은 연명의료결정법 중 (호스피스·완화의료가 아닌) 연명의료결정에 관한 부분만을 적용 받을 공산이 크다. 따라서 이들은 임종과정에 진입했다는 의사 2인 이상의 판정이 있어야만 연명의료 중단의 이행을 할 수 있게 된다. 더욱이 현재 호스피스 예산의 부족과 의료진 안의 인식이 개선되지 않은 연유로 호스피스 대부분의 대상자는 암 환자로 한정되어 있는 실태이다.[83) 결과적으로 말기 환자들 안에서도 어떤 질환으로 말기에 해당하느냐에 따라 호스피스 돌봄을 받게 될 것인지 여부가 결정될 확률이 높고, 그에 따라 부수적으로 연명의료 중단 등 자기결정권에 의한 치료적 목표 설정의 자유를 보장받을 것인지도 결정되는 구조가 형성되어 있다고 볼 수 있다. 병합된 각각의 조항 간의 비정합성이 실질적 불공평함을 빚어내고 있다.[84)

---

82) 그러나 호스피스 대상자 제한 자체는 의도된 것이었음을 주 94에서 보다 자세히 논할 것이다.

83) "연도별 호스피스 서비스 이용률 통계자료", 국립암센터 중앙호스피스센터 웹사이트. https://hospice.go.kr:8444/?menuno=53 (최종 검색일: 2022년 10월 24일).

84) 현재는 연명의료 중단 등의 결정 사항을 실질적으로 이행할 수 있는 시기에만 차이가 남아 있는데, 제정법의 경우 그 불공평함이 더 심하여 연명의료 중단 등의 결정을 할 수 있는 시기에도 질환별 차이가 있었다. 이것은 말기

게다가 제정 당시와 현재의 연명의료결정법에 따르면 말기임을 '진단'받은 사람만이 연명의료계획서를 쓸 수 있도록 되어 있다. 이는 사전돌봄계획을 가능한 한 빨리 시작하였을 때 환자가 원치 않았던 공격적 치료에 동반된 불필요한 고통을 줄일 수 있다는 연구에 입각한 의학적 권고, 그리고 환자 자기결정권을 진흥해야 한다는 취지에 맞지 않는 것이다. 이 문제는 말기환자의 정의에 특정 질환이 조건으로 들어있던 제정법에서 가장 심각하였는데, 암, 후천성면역결핍증, 만성 폐쇄성 호흡기질환, 만성 간경화 이외의 환자 중 수개월 이내에 사망할 예후를 가지고 있는 환자들은 앞에서 열거한 질환에 이환된 환자들이 말기에－진단을 거쳐－ 연명의료계획서를 작성할 수 있는 것과는 달리 임종과정이 될 때까지 동일 문서를 쓸 수 없는 상황에 처했었다. 개정법에서 질환명을 담은 각 목이 삭제되어 이 문제는 완화되었으나, 연명의료중단 등의 '이행'이 아니라 이를 위한 사전의사'결정'마저도 시기를 엄격히 제한하고 실질적으로 진단이라는 절차를 밟도록 한 것은 제정 논의에서는 그 근거를 찾을 수 없는 것이다.

제정 논의들은 모두 말기이건 임종과정이건, 특정 시기 판단

라는 정의에 암, 후천성면역결핍증, 만성 폐쇄성 호흡기 질환, 만성 간경화 등의 질환명이 나열하였던 제정법의 구조 때문이었는데, 이 제정법의 정의 조항은 호스피스를 신청할 수 있는 이를 말기환자 등으로 규정하되, 호스피스를 정부가 지원하기 위함이었다. 결국 정부의 재정적 한계로 초기에 호스피스 돌봄을 지원하고자 하는 질환을 한정하고자 하는 노력이었는데, 결과적으로는 이 4개 질환에 속하는 이들은 말기에 연명의료계획서를 쓸 수 있고 그 외의 환자군은 쓸 수 없는 불합리한 구조를 자아냈다. 이러한 불공평함은 말기환자의 정의조항에서 질환명을 삭제한 2018년 3월 27일 일부개정 법률에서 해소되었다.

을 규범적으로 유의미한 기준으로 삼고 있는데 말기와 임종과 정은 모두 예후 판단이며 애초에 '의학적' 목적에서 규정되던 것이다. 예후 판단은 미래에 있을 상황을 예측하는 작업이며 당연히 인식에서의 오류 가능성 및 통계적 불확실성을 내재한다. 특히 동일한 "말기" 혹은 "임종과정"이라는 용어를 쓰더라도 해당 예후 판단의 대상이 된 환자가 앓는 중인 질환의 종류에 따라 인식론적 어려움이 가중될 수 있음은 의료전문직들이 여러 차례 지적한 바 있다.[85] 그럼에도 불구하고 제정법은 이 인식론적 도전에 대한 대응으로 "회생의 가능성이 없고, 치료에도 불구하고 회복되지 아니하며, 급속도로 증상이 악화되어 사망에 임박한 상태" 그리고 "적극적인 치료에도 불구하고 근원적인 회복의 가능성이 없고 점차 증상이 악화되어" "수개월 이내에 사망할 것으로 예상"이라는 정의 조항과 함께 이에 따라 판단하는 이들을 복수의 전문가로 설정하였다. 그러나 문제 자체가 갖는 내재적 불완전성이 문제를 푸는 이를 복수로 설정한다고 완전히 해결될 수는 없을 것이다.

대리 의사 결정

대법원이 인정한 환자의 자기결정권은 그 행사 범위를 회복 불가능한 사망 단계로 지나치게 제한하여, 환자의 자기결정권 행사가 다소 제한되었다. 그래서 법이 제정되기 전 논의되었던

---

85) 우리가 인식에서의 '오류 가능성'이라고 말하였지만 말기와 임종기 각각에 대해 서로 다른 질병을 가로지르는 균일한 '정답'이 있기 어려움을 생각할 때, 오류 가능성이라는 표현조차 부적절할 수 있다. 합의 불가능성이라고 말하는 것이 더 적절할 수 있다.

지침들이나 제정법에서도 시기가 제한된 자기결정권의 행사 연장으로서의 대리인 지정권한이나 추정의사의 인정에 대한 논의가 소극적이었음을 확인할 수 있다. 앞선 절에서 논하였듯이, 대법원은 연명치료 중단의 근거로 환자의 자기결정권과 회복불가능한 사망의 단계라는 두 개의 조건을 제시하였다. 이러한 두 조건의 동시 충족을 강조하는 판시사항은 자기결정권이 단독으로 치료 보류나 중단의 근거가 될 수 있을지에 대해 의구심을 품게 한다. 자기결정권에 대한 제한된 인정은 모든 치료에 대한 환자의 자기결정권을 공표하지 않고 임종에 이르는 과정의 자기결정권의 행사로 대상 의료를 한정한 국생위 의결에서도 이어진다. 통상적으로 이야기되는 것처럼, 서구의 비슷한 규범들에 비해 우리 지침들과 법은 자기결정권이 생애말기 의사결정의 근거로서 발휘하는 힘이 상대적으로 미약하다는 해석[86]이 정확한 판단인 것이다. 법 이전의 논의들과 법률까지, 환자가 대리인을 지정할 권리에 대해 논의되지 않은 것[87]은 우리의 담론 안에서 환자의 자기결정권이 어느 정도로 인정받았었는지를 가늠할 수 있는 또 다른 척도라고 볼 수 있다.

---

86) 최경석, "자기결정권 존중을 위해 선행해야 하는 것들: 의사조력자살과 연명의료 유보나 중단과 관련하여", 한국의료윤리학회지 제25권 제4호(2022), 394면; 이석배, "존엄하게 죽을 권리와 의사조력자살", 한국의료윤리학회지 제25권 제4호(2022), 341-346면; 박형욱, 위의 발표자료(주 72).

87) 2010 사회적 협의체에서는 성인과 미성년자, 지적장애인에서의 대리(인)제도를 논의하였다고 밝힌다. 그러나 사회적 협의체 보도자료에 "대리인제도 도입 여부"라는 표현과 "대리에 의한 의사표시 인정여부"라는 표현이 모두 쓰여서 (가족 내·외에서 한 명을 선택하거나 우선순위를 정하는) 지정 대리인 제도가 논의된 것인지, 환자가 지정하지 않은 상태에서 (아마도 가족 내) 누군가가 대리한다는 뜻인지 확실치 않다.

또한 제정법에서 가족 전원의 합의에 의한 연명의료결정을 인정하면서, 최선의 이익이라는 표현을 제외한 것도 아쉬운 점이다. 2009 의협 지침부터 최선의 이익 개념이 제정과정에서 등장했음에도 불구하고, 법 제18조는 최선의 이익이라는 표현을 삭제하고 가족전원합의에 의한 연명의료중단을 인정하였다. 실질적으로 법 제18조의 내용은 '연명의료의 중단이나 보류에 의한 결과가 환자의 현재 상황에서 최선의 이익에 부합한다는 판단에 가족 전원이 이르렀으며, 가족 전원 판단이 적합함을, 즉 중단 및 보류의 결과가 최선의 이익 기준에 부합한다는 판단이 합리적임을, 복수의 의료전문직이 전문가적인 역량으로 다시 한 번 확인한다'라고 해석될 수 있다. 그러나 최선의 이익이라는 기준이 명시적이지 않기에, 읽는 이에 따라서는 해당 조항을 다음과 같이 전체주의와 관료주의의 조합으로 곡해할 여지도 있는 것이다. '가족은 전원 합의에 의해 가족 구성원 중 한 사람의 죽음을 결정할 수 있다. 복수의 의료전문직은 법에서 규정한 가족 구성원 중 빠진 이가 없이 모두 합의했는지 확인하여야 한다.'

한편, 환자가 대리인을 스스로 지정할 수 있는 권한이 논의되지도 못한 이유에는 '성인의 연명의료 중단등의 결정을 타인이 대리할 수 있는가'라는 선결문제가 해결되지 못한 점도 포함되어야 할 것이다. 의협 지침은 대리인 또는 후견인의 대리와 가족에 의한 환자 추정의사에 기반한 최선의 치료 결정을 모두 포함하였다. 그러나 이후 사회적 협의체에서는 대리에 의한 의사표시와 추정에 의한 의사표시 인정 모두에 이견이 있었다. 대리인제도를 법으로 규정하는 데에 다수의 찬성 의견이 있었으나 개신교와 천주교는 이를 "안락사 허용 입법이나 다름없다는 반론을 강하게 제기"하였다.[88] 대리 의사결정 자체에 이견이 있는 상황에서 누가 대리인이 될 수 있는지를 지정할 수 있는 환자의 권리를 논할 수는 없었을 것이다.

결국 특별위에서 대리 의사 결정의 기준으로서의 가족 전원의 합의가 등장한다. 그런데 가족을 유일한 안전장치로 두는 사고는 미성년자, 지적장애인의 최선의 이익을 가족 밖에서 점검하도록 하는 구조를 두지 않는 것에서도 드러난다. 2009 의협 지침에는 대리인 또는 후견인이 결정하도록 하는 조항이 있었고, 2010 사회적 협의체에는 "미성년자 또는 지적장애인에 대해서는 병원윤리위원회 확인을 거쳐 대리인에 의한 의사표시를 인정"할 수 있었다. 흥미로운 것은 그 당시 성인에 대한 대리 제도에 대해서는 격론이 벌어져 결국 권고안에 포함시키지 못했지만 지적장애인과 미성년자에 대해서는 별다른 토의가 남아 있지 않다는 것이다. 이들은 대리인이나 병원윤리위원회가 판단에서 참조할 만한 사전의사를 남길 수 없는 이들로, (사전) 자기결정에 의한 자기이익 보호를 할 역량이 상대적으로 약한 이들이다. 그럼에도 불구하고 이들의 경우는 병원윤리위원회 확인을 거쳐 대리인의 결정을 받아들이는 것으로 하고, 사전의사를 둘 수 있는 성인의 경우 오히려 대리인 제도를 불허하였던 점은 주목할 만하다.[89]

---

88) 이상원, 위의 글(주 49), 110면.
89) 다만, 정부(안) 구성의 비교적 후반부 논의인 자문단 회의를 위원장으로서

병원윤리위원회

병원윤리위원회와 관련하여 제정과정에서 아쉬운 점은, 무연고자에 대한 병원윤리위원회의 역할을 인정하지 않은 것이다. 무연고자에 대한 병원윤리위원회의 역할은 국생위 논의에서 처음으로 등장하였다. "병원윤리위원회가 현실적으로 모든 임종기 환자의 연명의료 결정을 심의할 수는 없지만, 적어도 대리인이 없는 경우에는 그 결정을 대신하여야 한다고" 정하였다.[90] 이 안은 국가생명윤리정책연구원 법률안과 김재원안까지 이어졌으나 법제사법위원회에서 삭제되었다. 무연고자의 연명의료 중지에 대한 병원윤리위원회의 결정 권한을 삭제한 것은 가족이 이익을 대변해 주지 않는 이들이 치료 중지의 대상이 되지 않도록 보호하려는 의도라고 볼 수 있다. 그러나 임상 현장의 실제를 생각해 볼 때, 가족이 없다는 이유로 이들에게 연명의료가 무한정 제공될 것으로 생각되지는 않는다. 오히려 이들에게 주어질 치료 및 전원 결정은 최선의 이익에 대한 공적인 검토 없이, 기록에 남지 않는 방식으로 이루어질 가능성이 크다.

벌칙규정

우리 법의 또 다른 특징은 의사(醫師)에 대한 명문의 면책 조항이 부재하다는 점이다. 애초에 대법원은 환자가 원고로서

이끌었던 최경석 교수는 "미성년자의 대리결정에 관하여는 당시 다른 법률과의 관계에서 허용된다고 판단하여 관련 조항을 삽입한 반면, 성인의 경우 민법의 성년 후견인 조항을 고려할 때 보다 광범위한 사회적 합의를 요구하므로 관련 조항을 법률(안)에 삽입하지 않는 것이 회의 과정에서는 승인 혹은 양해되었던 것"이라 회고하였다. 김정아, 위의 발표자료(주 22).

90) 국가생명윤리심의위원회, 위의 글(주 13), 58-59면.

연명치료 중단을 요구한 건에 대하여 판결을 내렸다. 따라서 의사의 면책에 관한 사항은 다수의견에서 명시되지는 않았다.[91] 이 점은 수혈거부로 인하여 사망한 환자에 대한 업무상과실치사죄를 부인하였던 대법원 판결[92]과 다른 점이다. 판결 이후의 여러 지침과 협의 과정에서도 연명의료의 중단이나 보류를 한 의료진에 대한 면책은 명시적으로 다루어지지 않았다. 이는 법적 책임에 대한 점을 우려하여 보라매병원 사건 이후에 과잉진료로 이어지던 의료계의 관행을 바로잡고자 하던 의도, 분명한 합법적 치료의 경계를 그어 줄 수단으로서 연명의료에 관한 법제정을 바라던 의료계의 기대와는 상당한 괴리를 갖는 진행과정이었다고 볼 수 있다.[93]

또한 이 벌칙 조항은 연명의료를 시행하지 아니하거나 중단

---

91) 다만, 대법관 김지형, 대법관 박일환의 별개의견으로 의료인의 면책에 대해 다음과 같이 언급되었다. "의료인이 신중한 절차를 거쳐 연명치료를 중단한다 하더라도, 사후적으로 환자 본인이 회복불가능한 사망의 단계에 이르지 않았다거나 환자 본인의 추정적 의사가 불분명한 것으로 판명되어 의료인이 민·형사상 책임을 지게 될 가능성을 배제할 수는 없다. 이와 같이 법원의 사후적 평가에 의하여 형사책임까지 부담할 가능성이 배제되지 않은 상태에서는 의료인은 환자 측의 요구에 대하여 방어적인 태도를 취할 수밖에 없고, 조금이라도 문제될 여지가 있으면 연명치료 중단을 실행하는 것을 주저할 것이다." 법제처, "무의미한연명치료장치제거등(대법원 2009. 5. 21. 선고 2009다17417)", 25면.

92) 법제처, "업무상과실치사(대법원 2014. 6. 26 선고 2009도14407)", 1-2면.

93) 이에 관하여 법률에 의한 행위 그 자체가 적법행위이므로 면책규정이 별도로 필요하지 않음을, 그리고 실제로 제정 논의 과정에서 이러한 법학계의 의견이 반영되었음을 학술집담회에서 각기 깨우쳐 주신 유지홍 교수와 최경석 교수께 다시 한번 감사드린다. 그럼에도 불구하고, 연명의료결정법의 제정이 보라매사건 이후 의학계의 과도한 불안과 불신, 이로 인한 과잉진료를 종결하기 위해서였음을 생각할 때 의사에 대한 면책규정이 부재한 한편 벌칙규정이 존재하였을 때의 심리적 효과에 대해서는 고려해볼 만하다. 김정아, 위의 발표자료(주 22).

한 자만을 대상으로 한다. 연명의료중단등결정을 통해 연명의료를 회피하고자 하였던 환자에게 원치 않았던 연명의료를 지속적으로 제공하더라도 별도의 벌칙규정이 없다는 점을 상기할 때, 의사 입장에서는 환자의 사전의사보다는 생명의 유지에 기울어 의료를 제공하는 것이 본인 스스로를 방어하는 길이 될 수 있다. 특히 가족이 환자의 사전의사를 무시하고 지속적 연명의료를 요구하는 경우, 면책규정 없는 의사에게 안전한 방향은 환자의 사전의사를 무시하는 데에 동참하는 것이 될 수 있다.

✦ ✦ ✦

생애말기와 죽음의 과정에 있는 이들이 무엇을 필요로 하고, 이에 대해 제도적 차원에서 어떻게 응답하며, 또한 어디까지 허용하고 도울지는 전체 사회에 중대한 함의를 갖는다. 주지하다시피 의료기관 내에서의 죽음의 분율은 급격히 늘어가고 있다. 생애말기와 죽음의 과정 속에서 의료적 처치의 선택지도 늘어났다. 대한민국은 이 문제를 각각의 개인들에게 맡겨 두지 않고 의료기관 내에서 법제에 따라 규율하기로 하였다. 그러나 발전된 의료기술과 의료현장에 대한 이해를 요구한다는 점과 가치체계에서 가장 근원적이고 심대한 문제를 다뤄야 한다는 점 때문에 본 사안은 여전히 소수 전문가들 사이에서만 논의되어 왔다. 제정 논의의 직접적 계기는 대법원 판례였으며, 그 밖에 대중이 이를 직접 요구하는 목소리에 답하는 형식이 아니었다. "사회적" 협의체는 보건복지부가 각각의 "계", "부", "단체"로부터 추천받은 이들로 구성된 것이었으며 이들 각각은 사회의 일부 그룹만을 대변할 수밖에 없는 구조를 지니고 있었다. 이러한 대표성 부족 문제는 제정 논의의 결과가 대법원 판례에서 더 나아가지 못하는 결과를 가져왔다. 다시 말해 사법 판단 이상으로 나아갈 만한, 진정한 의미의 사회적 합의가 부재한 상태에서 소수의 전문가들이 새로운 합의를 도출할 수는 없었던 것으로 보인다. 결국 제정법은 대법원이 제시한 두 개의 기준, "회복불가능한 사망의 단계"와 "자기결정권 행사" 두 가지를 동시에 만족시켜야 한다는 상당히 보수적인 조건을 연명의료중단등 이행의 조건으로 그대로 채택하게 되었다.

제정 논의의 여러 단계와 그 단계별로 논의 주체들이 등장하거나 퇴장함에 따라 맥락의 누락이 발생하고 제정법의 흠결이 발생하게 된 것도 지적할 수 있다. 연명의료중단등의 이행 시기를 어떻게 규정할 것인지를 놓고 벌였던 논의들이 무색하게, 법안 병합과정에서 재등장한 말기환자 정의 조항은 연명의료계획서 작성마저도 2명 이상의 진단을 거쳐서 할 수 있도록 자기결정권을 제한하는 법의 흠결을 초래했다. 또한 사실상 연명의료 중단이나 보류를 포함하는 호스피스 내에서는 누릴 수 있는 자유－중단, 보류뿐만 아니라 대리 의사 결정－가 그 외의 환경에서는 허용되지 않는 불공평함도 의도치 않은 오류로 생각된다.[94] 검토를 통해 저자들은 추후 제·개정 논의에서는

---

94) 이에 관해 호스피스·완화의료 대상자 한정은 분명히 관련 학회의 의도였음을 학술집담회에서 최경석 교수는 밝혔다. 그러나 같은 사안－치료의 중단, 보류, 대리 의사 결정－에 관하여 하나의 법률 내 다른 부분이 상이한 수준의 허용을 하는 비일관성까지 의도한 것은 아니라고 보인다. 아마도 이

이전 논의에 비해 더 높은 수준의 연속성과 투명성에 기초한 공론화가 요구된다고 판단하였다.

이러한 측면에서 최근 발의되어 사회적 논의를 촉발한 안규백 의원 대표의 연명의료결정법 개정 발의안과 이에 대한 검토[95]도 아쉬움을 남긴다. 발의안이 말기로 대상군을 확대하고 허용되는 행위를 의사조력사망으로 확대하는 것은 위에서 살펴본 제정 논의의 맥락을 벗어나는 것임이 확실하다. 가장 우려스러운 것은 그 과정에 새로운 수준의 사회적 합의를 형성하려는 노력이나 전략이 부재하다는 점이다. 게다가 그 와중에 위에서 지적한 연속성의 부족도 관찰된다.

국회 보건복지위원회 검토보고서만 보더라도 최선영 전문위원은 보건복지부 제출자료를 재구성한 <존엄사 및 안락사 개념 정의> 표(보고서 13면)를 제시하고 있는데, 여기에서 "소극적 안락사(통상 존엄사)"의 정의를 "연명치료중단(※ 현행 연명의료중단등결정)"으로 소개하고 있다. 게다가 그 아래 이어지는 본문 단락에서는 "이중 소극적 안락사와 간접적 안락사는 현행 「호스피스·완화의료 및 임종과정에 있는 환자의 연명의료결정에 관한 법률」 (이하 「연명의료결정법」이라 함)로 법제화되어 시행 중임"이라고 요약한다. 이 요약은 연명치료의 중단[96]과 안락사를 구분하고, 전자만을 허용하였던 대법원 판결[97]의 논지와 이

는 급박한 제정 논의 과정에서의 타협이 낳은, 예상했더라도 막을 수 없었던 비일관성으로 보인다. 김정아, 위의 발표자료(주 22).

95) 최선영(보건복지위원회 전문위원), 위의 글(주 5).

96) 이후 치료라는 용어가 갖는 필수적인 조치라는 어감을 중립적으로 바꾸기 위하여 제정 논의 및 법률에서는 연명의료 중단으로 변경, 사용하였다.

97) 법제처, "무의미한연명치료장치제거등(대법원 2009. 5. 21. 선고 2009다

에 근거한 그 이후의 7여 년간의 제정 논의에 대해 무지한 언급이 아닌가 의심된다. 애초에 대법원은 "환자의 생명과 직결되는 진료행위를 중단할 것인지 여부는 극히 제한적으로 신중하게 판단하여야"한다고 하며 치료 중단의 요건 중 하나로 "회복불가능한 사망의 단계"를 언급한 것이다. 본문에서 살펴본 것처럼, 치료의 중단이나 보류를 통해 생명이 단축되는 경우에 과연 이러한 치료의 중단이나 보류가 가능한지에 관한 사법적 판단은 내려진 바가 없다. 이 때문에 제정 논의는 여러 차례에 걸쳐 회복불가능한 사망의 단계, 혹은 임종기로 돌아오고 말았다. 그런데 이러한 맥락을 무시한 채, 안락사와 현행법상의 연명의료중단을 구분하지 않은 표현이 관련 부처인 보건복지부 제출 자료에 포함되고 검토보고서가 이에 근거하여 작성되었다는 사실은 연속성 부재로 인해 언제든 과거의 지난했던 과정이 정확히 원점부터 되풀이될 수 있음을 보여주기에 특별히 우려스럽다.[98]

연명의료결정법 제정 논의의 역사는 언뜻 보기에 짧다고 여겨질 수 있다. 그리고 제정 논의 과정에서 나타났던 오류 혹은 누락으로 보이는 사례들은 다른 법안에서도 대동소이하게 나타난다고 볼 수도 있다. 이 문제의 해결을 초조하게 기다리는 몇

17417)"; 최경석, 위의 글(주 86), 387-403면.
98) 이 지적은 필자들이 현행법에서 허용하고 있는 연명의료중단 및 보류를 소극적 안락사로 분류할 수 없다고 판단내리고 있음을 함축하지는 않는다. 연명의료가 연명치료중단, 소극적 안락사와 개념적으로 구분될 수 없으며 이를 구분하는 용어를 사용하는 것은 수사일 뿐이라는 주장도 가능하다. 또한 기존의 논의와 결정에 익숙하지 않은 국회의원을 대상으로 사회적으로 널리 알려진 용어와 현행법 내의 용어를 연결시켜 이해를 도모하고자 하는 목표도 이해할 만하다. 그러나 해당 용어 사용이 사회적 합의 측면에서 갖는 대단히 까다롭고 예민한 지점을 과연 보건복지부와 국회가 그 역사를 비추어 이해하고 있는지 여부가 중요한 문제이기에 이를 바로잡고자 하는 것이다.

몇의 눈에는 너무나 더디게 느껴질지언정 사회적 합의란 본래 시간을 필요로 한다고 말할 수도 있다. 그렇지만 이 장에서 지적한 연속성과 투명성의 부족이라는 문제는 자원의 투입을 통해 해결해야만 하는 장애물이다. 우리 사회 모든 이들의 생애말기와 죽음이 달려 있는 이 사안의 중대성을 생각할 때, 장애물을 타파하고 보다 본질적인 문제에 공론화를 집중하여 사회적 합의를 형성해 나가는 것이 필요하다.

제정 논의를 정리하며 저자들은 죽음과 같이 우리의 가치 체계에서 중대한 사안일수록 진정한 의미의 "사회적" 합의가 선행되어야 한다고 결론 내렸다. 7년여의 고된 논의에도 불구하고 매 단계에서 대법원 판례로 돌아옴을 확인하였기 때문이다. 더 많은 시민 참여가 필요하며, 피상적이지 않은 실제 정보[99]가 일정 수준 이상으로 모두에게 열려 있어야 한다. 현재 논의가 촉발되어 언론과 사회의 주목[100]을 받고 있는 상황은 환영할 만하지만, 그것만으로 제·개정을 위한 근거가 마련되었다고 보기는 어렵다. 오히려 이를 사회적 합의를 두텁게 만들기 위한 기회로 활용해야 한다. 사회적 합의를 위하여 현재 우리가 서로 돌보고 돌봄 받으며 죽는 현실을 정확하게 포착하고 전달하기 위한 연구와 교육이 필요함은 두말할 나위가 없다.

---

99) 이 정보는 우리 사회에서 지난 논의가 어떠했는지에 대한, 알기 쉬운 정리를 포함해야 한다. 본 글은 이를 위한 예비 작업을 목표한 것이다.

100) [트리거] 조력사망 대찬성 여론?…"비참한 의료 현실에 대한 공포", JTBC 뉴스, 2023.1.12. https://news.jtbc.co.kr/article/article.aspx?news id=nb12110830(최종 검색일: 2023년 2월 7일); "스위스와는 다른 한국형 'K-존엄사법'…어디까지 가능할까?", JTBC 뉴스, 2023.2.1. https://news.jtbc.co.kr/article/article.aspx?news_id=NB12113139(최종 검색일: 2023년 2월 7일).

제2부

의료현장에서의 연명의료결정법
적용과 한계

3

연명치료 중단 또는 보류의 영향[†]

의료 비용 분석을 기반으로 한 전국적인 사례 – 대조군 연구

김정아, 김도경, 문수경, 손민국

「호스피스·완화의료 및 임종과정에 있는 환자의 연명의료 결정에 관한 법률」(이하 「연명의료결정법」)은 환자의 최선의 이익을 보장하고 자기결정을 존중하기 위한 법이며, 의료비용을 줄이기 위한 법이 아니다.[1] 그럼에도 불구하고 연명의료결정법의 효과를 비용 분석을 통해 살펴보는 것은 의미가 있다. 생애말기에 무의미한 치료를 회피하는 것이 최선의 이익과 일치했거나, 무의미한 치료를 받기를 피하고자 하는 자기결정이 있었던 환자들이, 과연 연명의료의 중단이나 보류를 통하여 이익의 실현

[†] 이 글은 *Journal of Korean Medical Science* vol.39, no.6(2024)에 게재되었던 글을 번역하고 일부 수정·보완한 것이다.

1) 법제처, "「호스피스·완화의료 및 임종과정에 있는 환자의 연명의료결정에 관한 법률」(법률 제19466호)", 2016.6.13. 일부개정, 2024.6.14. 시행.

과 결정의 존중을 이루었는지를 평가할 수 있는 간접적인 자료
가 되기 때문이다. 연명의료결정법은 "보건복지부령으로 정하는
절차와 지침에 따라 담당 의사 및 -해당 분야의 전문의 1인으로
부터 수개월 이내 사망할 것으로 예상되는 경우로서 근본적인
회복 가능성이 없고, 적극적인 치료에도 불구하고 증상이 점차
악화되는" 상태를 말기로 정의하고, "치료에도 불구하고 활성화
나 회복 가능성이 없고 증상이 급격하게 악화되는 사망 임박
상태"를 임종과정으로 정의한다.[2] 환자는 임종과정에 도달해서
야 법에 따른 절차에 따라 치료를 중단하거나 보류할 수 있다.
또한 연명의료에 대한 결정과 그 이행을 하고자 하는 기관은
의료기관 윤리위원회를 설치하고 있거나 공용의료기관윤리위원
회를 활용하고 있어야 하는데, 이것은 요양병원에서는 실질적으
로 어려운 일이다.[3] 현행법의 이러한 특징적 구조는, 법에 따라
연명의료의 중단이나 보류를 하는 데에 문턱으로 작용하여, 이
로 인한 도움을 받을 수 있는 이들을 제외시키고 있을 수 있
다.[4] 또 한편으로 이 특징적인 구조는 어떤 개인이 법에 따라
중단이나 보류를 하더라도 그 사람이 생애말기에 받는 의료적

---

2) 법제처, 위의 자료(주 1).
3) 법제처, 위의 자료(주 1); 이은영, 이소현, 백수진, "연명의료결정제도의 한
   계와 개선 방향 모색을 위한 고찰", 한국의료법학회지 제30권 제2호(2022),
   103-126면.
4) 이은영, 이소현, 백수진, 위의 글(주 3); Myunghee Kim, "The Problems
   and the Improvement Plan of the Hospice/Palliative Care and Dying
   Patient's Decisions on Life-Sustaining Treatment Act," *Journal of
   Hospice and Palliative Care* vol.21, no.8(2018), pp.1-8; 전명길, "웰다
   잉을 위한 연명의료결정법의 개선 방안", 인문사회 21 제11권 제3호(2020),
   1469-1481면; 최지연 외 3인, "연명의료결정법과 의료기관윤리위원회: 현
   황, 경험과 문제점", 한국의료윤리학회지 제22권 제3호, 209-233면.

돌봄에 미치는 영향을 매우 한정하고 있을 수도 있다.[5] 이 장에서는 국민건강보험 100만 명 표본코호트의 자료를 활용하여, 2018년 법의 발효와 더불어 시작한 시범 수가 사업 중 접근 가능한 2018년 1월 1일부터 2019년 12월 31일까지의 자료로 연명의료결정법의 영향을 비용을 통해 살펴본다.

1. 대상 자료와 방법론

국민보험공단 표본코호트(NHIS-NSC)는 전체 대상자 중 2.2%를 무작위로 표본 추출한 코호트다.[6] 환자의 보험 자격, 진료 이력, 의료 제공 기관, 일반 건강 검진에 대한 정보가 포함되어 있다. 이 자료로부터 인구통계학적 정보(연령, 성별, 거주지, 소득, 장애), 사망 관련 정보(사망 원인 및 연도), 의료 정보(진단 및 진료), 사망 전 의료비(5년, 6개월, 3개월, 1개월 시점)를 추출하였다.

이 환자-대조군 연구의 개략적인 흐름도는 [그림 1]에 나와 있다. 2018년과 2019년에 사망한 환자를 식별한 후 병원 외 사망, 누락된 값 또는 호스피스 치료를 받은 환자를 제외했다. 그후 연명의료결정법(IA74)에 따라 연명의료 중단을 의미하는 연명의료 시행 관리 코드가 있는지를 기준으로 연명의료결정법에

5) Young-Woong Won, et al., "Life-Sustaining Treatment States in Korean Cancer Patients after Enforcement of Act on Decisions on Life-Sustaining Treatment for Patients at the End of Life," *Cancer Research and Treatment* vol.53, no.4(2021), pp.908-916.

6) Juneyoung Lee, et al., "Cohort Profile: The National Health Insurance Service-National Sample Cohort (NHIS-NSC), South Korea," *International Journal of Epidemiology* vol.46, no.2(2017).

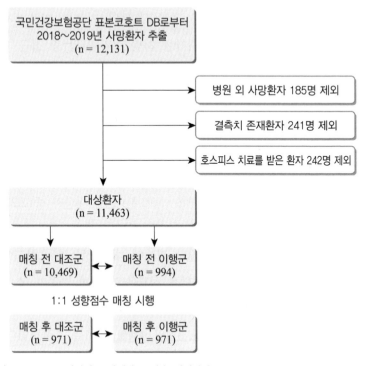

[그림 1] 연구 집단의 모식도

국민건강보험공단 표본코호트 DB로부터
2018~2019년 사망환자 추출
(n = 12,131)

→ 병원 외 사망환자 185명 제외

→ 결측치 존재환자 241명 제외

→ 호스피스 치료를 받은 환자 242명 제외

대상환자
(n = 11,463)

매칭 전 대조군 ↔ 매칭 전 이행군
(n = 10,469)   (n = 994)

1:1 성향점수 매칭 시행

매칭 후 대조군 ↔ 매칭 후 이행군
(n = 971)   (n = 971)

*IA74 코드는 연명의료 시행하는 것을 의미한다.

따라 연명의료중단등결정을 하여 사망한 이행군과 그렇지 않은
방식으로 사망한 대조군을 설정했다. 연령, 성별, 거주지, 소득,
장애, 사망 원인, 사망 당시 입원 여부, 1년 이내 중환자실 입실
여부, Charlson 동반질환 지수 등 다양한 변수를 1:1 성향점수
매칭으로 사용했다. 거주지는 한국의 행정 관할 구역에 따라 지
역으로 구분했다. 소득 수준은 5분위와 의료급여 수급자로 구분
했다. 장애 정도는 없음, 경증, 중증으로 분류했다. 사망 원인은
한국표준질병사인분류에 따라 분류했다. 사망 당시 병원은 병원

기관 코드에 따라 3차, 2차, 요양, 기타 병원으로 분류했다. 청구 데이터에서 가장 널리 사용되는 동반질환 측정 도구인 Charlson 동반질환 지수는 사망 전 지난 1년간의 입원 및 외래 청구에 대한 진단 코드를 사용하여 변환했다. 성향점수 매칭은 가장 가까운 이웃 매칭 방법을 사용하여 수행했으며 캘리퍼는 0.1 미만으로 설정했다. 이행군 및 대조군의 총수는 971명이었다.

기준 특성은 연속형 변수의 경우 표준편차를 포함한 평균으로, 범주형 변수의 경우 백분율(%)을 포함한 숫자로 표시된다. 연속형 변수는 독립표본 t검정으로, 범주형 변수는 카이제곱(χ^2) 검정으로 비교했다. 0.05 미만의 모든 p-value는 통계적으로 유의미한 것으로 간주했다.

2. 결 과

성향점수 매칭 전후의 연구 모집단의 기본 특성은 [표 1]과 같다. 특히 이행군은 연명의료중단등결정을 한 사람들로 동질적으로 구성된 반면 대조군은 연명의료중단등결정을 위한 법적 조건을 충족하지 못한 사람과 법적 조건을 충족했음에도 불구하고 결정을 하지 않기로 선택한 사람을 포함하였다. 매칭 전에는 이행군의 연령이 더 낮고, 수도권 거주자가 더 많았으며, 소득 수준이 5분위인 경우가 더 많았다. 또한 이행군은 사망 원인과 관련하여 혈액 종양 환자 비율이 더 높았고 사망 당시 3차 입원 비율이 더 높았다. 이행군은 1년 이내에 중환자실에 입실한 횟수가 더 많았고, 동반 질환이 더 많았음을 나타내는

Charlson 동반질환 지수가 더 높았다. 매칭 후에는 일치하는 변수에 유의미한 차이가 없었다. 의료 비용의 경우, 이행군은 사망 전 5년과 6개월, 3개월, 1개월 등 모든 기간에서 매칭과 관계없이 의료비용이 더 높았다.

사망 전 특정 개월(6개월, 3개월, 1개월)동안 사용한 의료비를 사망 전 5년간의 의료비로 나누어 계산한 비율은 [그림 2]에 나와 있다. 특정 기간에 관계없이 의료비에는 상당한 차이가 있었다. 이행군의 사람들은 대조군보다 더 많은 비용을 지출하는 경향을 보였다. 의료비를 세분화하여 살펴본 결과, 통계적으로 유의미한 차이를 보인 항목은 진찰료, 입원료, 주사료, 검사료, 영상진단 및 방사선치료료, 요양병원 정액, 특수 장비 등이었다. 사망에 가까워질수록 모든 의료비가 감소했지만, 앞서 언급한 항목은 요양병원 정액을 제외하고는 여전히 이행군에서 대조군보다 높았다.

[표 1] 성향점수 매칭 전후 대조군과 이행군의 기저특성 비교

변수	성향점수 매칭 전 (n = 11,463)			성향점수 매칭 후 (n = 1,942)		
	대조군 (n=10,469)	이행군 (n=994)	P-value	대조군 (n=971)	이행군 (n=971)	P-value
나이 (세)	76.0±15.6	71.7±14.6	<0.001	71.6±15.1	71.9±14.5	0.69
성별 (남성, %)	5,476 (52.3)	619 (62.3)	<0.001	604 (62.2)	604 (62.2)	1.00
거주지 (%)			<0.001			0.97
서울, 인천, 경기	4,066 (38.8)	495 (49.8)		470 (48.4)	478 (49.2)	
대전, 세종, 충청	3,129 (29.9)	258 (26.0)		265 (27.3)	257 (26.5)	

부산, 대구, 울산, 경상	1,555 (14.9)	127 (12.8)		129 (13.3)	124 (12.8)	
광주, 제주, 전라	1,287 (12.3)	76 (7.6)		74 (7.6)	75 (7.7)	
강원	432 (4.1)	38 (3.8)		33 (3.4)	37 (3.8)	
건강보험료 분위 (%)			<0.001			0.92
의료급여	1,648 (15.7)	93 (9.3)		77 (7.9)	80 (8.2)	
1분위	1,774 (16.9)	123 (12.4)		112 (11.5)	122 (12.6)	
2분위	1,019 (9.7)	104 (10.5)		115 (11.8)	104 (10.7)	
3분위	1,317 (12.6)	140 (14.1)		149 (15.3)	140 (14.4)	
4분위	1,737 (16.6)	203 (20.4)		192 (19.8)	199 (20.5)	
5분위	2,974 (28.4)	331 (33.3)		326 (33.6)	326 (33.6)	
장애중증도 (%)			0.05			0.93
해당없음	7,648 (73.1)	752 (75.7)		740 (76.2)	733 (75.5)	
경증	1,367 (13.1)	103 (10.4)		97 (10.0)	100 (10.3)	
중증	1,454 (13.9)	139 (14.0)		134 (13.8)	138 (14.2)	
사망원인 (%)			<0.001			1.00
특정 감염성 및 기생충성 질환 (A00-B99)	300 (2.9)	29 (2.9)		24 (2.5)	24 (2.5)	
신생물, 혈액 및 조혈기관의 질환과 면역메커니즘을 침범한 특정 장애 (C00-D89)	2,424 (23.2)	532 (53.5)		523 (53.9)	523 (53.9)	
내분비, 영양 및 대사 질환 (E00-E90)	367 (3.5)	13 (1.3)		11 (1.1)	11 (1.1)	
정신 및 행동 장애 (F00-F99)	180 (1.7)	3 (0.3)		3 (0.3)	3 (0.3)	

신경계통의 질환 (G00－G99)	488 (4.7)	23 (2.3)		20 (2.1)	20 (2.1)	
순환계통의 질환 (I00－I99)	2,320 (22.2)	124 (12.5)		123 (12.7)	123 (12.7)	
호흡계통의 질환 (J00－J99)	1,412 (13.5)	141 (14.2)		140 (14.4)	140 (14.4)	
소화계통의 질환 (K00－K93)	396 (3.8)	56 (5.6)		55 (5.7)	55 (5.7)	
기타	2,582 (24.7)	73 (7.3)		72 (7.4)	72 (7.4)	
사망 시 의료기관 (%)			<0.001			0.30
상급종합병원	1,553 (14.8)	544 (54.7)		499 (51.4)	527 (54.3)	
종합병원	4,235 (40.5)	331 (33.3)		358 (36.9)	325 (33.5)	
요양병원	3,196 (30.5)	90 (9.1)		93 (9.6)	90 (9.3)	
그 외	1,485 (14.2)	29 (2.9)		21 (2.2)	29 (3.0)	
1년 이내 중환자실 입실 여부 (%)	2,846 (27.2)	489 (49.2)	<0.001	506 (52.1)	471 (48.5)	0.12
Charlson 동반질환 지수	4.7±3.7	7.1±3.8	<0.001	7.1±4.1	7.1±3.8	0.79
사망 전 의료비 합계 (원)						
5년	41,937,578 ±49,177,528	62,167,651 ±64,158,582	<0.001	50,443,936 ±54,348,572	61,559,494 ±64,402,155	<0.001
6개월	12,937,849 ±16,494,935	29,408,027 ±28,516,879	<0.001	22,826,475 ±26,202,820	29,015,480 ±28,306,215	<0.001
3개월	8,444,702 ±11,615,532	21,303,939 ±21,415,325	<0.001	15,960,800 ±17,865,695	21,106,605 ±21,330,487	<0.001
1개월	3,483,425 ±6,384,289	9,932,157 ±11,585,610	<0.001	7,020,874 ±9,695,515	9,843,733 ±11,421,088	0.008

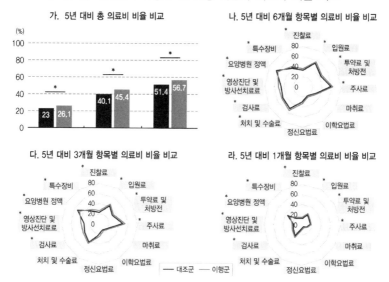

[그림 2] 대조군과 이행군 간 특정 기간의 의료비 비율 비교

가. 5년 대비 총 의료비 비율 비교

나. 5년 대비 6개월 항목별 의료비 비율 비교

다. 5년 대비 3개월 항목별 의료비 비율 비교

라. 5년 대비 1개월 항목별 의료비 비율 비교

* 대조군과 이행군을 비교한 유의확률(P‒Value)가 0.05 미만인 것을 의미한다.

3. 결과 해석과 고찰

매칭 전 결과는 연명의료를 하지 않겠다는 결정을 하는 사람들이 상당히 치우친 집단이라는 점을 보여준다. 제정 논의 중 몇몇 이들은 연명의료결정법이 자원이 적은 이들로 하여금 치료를 포기하도록 만들까 우려를 표명하였다.[7] 그러나 소득을 6개 그룹으로 나누고 그룹 간 연명의료중단등결정의 차이를 분석한

---

7) 강다롱, "비교법적 검토를 통한 연명의료결정법의 개선 방향에 관한 제언", 연세 의료·과학기술과 법 제9권 제1호(2018), 1‒68면; "제337회 국회 보건복지위원회 회의록 제12호", 2015.12.09.; 정순태, "연명의료결정제도의 개선 및 활용성 제고 방안: 「호스피스 완화의료 및 임종과정에 있는 환자의 연명의료 결정에 관한 법률」을 중심으로", 대구한의대학교 박사학위논문 (2016).

이 장의 연구는 그 우려와 반대되는 결과를 보여준다. 높은 소득 구간에서 연명의료중단등결정을 한 사람들의 비율이 높았다. 이는 연명의료중단등결정을 할 수 있는 기회를 부여 받은 이들은 자원이 더 많은 이들일 가능성이 많다는 뜻이다. 이러한 불공평은 선행연구와도 일치하며,[8] 역설적이게도 이전의 우려[9]와는 정반대의 방향으로 불공평이 일어나고 있음을 보여준다. 이행군에서 사망 원인 질환은 혈액종양으로 쏠려 있으며 사망 전 1년 간의 중환자실 입원이 더 많은데, 이는 예후를 비교적 정확하게 예측할 수 있는 환자에게 의사들이 연명의료결정의 기회를 상대적으로 더 많이 제공하고 있다는 것을 뜻할 수 있다.

이행군은 죽음에 가까운 시기에 의료비를 대조군보다 더 많이 썼다. 단, 의료비 차이는 두 가지 이유로 과장되었을 수 있다. 첫째, 기관별 차이에 따른 의료 행위의 차이가 성향점수 매칭을 통해 충분히 매칭되지 않았을 수 있다. 우리는 사망 당시 환자의 위치에 따라 매칭을 실시했다. 그러나 사망 전 이용한 의료기관이 사망 당시의 의료기관과 다를 수 있다. 사망 전 의료기관 이용의 궤적에 대한 자료가 없고 이에 따른 매칭은 되지 않았기 때문에 이 점이 보정되지 않고 결과에 영향을 미쳤

---

8) Young-Woong Won, et al., 위의 글(주 5); 김정아 외 3인, "국민건강보험공단 빅데이터를 통해 본 연명의료중단등결정의 이행 현황", 생명, 윤리와 정책 제7권 제1호(2023), 1-24면; 정서연 외 3인, "「연명의료결정법」 시행에 따른 연명의료결정 수가 시범사업 운영 현황", 생명, 윤리와 정책 제6권 제1호(2022), 51-68면; So-Youn Park, et al., "A National Study of Life-Sustaining Treatments in South Korea: What Factors Affect Decision-Making?", *Cancer Research and Treatment* vol.53, no.2 (2021), pp.593-600.
9) 위의 글(주 7) 참조.

을 수 있다. 다시 말해, 각 환자가 사망하기 전 시간을 보낸 3
차 병원이나 요양병원 등의 각 장소에서 일반적으로 수행되는
서로 다른 치료의 차이가 숨어 있을 수 있다. 이러한 차이는 이
연구가 수행한 매칭 이후에도 수정되지 않고 남아 있다. 연구의
이러한 한계는 연명의료중단등결정 시점과 관련하여 임종기 환
자의 실제 의료 이용을 직접 추적하는 코호트의 필요성을 보여
준다. 둘째, 호스피스 환자가 상대적으로 의료비를 적게 지출하
는 현상이 반영되지 않았을 수 있는데, 이행군에만 속해 있던
호스피스 환자가 분석 과정에서 제외되었기 때문에 두 군 간의
비용 차이가 과장되었을 수 있다. 그러나 모든 기간(사망 전 5
년, 6개월, 3개월, 1개월)에 걸쳐 이행군의 의료비가 일관되게 더
높았다. 일반적인 호스피스 이용 기간이 3주라는 점을 고려할
때,[10) 의료비가 항상 높았다는 사실은 이 결과가 여전히 유의미
하다는 것을 시사한다.

이 연구에는 시계열 데이터가 포함되지 않았기 때문에 연명
의료중단등결정이 의료비 지출을 증가시킨다고 해석해서는 안
된다. 그러나 이 결과는 연명의료중단등결정과 더 많은 의료비
지출 사이에 상관관계가 있음을 나타내며, 두 가지 부정적 현실
을 함축할 수 있다. 첫째, 위에서 지적한 바와 같이 자원이 더
많은 사람들이 연명의료결정을 할 수 있는 기회를 더 많이 부
여받고 있을 수 있다. 자원은 소득 분위 및 의료 지원 측면의
자산뿐만 아니라 3차 병원에 대한 접근, 대도시 거주, 의사와의

---

10) 보건복지부, 2022 국가 호스피스 · 완화의료 연례보고서(중앙호스피스센터,
   2022).

의사소통 향상, 가족 정서적 지지에 기반한 의사 결정의 용이성 등을 포함할 수 있다. 자원을 더 넓은 의미로 해석하면, 이 연구는 환자가 가진 자원이 많을수록 연명의료중단등결정에 관한 옵션에 노출될 확률이 높아지거나 그러한 결정을 내릴 확률이 높아진다는 것을 보여준다. 둘째, 연명의료를 보류하거나 중단하고자 하였던 이들의 의도, 즉 생애말기에 불필요한 의료적 개입을 최소화하고자 하는 의도가 그들이 여러 법정서식을 작성했음에도 불구하고 실현되지 않고 있을 수 있다. 요양병원 정액만을 제외하곤 모든 부문에서 이행군은 더 많은 분율의 의료행위를 죽음에 가까운 시점(6개월, 3개월, 1개월)에서 수행했다. 특히 영상진단 및 방사선치료료, 검사료, 주사료도 죽음에 가까운 시점에 더 집중적으로 받은 것으로 보인다. 이것이 연명의료결정을 하면서 환자나 가족이 기대했던 바라고 볼 수는 없다.[11] 이전 연구에서 임종 직전의 실험실 검사 사용과 그것의 시간적 증가는 문제가 있다고 지적된 바 있다.[12] 이 장 결과에 따르면 임종 직전 과도한 검사 문제는 이행군에서 더 심각하다.

이 연구는 전체 인구집단에서 연명의료중단등결정에 따른 의

---

11) Young Ho Yun, et al., "Public Attitudes Toward Dying with Dignity and Hospice, Palliative Care," *Journal of Hospice and Palliative Care* vol.7, no.1(2004), pp.17-28; 정경희 외 4인, 죽음의 질 제고를 통한 노년기 존엄성 확보 방안(한국보건사회연구원, 2018).

12) Hyun Ah Kim, Minseob Cho, and Dae-Soon Son, "Temporal Change in the Use of Laboratory and Imaging Tests in One Week Before Death, 2006-2015," *Journal of Korean Medical Science* vol.38, no.12(2023); Seong-Hun Kang, et al., "Diagnostic Value of Anti-Nuclear Antibodies: Results From Korean University-Affiliated Hospitals," *Journal of Korean Medical Science* vol.37, no.19(2022).

료비 차이를 파악하기 위해 건강보험심사평가원의 데이터를 사용했다. 이전 연구[13]가 특정 연령대만을 대상으로 한 건강검진 코호트 데이터를 사용했다는 점을 고려할 때, 이 연구는 이전 연구보다 인구 집단을 더 잘 대표한다. 다만, 이 코호트에는 사망자 맞춤형 코호트보다 사망자 수가 적기 때문에 연명의료 결정 이행 현황과 의료비 정보가 충분히 대표되지 않았을 수 있다는 우려가 있다. 또한 우리 연구의 약점은 시범수가사업을 통해 연명의료결정법의 영향을 살펴보았다는 점에 있다. 연구의 해석을 할 때, 이 사실이 초래하는 두 가지 약점이 간과되어서는 안 된다. 첫 번째는 연명의료결정법 시행의 초기 단계에 수행되는 시범사업의 특성상, 특정 결과가 과장된 형태로 나타날 수 있다는 점이다. 병원의 규모나 지역에 따라, 새로 시행되는 법에 대해 얼마나 준비되어 있는가가 차이를 가졌을 수 있고, 이러한 차이는 이행군과 대조군의 차이가 현재 시점보다 더 크게 나타나도록 하였을 수 있다. 두 번째, 청구된 수가로 의료비용을 계산하는 방식은 환자가 받은 실제 치료를 단지 간접적으로만 보여준다. 무엇이 특정 환자에게 무의미한 치료였는지 여부는 이 장의 결과로 단정지을 수 없다. 이행군에서 생애말기에 더 집중된 영상진단 및 방사선치료료, 검사료, 주사료가 무의미한 치료였을 공산이 크다고, 문제시할 수 있을 뿐이다.

---

13) 김정아 외 3인, 위의 글(주 8). 해당 논문은 이 책의 4장에 수록되어 있다.

✤ ✤ ✤

이 연구의 강점은 비용을 통해 연명의료결정법의 효과를 가장 포괄적으로 넓은 환자군을 대상으로 본, 실질적으로 첫 번째 연구라는 데에 있다. 간접적인 정황이긴 하지만 이 연구의 결과는 연명의료결정을 한 사람들이 무의미한 검사나 치료를 덜할 것이라는 통상적인 기대를 뒤집기 때문에, 정책 개선을 위한 실증자료로 활용될 수 있다.

4

국민건강보험공단 빅데이터를 통해 본 연명의료중단등결정의 이행 현황†

김정아, 김도경, 문수경, 손민국

2016년 2월 「호스피스·완화의료 및 임종과정에 있는 환자의 연명의료결정에 관한 법률」(이하 연명의료결정법)의 제정으로 생애 말기의 의사결정에 의한 연명의료 중단 및 보류(이하 법령에 따라 '연명의료중단등결정의 이행'으로 적고 그러한 행위를 한 환자군을 이행군으로 줄임)가 이루어지고 있다.1) 이전에는 관련 법규가 명확치 않아 의사들이 생애말기에서의 의료적 개입 여부를 결정할 때, 해당 개입의 보류나 중단이 생명을 단축시키는 것이 아닌지 고민스러운 경우에는 보수적인 입장을 취하였기에 과잉치료의 결

† 이 글은 생명, 윤리와 정책 제7권 제1호(2023)에 게재되었던 글을 일부 수정·보완한 것이다.
1) "「호스피스·완화의료 및 임종과정에 있는 환자의 연명의료결정에 관한 법률」(법률 제18627호)", 2021.12.21. 일부개정, 2022.3.22. 시행.

과가 빚어지곤 하였다.[2] 특히 보류가 아닌 중단의 경우 심적인 부담이 더 증가하는 바, 이러한 종류의 치료 중단은 이루어지지 않았을 수 있다. 게다가 치료 중단이나 보류가 이루어진다고 하더라도 개별 병원의 심폐소생술 금지(Do-Not-Resusitate, DNR) 지시에 의존해 왔기에, 적어도 건강보험 데이터와 같은 국가 자료에서 추적하기는 어려운 상황이었다. 그렇기 때문에 명시적 법적 규범을 통해 생애말기 치료의 보류 및 중단이 이루어질 수 있는 범위의 확정은 지금까지 불가능했던 양적인 추적을 가능하게 한다.

연명의료란 "임종과정에 있는 환자에게 하는 심폐소생술, 혈액 투석, 항암제 투여, 인공호흡기 착용 및 그 밖에 대통령령으로 정하는 의학적 시술로서 치료효과 없이 임종과정의 기간만을 연장하는 것"[3]을 말한다. 2016년 제정 당시에는 동 조항에 따른 대통령령이 구비되지 않아 4개의 의료행위만이 연명의료에 포함되었고 2019년 3월 26일 시행령의 일부개정으로 체외생명유지술, 수혈, 혈압상승제 투여가 연명의료로 추가되었다. 또한 "그 밖에 담당의사가 환자의 최선의 이익을 보장하기 위해 시행하지 않거나 중단할 필요가 있다고 의학적으로 판단하는 시술"이라는 시행령 제2조 제4호까지 포함되어 특정 의료행위를 연명의료로 규정하고 중단 혹은 보류를 할 수 있는 담당의사의 재량이 확대되었다. 별지 제13호 서식인 연명의료중단등결

---

2) J. Phua, G. M. Joynt, M. Nishimura, et al, "Withholding and Withdrawal of Life-Sustaining Treatments in Intensive Care Units in Asia," *JAMA Internal Medicine* vol.175, no.3(2015), pp.363-371.
3) 위의 글(주 1) 참조.

정 이행서의 내용에 적혀있는 이 의료행위들은 국립연명의료관리기관의 연명의료정보처리시스템[4])에 등록되므로, 어떤 연명의료를 중단 혹은 보류하였는지 추적할 수 있게 되었다.

국가 단위의 양적 자료를 모을 수 있는 최소한의 구조가 갖추어졌지만, 양적 자료는 여전히 부족하다. 지금까지 제시된 양적 자료로는 국립연명의료관리기관의 기관 지정 및 법정서식 등록에 근거한 월별통계[5]), 보건복지부와 국립연명의료관리기관이 연명의료결정제도 이용 국민과 유관기관을 대상으로 시행한 실태조사[6])가 있다. 물론 국립연명의료관리기관의 자료를 활용하거나[7]) 국민건강보험의 자료를 활용[8])하여 제도의 이행에 관한

---

4) 국립연명의료관리기관, "연명의료정보처리시스템", 2023. https://intra.lst.go.kr/login/pkiLogin.do (최종 검색일: 2023년 3월 6일).

5) 국립연명의료관리기관, "월별통계", 2023. https://www.lst.go.kr/comm/monthlyStatistics.do (최종 검색일: 2023년 3월 6일).

6) 국립연명의료관리기관, "2022년 연명의료결정제도 시행 현황 실태조사", 2022. https://www.lst.go.kr/comm/noticeDetail.do?pgNo-1&cate-&searchOption-0&searchText-&bno-2982 (최종 검색일: 2023년 3월 6일).

7) S. Y. Park, B. Lee, J. Y. Seon, et al., "A National Study of Life-Sustaining Treatments in South Korea: What Factors Affect Decision-Making?," *Cancer Res Treat* vol.53, no.2(2021), pp.593-600; H. Y. Lee, H. J. Kim, J. H. Kwon, et al., "The Situation of Life-Sustaining Treatment One Year after Enforcement of the Act on Decisions on Life-Sustaining Treatment for Patients at the End-of-Life in Korea: Data of National Agency for Management of Life-Sustaining Treatment," *Cancer Res Treat* vol.53, no.4(2021), 2021. pp.897-907; S. K. Baek, H. J. Kim, J. H. Kwon, et al., "Preparation and Practice of the Necessary Documents in Hospital for the "Act on Decision of Life-Sustaining Treatment for Patients at the End-of-Life," *Cancer Res Treat* vol.53, no.4(2021), pp.926-934.

8) H. J. Kim, Y. J. Kim, J. H. Kwon, et al., "Current Status and Cardinal Features of Patient Autonomy after Enactment of the Life-Sustaining Treatment Decisions Act in Korea," *Cancer Res Treat* vol.53, no.4(2021), pp.917-925; W. Y. Won, H. J. Kim, J. H. Kwon, et al.,

양적 자료를 분석한 선행논문이 존재한다. 그러나 연명의료중단
등결정의 이행의 직접적인 자료와 의료이용을 연결한 연구는
현재까지 거의 찾아볼 수 없다.

이 장은 위에서 지적한 국가 단위의 양적자료 수집의 필요
에 답하기 위한 예비연구에 해당한다. 2018년부터 시행된 시범
사업에서는 연명의료이행서 작성을 포함한 연명의료이행과 관련
된 의료보험 수가가 배정되어 있으므로 간접적으로나마 연명의
료를 이행한 환자의 인구통계학적 특성 및 의료이용 행태에 대
해 추적이 가능하다. 이를 위하여 국민건강보험의 건강검진코호
트DB의 대상연도인 2002년부터 2019년의 자료 중, 연명의료결
정법 중 연명의료결정 부분이 발효시점인 2018년과 2019년 2개
년도에서 연명의료중단등결정의 이행을 한 사람들(이하 이행군)
을 추출하여 이들의 특성과 의료행위를 분석하고자 한다.

1. 연구 방법

연구 자료

이 장은 2002년부터 2019년까지 18년 동안 구축한 국민건강
보험공단의 '건강검진코호트DB' 자료를 이용하였다. 건강검진코
호트DB는 전 국민이 건강검진 대상자가 될 수 있는 시기(만 40
세)를 기준으로 표본을 추출한 자료다. 2002년 및 2003년 기준

"Life-Sustaining Treatment States in Korean Cancer Patients after
Enforcement of Act on Decisions on Life-Sustaining Treatment for
Patients at the End of Life," Cancer Res Treat vol.53, no.4(2021),
pp.908-916.

으로 40~79세의 외국인을 제외한 건강보험가입자 및 의료급여 수급권자가 대상으로 하여 구성되었다. 건강검진코호트DB는 인구사회학적 정보와 사망관련 정보를 포함하는 '자격DB', 대상자의 의료기관 진료내역을 포함하는 '진료DB', 일반건강검진 정보를 포함하는 '건강검진DB'와 의료기관의 종별 정보를 포함하는 '요양기관DB'로 이루어져 있다.

이 장은 그 중 인구사회학적 정보(성별, 나이, 지역, 소득, 장애여부), 사망관련 정보(사망원인, 사망년도, 사망의료기관), 진료내역(중환자실 입실 여부, 동반질환)을 매칭하여 사망 전의 진료행태를 추적하였기 때문에 자격DB, 진료DB, 요양기관DB의 내용을 활용하였다.

연구 대상자

연구 대상자 추출과 관련된 대략적인 모식도는 [그림 1]에서 확인할 수 있으며 이 장은 코호트내 사례 - 대조군 연구(Nested case - control study) 형태로 수행하였다. 우선, 건강검진코호트 DB로부터 2018년과 2019년에 사망한 환자 12,250명을 추출하였다. 병원 외 사망환자 2,388명과 결측치가 있는 환자 163명을 제외하였다. 최종 9,699명 중, 2018년에서 2019년까지 진행된 시범 수가 사업에 관한 자료를 바탕으로 이행군과 대조군을 선정하였다. 이행군과 대조군은 상급종합병원, 종합병원, 병원(병원, 요양병원, 한방병원), 의원(의원, 한의원)에서의 연명의료이행관리료9)에 대한 진료 코드(연명의료중단등결정 이행, 상급종합병원:

9) 연명의료중단등결정을 연명의료결정법에 적합하게 진행하고, 같은 법 제9조

IA741, 종합병원: IA742, 병원: IA743, 의원: IA744) 유무를 활용하여 선정하였다.

이어서, 이 장에서는 연명의료결정법에 따른 이행군과 대조군을 비슷한 조건으로 만들어주기 위해 성향점수 매칭(Propensity score matching)을 수행하였다. 성향점수 매칭은 비교되는 두 집단의 연구대상을 무작위로 할당할 수 없는 유사실험설계(Quasi-experiment design) 상황에서 사용하는 방법 중 하나로, 성향점

[그림 1] 연구 대상자 설계 모식도

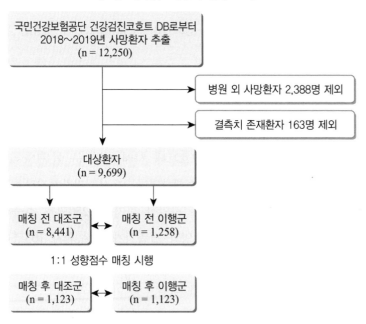

에 따른 기관에 관련 서식을 등록 완료한 경우 산정한다. 보건복지부, 「연명의료결정법」 시행에 따른 수가 시범사업 지침(보건복지부, 2018).

수를 산출하여 짝짓기를 실시하는 방식이다.[10] 1:1 성향점수 매칭 후 이행군과 대조군은 각각 1,123명이었다.

추가적으로 이행군에서 진료 코드(IA741, IA742, IA743, IA744) 수행으로부터 사망 날짜까지의 간격을 계산하였다.

변수 설명

▶ 성향점수 매칭 변수

건강검진코호트DB로부터 성별, 나이, 거주지, 건강보험료 분위 장애중등도, 사망원인, 사망년도, 사망 시 의료기관, 중환자실 입실 여부, Charlson 동반질환지수(Charlson comorbidity index)의 총 10개의 변수를 추출하여 이행군과 대조군에 대해 1:1 성향점수 매칭을 수행하였다. 매칭은 최근접 짝짓기(Nearest neighbor matching) 방법을 사용하였으며 캘리퍼는 0.1 미만으로 설정하였다.

거주지의 경우, 서울과 경기를 합친 지역과 그 외 지역 두 가지로 구분하였고, 장애중등도는 중증, 경증, 해당없음으로 구분하였다. 건강보험료 분위는 의료급여를 받는 사람과 5개 분위로 구분하였다. 사망원인은 한국표준질병사인분류(Korean Standard Classification of Diseases)에 따라 분류하고 사망년도는 2018년과 2019년으로 한정하였다. 요양기관종별코드와 사망 날짜에 마지막 병원 방문 날짜와 입내원일수를 고려하여 병원 내 사망과 병원 외 사망을 구분하였으며, 이 장에서는 병원 내 사망 환자

---

10) P. C. Austin, "An Introduction to Propensity Score Methods for Reducing the Effects of Confounding in Observational Studies," *Taylor & Francis* vol.46, no.3(2011), pp.399-424.

만 포함하여 분석하였다. Charlson 동반질환지수는 행정자료에서 가장 널리 사용되고 있는 동반질환 측정도구로, 1년 사망을 잘 예측하는 19개의 질환에 대해 가중치를 부여하고, 그 합으로 중증도를 제시한다.[11] 19가지 동반질환 중에서 심근 경색, 울혈성 심부전, 말초 혈관 질환, 뇌혈관 질환, 치매, 만성 폐질환, 결합조직질환, 소화궤양, 경도의 간질환, 합병증이 없는 당뇨는 1점, 합병증 동반 당뇨, 편마비, 중등도 이상의 신장 질환, 2차 비전이성 고형암, 백혈병, 림프종은 2점, 중등도 이상의 간질환은 3점, 2차 전이성 고형암, 후천성 면역 결핍증은 6점으로 점수의 총 합이 높을수록 더 중증도가 높음을 의미한다. 이 장에서는 사망 날짜를 기준으로 과거 1년간의 입원 및 외래 청구 내역에 대해 주진단명과 제1부진단명을 사용하여 Charlson 동반질환지수를 환산하였고, 0점, 1점, 2점, 3점 이상으로 구분하였다.[12]

▶ 관심 변수

건강검진코호트DB로부터 연명의료에 관한 처치와 치료를 기준으로 하여 연명의료결정법에 따른 이행군과 대조군의 진료내역을 비교할 수 있는 변수를 추출하였다. 심폐소생술, 혈액투석, 항암제 투여, 인공호흡기, 체외생명유지술, 수혈, 혈압상승제 투

---

11) M. E. Charlson, P. Pompei, K. L. Ales, et al., "A new method of classifying prognostic comorbidity in longitudinal studies: development and validation," *J Chronic Dis* vol.40, no.5(1987), pp.373–383.

12) K. H. Kim, "Comorbidity Adjustment in Health Insurance Claim Database," *Health Policy and Management* vol.26, no.1(2016), pp.71–78.

여 총 7개에 대한 변수를 선정하였다. 해당 변수는 진료DB에서
추출하였다([표 1]).[13]

[표 1] 관심 변수에 대한 진료 코드

관심 변수	진료 코드 및 약제 코드
심폐소생술	M15, M58
혈액투석	O7031, O7032, O7033, O7034, O7035, O7051, O7052, O7053, O7054, O7055
항암제 투여	AP502, AP503, AP602, AP603, AP702, AP703, AP802, AP803, KK15
인공호흡기	M5850, M5857, M5858, M5859, M5860
체외생명유지술	O1901, O1902, O1903, O1904
수혈	X1001, X1002, X2011, X2012, X2021, X2022, X2031, X2032, X2091, X2092, X2131, X2132, X2512, X2515, X2111, X2112, X2041, X2042, X2051, X2052, X2061, X2062, X2081, X2082, X2121, X2122, X2501, X2511, X2513, X2516, X2071, X2072, X2101, X2102, X2141, X2142, X2502, X2503, X2504, X2514
혈압상승제 투여	Norepinephrine: 2031 Epinephrine: 3138, 1526, 6694 Vasopressin: 2473 Dopamine: 1487, 3894, 3895, 3897, 4295 Dobutamine: 1482, 3890, 3996

---

13) 2019년 3월 26일 시행령의 개정으로, 연명의료결정법 제2조제4호에서 나열
되었던 심폐소생술, 혈액 투석, 항암제 투여, 인공호흡기 착용 이외에 시행
령 제2조제4호에서 나열하는 체외생명유지술, 수혈, 혈압상승제 투여 및 그
밖에 담당의사가 환자의 최선의 이익을 보장하기 위해 시행하지 않거나 중
단할 필요가 있다고 의학적으로 판단하는 시술이 연명의료로 포함되게 되었
다. 이 장에서는 하위법령의 마련을 기점으로 한 두 시기를 구분하지 않고
법조문에서 명시적으로 나열된 7개의 의료행위를 모두 연명의료로 보고 이
행군과 대조군에서의 활용 여부를 조사하였다.

통계 방법

확보된 자료에 관하여 기본적인 기술통계를 수행하며, 연명의료결정법에 따른 이행군과 대조군을 비교하였다. 양적 변수의 경우 독립이표본 검정(two sample t-test)을 통해 비교하고 질적 변수의 경우 카이제곱 검정(Chi-square test)을 이용하여 비교하였다. 이후 필요에 따라 연명의료결정에 영향을 줄 수 있는 인자를 평가하기 위해 보정변수를 활용한 조건부 로지스틱 회귀분석(Multi-variable adjusted conditional logistic analysis)을 활용하여 통계 분석하였다. 결과는 오즈비(Odds ratio)와 95% 신뢰구간(95% confidence interval)으로 제시하였다.

모든 통계적 분석은 SAS version 9.4(SAS Institute Inc., Cary, NC, USA) 프로그램을 사용하였다. 분석의 통계적 유의수준을 0.05로 설정하여, P값(P-value) < 0.05가 통계적으로 유의하다.

윤리적 사항

이 장은 건강보험공단의 가명 데이터를 활용하여 진행되었다. 직접적인 접촉을 통해 실험을 진행하지 않았으며 이러한 사항 및 개인정보 보호 등의 연구 수행 계획에 관하여 동아대학교 생명윤리위원회의 검토를 거쳐 심의 면제하에 진행되었다.[14]

---

14) 2-1040709-AB-N-01-202212-HR-056-02, 승인일: 2023년 1월 2일.

2. 결 과

1대1 매칭변수에 따른 비교

총 9,699명을 대상으로 연명의료결정을 이행한 군 1,258명과 이행하지 않은 8,441명으로 우선 분류하였다. 매칭 후 이행군은 1,123명, 대조군은 1,123명이었다. 매칭전후의 군별 특성은 [표 2]에 제시하였다. 매칭 전, 나이는 이행군에서 평균 75.1세로 대조군의 평균 79.5세보다 적었다. 두 군에서 모두 성별은 남성이 높게 나타나되, 남성의 분율은 이행군(80.0%)에서 대조군(57.0%)보다 더 높게 나타났다. 수도권에 거주하는 분율 또한 이행군에서 더 높게 나타났다. 또한 이행군에서 소득이 높은 5분위와 장애가 없는 분율이 높았다. 사망의 원인을 보았을 때, 두 군 모두 신생물, 혈액 및 조혈기관의 질환과 면역메커니즘을 침범한 특정 장애로 인한 사망이 가장 높게 나타났는데, 그 분율은 이행군에서는 62.6%, 대조군에서는 28.2%로 나타났다. 사망시 의료기관의 경우, 이행군에서는 상급종합병원(53.7%)과 종합병원(37.0%)의 분율이 높았으며 대조군에서는 종합병원(42.2%)과 요양병원(39.7%)의 분율이 높았다. 중환자실 입실 비율은 이행군(39.5%)에서 대조군(29.0%)에 비해 높았다. Charlson 동반질환지수가 3점 이상인 경우는 이행군에서 73.0%, 대조군에서 69.4%로 나타났다. 반면, 매칭 후에는 이행군과 대조군에서 모든 변수에 대해 유의한 차이가 없었다.

[표 2] 1대1 매칭변수에 따른 매칭 전, 후 두 군의 비교

변수	성향점수 매칭 전 (n=9,699)			성향점수 매칭 후 (n=2,246)		
	대조군 (n=8,441)	이행군 (n=1,258)	p-value	대조군 (n=1,123)	이행군 (n=1,123)	p-value
나이 (세)	79.5±8.8	75.1±9.2	<0.001	75.3±8.9	75.0±9.5	0.44
성별 (남성, %)	4,809 (57.0)	893 (80.0)	<0.001	795 (70.8)	795 (70.8)	1.00
거주지 (수도권, %)	2,218 (26.3)	466 (37.0)	<0.001	399 (35.5)	410 (36.5)	0.63
건강보험료 분위 (%)			<0.001			0.80
의료급여	596 (7.1)	40 (3.2)		28 (2.5)	33 (2.9)	
1분위	1,384 (16.4)	171 (13.6)		142 (12.6)	156 (13.9)	
2분위	837 (9.9)	128 (10.1)		104 (9.3)	109 (9.7)	
3분위	1,149 (13.6)	186 (14.8)		164 (14.6)	170 (15.2)	
4분위	1,543 (18.3)	254 (20.2)		229 (20.4)	229 (20.4)	
5분위	2,932 (34.7)	479 (38.1)		456 (40.6)	426 (37.9)	
장애중등도 구분 (%)			<0.001			0.73
해당없음	6,000 (71.1)	980 (77.9)		861 (76.7)	871 (77.5)	
경증	1,056 (12.5)	104 (8.3)		92 (8.2)	95 (8.5)	
중증	1,385 (16.4)	174 (13.8)		170 (15.1)	157 (14.0)	
사망원인 (%)			<0.001			1.00
특정 감염성 및 기생충성 질환 (A00 – B99)	298 (3.5)	41 (3.3)		36 (3.2)	36 (3.2)	
신생물, 혈액 및 조혈기관의 질환과 면역메커니즘을 침범한 특정 장애 (C00 – D89)	2,377 (28.2)	788 (62.6)		689 (61.3)	689 (61.3)	

내분비, 영양 및 대사 질환 (E00 – E90)	267 (3.1)	16 (1.3)		12 (1.1)	12 (1.1)	
정신 및 행동 장애 (F00 – F99)	104 (1.2)	2 (0.2)		0 (0.0)	0 (0.0)	
신경계통의 질환 (G00 – G99)	464 (5.5)	13 (1.0)		10 (0.9)	10 (0.9)	
순환계통의 질환 (I00 – I99)	1,974 (23.4)	111 (8.8)		111 (9.9)	111 (9.9)	
호흡계통의 질환 (J00 – J99)	1,376 (16.3)	185 (14.7)		171 (15.2)	171 (15.2)	
소화계통의 질환 (K00 – K93)	326 (3.9)	39 (3.1)		31 (2.8)	31 (2.8)	
기타	1,255 (14.9)	63 (5.0)		63 (5.6)	63 (5.6)	
사망시 의료기관 (%)			<0.001			0.67
상급종합병원	1,256 (14.9)	676 (53.7)		545 (48.5)	547 (48.7)	
종합병원	3,560 (42.2)	466 (37.0)		461 (41.1)	462 (41.2)	
요양병원	3,350 (39.7)	108 (8.6)		113 (10.1)	106 (9.4)	
그 외	275 (3.2)	8 (0.7)		4 (0.3)	8 (0.7)	
중환자실 입실 (%)	2,446 (29.0)	497 (39.5)	<0.001	461 (41.1)	461 (41.1)	1.00
Charlson 동반질환지수 (%)			0.04			0.55
0	510 (6.1)	78 (6.2)		60 (5.3)	68 (6.1)	
1	931 (11.0)	118 (9.3)		116 (10.3)	101 (9.0)	
2	1143 (13.5)	144 (11.5)		128 (11.4)	118 (10.5)	
≥ 3	5857 (69.4)	918 (73.0)		819 (73.0)	836 (74.4)	

이행군의 연명의료중단등결정 이행으로부터 사망 날짜까지의 간격

이행군의 연명의료중단등결정 이행으로부터 사망 날짜까지의 간격을 히스토그램으로 [그림 2]에 제시하였다. 간격의 중간값은 13일이었으며 최빈값은 3일로 이행군의 64.0%에서 30일 이내였다. 간격의 최솟값은 0일, 최댓값은 274일로 확인되었으며 간격의 전체적인 분포에 대한 왜도는 3.3으로 왼쪽으로 치우쳐진 양상을 보였다.

[그림 2] 연명의료중단등결정 이행 이후 사망까지의 간격

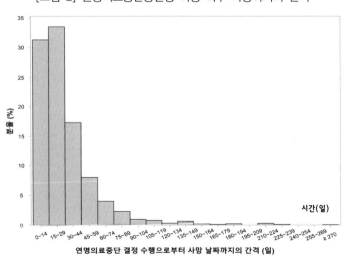

연명의료중단 결정 수행으로부터 사망 날짜까지의 간격 (일)

관심변수에 따른 두 군의 비교

사망 6개월 전과 사망 1개월 전을 두 군에서의 연명의료 처치 유무를 비교한 결과는 [표 3]에 제시하였다. 매칭 후, 사망

6개월 전 두 군을 비교하면, 연명의료 결정을 이행한 군에서 심폐소생술과 인공호흡기에 대한 처치, 혈압상승제의 사용이 대조군과 유의미한 차이를 보였다(p<0.05). 또한 사망 1개월 전 심폐소생술, 인공호흡기, 혈압상승제 사용에서 유의미한 차이를 보였다(p<0.05).

연명의료 결정과 연명의료에 관한 처치의 연관성

보정변수를 활용한 조건부 로지스틱 회귀분석을 통한 연명의료 결정과 연명의료에 관한 처치의 연관성은 [표 4]에 제시하였다. 사망 6개월 전, 이행군에서 대조군에 비해 심폐소생술이 발생할 오즈비와 95% 신뢰구간은 0.53(0.41-0.69)이었다. 또한, 이행군에서 대조군에 비해, 인공호흡기에 대한 처치가 발생할 오즈비(95% 신뢰구간)와 혈압상승제를 사용할 오즈비(95% 신뢰구간)는 각각 0.56(0.43-0.72)와 0.75(0.60-0.94)이었다. 사망 1개월 전, 이행군에서 대조군에 비해 심폐소생술, 인공호흡기에 대한 처치, 혈압상승제의 사용이 발생한 오즈비는 사망 6개월 전과 동일한 경향성을 보였다.

[표 3] 사망 6개월 전과 사망 1개월 전 7개 항목의 연명의료 처치 유무

사망 6개월 전 연명치료 처치 유무	성향점수 매칭 전 (n=9,699)			성향점수 매칭 후 (n=2,246)		
	대조군 (n=8,441)	이행군 (n=1,258)	p-value	대조군 (n=1,123)	이행군 (n=1,123)	p-value
심폐소생술	2,672 (31.7)	366 (29.1)	0.07	458 (40.8)	342 (30.5)	<0.001
인공호흡기	2,509 (29.7)	357 (28.4)	0.33	437 (38.9)	333 (29.7)	<0.001

	대조군 (n=8,441)	이행군 (n=1,258)	p-value	대조군 (n=1,123)	이행군 (n=1,123)	p-value
체외생명유지술	49 (0.6)	8 (0.6)	0.81	12 (1.1)	8 (0.7)	0.37
혈액투석	455 (5.4)	121 (9.6)	<0.001	124 (11.0)	113 (10.1)	0.45
수혈	2,879 (34.1)	714 (56.8)	<0.001	597 (53.2)	638 (56.8)	0.08
혈압상승제 투여	4,052 (48.0)	674 (53.6)	<0.001	677 (60.3)	605 (53.9)	0.002
항암제 투여	462 (5.5)	232 (18.4)	<0.001	172 (15.3)	204 (18.2)	0.07
사망 1개월 전 연명치료 처치 유무	대조군 (n=8,441)	이행군 (n=1,258)	p-value	대조군 (n=1,123)	이행군 (n=1,123)	p-value
심폐소생술	2,397 (28.4)	293 (23.3)	<0.001	377 (34.0)	268 (24.1)	<0.001
인공호흡기	2,227 (26.4)	285 (22.7)	0.004	356 (32.1)	260 (23.4)	<0.001
체외생명유지술	47 (0.6)	5 (0.4)	0.47	11 (1.0)	4 (0.4)	0.07
혈액투석	389 (4.6)	92 (7.3)	<0.001	100 (9.0)	83 (7.5)	0.19
수혈	1,671 (19.8)	471 (37.4)	<0.001	406 (36.6)	411 (37.0)	0.83
혈압상승제 투여	3,443 (40.8)	499 (39.7)	0.45	559 (50.4)	441 (39.7)	<0.001
항암제 투여	80 (1.0)	37 (2.9)	<0.001	33 (3.0)	33 (3.0)	1.00

[표 4] 연명의료 결정과 연명의료에 관한 처치의 연관성

대조군 = 참조그룹 이행군 = 비교그룹	오즈비 (95% 신뢰구간)			
	Crude	P-value	Adjusted*	P-value
심폐소생술				
사망 6개월 전	0.48 (0.38 − 0.61)	<0.001	0.53 (0.41 − 0.69)	<0.001
사망 1개월 전	0.44 (0.35 − 0.57)	<0.001	0.49 (0.37 − 0.65)	<0.001
인공호흡기				

사망 6개월 전	0.51 (0.41−0.65)	<0.001	0.56 (0.43−0.72)	<0.001
사망 1개월 전	0.47 (0.37−0.61)	<0.001	0.50 (0.37−0.66)	<0.001
혈액투석				
사망 6개월 전	0.86 (0.63−1.19)	0.37	1.02 (0.70−1.50)	0.91
사망 1개월 전	0.76 (0.53−1.08)	0.13	0.73 (0.48−1.12)	0.15
수혈				
사망 6개월 전	1.17 (0.99−1.40)	0.07	1.19 (0.99−1.42)	0.06
사망 1개월 전	1.02 (0.85−1.23)	0.81	1.04 (0.86−1.26)	0.70
혈압상승제 투여				
사망 6개월 전	0.67 (0.57−0.85)	<0.001	0.75 (0.60−0.94)	0.01
사망 1개월 전	0.54 (0.44−0.67)	<0.001	0.58 (0.46−0.73)	<0.001
항암제 투여				
사망 6개월 전	1.27 (1.00−1.62)	0.05	1.26 (0.92−1.73)	0.14
사망 1개월 전	1.00 (0.61−1.65)	1.00	1.64 (0.76−3.55)	0.21

* 나이, 성별, 거주지, 건강보험료 분위, 장애중등도, 사망원인, 사망시 의료기관, 중환자실 입실 여부, Charlson 동반질환지수로 보정한 오즈비를 제시함.

4. 결과해석과 고찰

임종과정 판단에 의한 연명의료중단등결정은 현재 생애말기에 있어서의 의료행위의 중단 및 보류와 관련되어, 유일하게 명시적인 법적 경로이다.[15] 연명의료중단등결정의 이행 시점이 임

---

15) 유일한 예외는 뇌사시 장기기증인데, 연명의료결정법 시행 이후 뇌사자 장기기증의 수가 줄었음이 보고되고 있다. 이는 생애말기 의료행위 결정의 권

종과정에 한정되어 있어 생애말기의 환자의 자기결정권이 제한되고 있다고 지적[16]되어 왔는데, 과연 연명의료중단등결정이라는 법적 권한이 실제 치료 결정에서 얼마나 실질적 자유를 보장하고 있는지를 따져볼 필요가 있다. 예비적 성격을 띤 이 연구에서 우리는 연명의료결정법이 의료행위에 미치는 효과의 크기와 종류를 가늠해 볼 수 있다. 이 장 결과는 연명의료중단등결정의 영향이 심폐소생술, 인공호흡기, 혈압상승제로 한정되어 있음을 확인하였다.

법에 대한 또다른 지적은 요양병원을 포함한 실제 사망 현장을 폭넓게 아우르지 못하고 있다는 것이다.[17] 동법 제14조는 의료기관윤리위원회의 설치를 연명의료중단등결정의 이행의 업무를 수행하기 위한 기관의 조건으로 제시하고 있는데,[18] 의료기관윤리위원회의 설치에 따르는 현실적 장벽[19]을 고려할 때 상급종합병원 및 종합병원 중심으로 기관의 조건이 만족될 것이

한이 어디까지인지 모호한 상황에서, 사람들이 어떻게 "분명히 합법적인 경로"로 쏠리게 되는지를 보여주는 또 다른 예라고 볼 수 있다. M. Lee, S. Song, J. Choi, et al., "Changes of brain death donors for recent 10 years in Korea: based on Organ Transplantation Law," *Korean J Transplant* vol.36(Supple 1)(2022), p.s93; J. Park, C. J. Kim. "Recent Decrease in Organ Donation from Brain-Dead Potential Organ Donors in Korea and Possible Causes," *J Korean Med Sci* vol.35, no.13(2022), p.e94.

16) 고윤석, "우리 사회의 의사조력자살 법제화", 한국의료윤리학회지 제25권 제4호(2022), 313-323면.
17) 김효신, 김정아, "사회적 합의를 위하여 우선 필요한 것: 무엇을 모르고 있는지 아는 것", 한국의료윤리학회지 제25권 제4호(2022), 353-359면.
18) 위의 글(주 1) 참조.
19) 최지연 외 3명, "연명의료결정법과 의료기관 윤리위원회: 현황, 경험과 문제점", 한국의료윤리학회지 제22권 제3호(2019), 209-233면.

다. 결과적으로 이러한 법적 규범은 이용자들에게 의료기관 종별로 연명의료중단등결정의 이행에 있어 불균등한 기회를 제공하게 된다. 이 장에서도 이러한 불균등의 결과를 뚜렷하게 확인할 수 있었는데, 이행군은 그러한 과정 없이 사망에 이른 이들에 비하여 남성의 비율이 높았고, 대도시, 소득 상위 분율, 장애없는 이들의 비율이 높았는데, 이는 선행연구[20]에서의 결과와 일치한다. 또한 이 장의 결과 매칭 전의 대상자 중 종합병원(37.0%)이나 상급종합병원(53.7%)에서 사망한 분율은 높으나 요양기관의 분율은 8.6%로 확인되었는데, 실제 사망의 장소 중 요양병원이 차지하는 분율[21]이 상당함을 생각할 때 연명의료결정법이 사망의 일부분만을 대상으로 하고 있음을 알 수 있다.

사망원인 분류를 보았을 때, 이행군은 신생물, 혈액 및 조혈기관의 질환과 면역메커니즘을 침범한 특정장애에 의한 사망의 비율이 높고, 순환계통의 질환 비율이 낮았다. 암 환자의 경우 타 질환에 의한 사망에 비하여 예후 판정이 비교적 명확하고, 완화의료 및 호스피스를 포함한 치료목표 설정에 대한 논의가 활발하기 때문으로 보인다. 순환계통 질환의 경우 급작스러운 질병의 전개를 갖는 경우가 많으므로 환자 본인의 결정은 물론이며 가족에 의한 결정을 통해 연명의료중단등결정의 이행을 할 기회가 확보되지 못했을 것으로 추정된다.

연명의료결정법 제정 과정에서의 기대는 "무의미한 연명치

20) S. Y. Park, B. Lee, J. Y. Seon, et al., 위의 글(주 7).
21) "사망자 23% 임종 맞는 요양병원 '호스피스 인증제 필요'", 청년의사, 2022.12.05. https://www.docdocdoc.co.kr/news/articleView.html?idxno= 3000084 (최종 검색일: 2024년 10월 3일).

료"[22)]의 중단 및 보류가 가능해질 것이라는 점이었으며, 이는 구체적으로 법에서 열거한 7가지 의료행위가 임종과정에서 제공되는 경우가 줄어들 것이라는 기대였다. 그러나 매칭 이후 이행군과 대조군을 비교하였을 때, 기대했던 감소세는 두드러지지 않았으며 단지 기계환기, 심폐소생술, 혈압상승제에서만 대조군보다 적은 분율이 해당 의료행위를 받고 있었다. 이행군 내에서 해당 의료행위의 분율이 낮은 순서부터 나열을 하였을 때, 사망 6개월 전 체외생명유지술, 투석, 항암제, 기계환기, 심폐소생술, 혈압상승제, 수혈 순이었다. 사망 1개월 전 체외생명유지술, 항암제, 투석, 기계환기, 심폐소생술, 수혈, 혈압상승제 순이었다. 수가를 기준으로 한 이 장의 한계상, 한 번이라도 의료적 개입이 들어간 행위에 대해서는 중단을 하더라도 해당 의료행위를 받은 것으로 측정된다. 일회성으로 수혈이나 혈압상승제 등이 투여되고 이후 중단되었을 가능성을 배제할 수 없으며 따라서 기계의 착용과 투약의 분율을 단순비교할 경우 오류의 가능성이 있다.

다만 국립연명의료관리기관의 자료에 바탕을 둔 선행연구[23)]에서도 심폐소생술의 경우 자기결정과 가족에 의한 결정 모두에서 연명의료중단등결정의 이행의 비율이 높다는 점은 심폐소생술, 그리고 이와 흔히 동반되는 기계환기 및 혈압상승제 투여에서 유의미한 차이가 나타난 것을 설명해 준다. 의료기술의 발

---

22) 법제처, "무의미한연명치료장치제거등(대법원 2009. 5. 21. 선고 2009다 17417)."
23) H. Y. Lee, H. J. Kim, J. H. Kwon, et al., 위의 글(주 7).

전으로 더 이상 통상적 – 비통상적 치료라는 이분법을 적용하는 경우는 많지 않아졌다. 그럼에도 불구하고 심폐소생술 및 기계환기가 대표적인 비통상적 치료로 일컬어지던 역사를 고려할 때, 이 의료행위에 대한 환자, 가족, 의료진의 거부감이 이행군과 대조군 사이의 차이를 발생시킨 이유 중 하나였을 것으로 생각할 수 있다. 법 제정 이전 사망에 임박한 환자의 치료 중단 논의는 '심폐소생술 금지(Do-Not-Resusitate, DNR)'를 중심으로 관행적으로 이루어져 왔다. 그래서 연명의료중단등 이행이라는 새로운 법적 절차에서도 이 관행과 사고방식이 이어졌을 것이다. 암환자군을 대상으로 한 선행연구에서도 단지 심폐소생술에서만 연명의료중단등결정의 이행이 감소를 가져왔음은 주목할 만하다.[24] 그러나 심폐소생술 및 이에 동반되는 행위 이외의 의료행위에서는 통계적으로 유의한 차이가 보이지 않았는데, 이는 이행군에서도 일부 집착적 의료행위가 지속되고 있을 가능성을 시사한다. 연명의료중단등결정 이행서가 작성된 시점부터 사망까지의 중간값은 13일이었으며 최빈값은 3일로 대다수는 이행부터 사망까지 30일 이내의 시간을 기록하였다. 이 수치는 정확한 임상현실을 반영하지 않을 수 있는데, 사망 시점에 이행서등 관련 법정 서식 중 누락이 있는지를 확인하는 과정에서 작성에 대한 수가를 비로소 청구하는 경우가 존재할 수 있기 때문이다. 그럼에도 불구하고 대다수의 경우에서 사망까지 30일 이내의 날이 소요된 것은 임종과정, 즉 법령에서 말하는 "회생의 가능성이 없고, 치료에도 불구하고 회복되지 아니하며, 급속도로 증

---

24) W. Y. Won, H. J. Kim, J. H. Kwon, et al., 위의 글(주 8).

상이 악화되어 사망에 임박한 상태"를 사망을 수일 이내로 남긴 시점으로 이해하고 있음을 짐작케 한다. 다시 말해, 임종과정은 법의 정의상 정량적인 시간을 조건절로 포함하고 있지 않더라도 이와 비교되는 시점인 말기, 즉 "수개월 이내에 사망"이라는 시점보다 죽음에 보다 가까운 시기로 임상실무에서 이해되고 적용되고 있음을 알 수 있다.

한편 이 장 결과에는 이행시점부터 사망시점까지 274일인 자료도 포함되어 있어 주목할 만하다. 이것은 연명의료중단등결정의 이행의 선결요건인 임종과정 판단이 예후판단이며, 예후판단에는 내재적인 불확실성이 있음을 보여주는 사례이다. 주지하다시피, 대법원 판례에서 "주치의의 소견뿐 아니라 사실조회, 진료기록 감정 등에 나타난 다른 전문의사의 의학적 소견을 종합하여 신중하게 판단하여야" 한다는 조건을 만족시킴으로써 "회복불가능한 사망의 단계에 진입"[25]하였다고 인정받았던 원고 또한 인공호흡기 제거 이후 201일 동안 생존하였다.[26] 예후 판단은 미래에 있을 일에 대한 통계적 예측이므로 개별환자들에서는 차이 혹은 오류가 발생할 수밖에 없다. 예후 판단에 내재한 필연적 불확실성을 고려할 때, 이 예후 판단 자체를 "임종과정에 있는 환자 판단서"라는 서식을 갖는 법적인 절차로 포함시키고, 이 판단에 치료의 중단 및 보류의 법적 허용 가능성을 결부시켜 놓은 현행법의 구조가 타당한지는 재고해 볼 만하다.[27]

---

25) 위의 글(주 22) 참조.
26) "'연명치료 중단' 김 모 할머니, 201일 만에 별세", YTN, 2010.01.10.
   https://www.ytn.co.kr/_ln/0103_201001101801058156 (최종 검색일: 2024년 10월 3일).

연명의료는 정의상 임종과정에 제공되는 의료행위여야 하는데, 이 장에 나타난 사례처럼 중단등 이행 후 274일을 생존한 경우라면 애초에 이런 환자는 임종과정에 있었던 이로 보아야 하는지, 만일 그렇지 않다면 그럼에도 불구하고 이행은 정당한지, 정당화의 근거는 어디에 있는지 질문을 던지게 되기 때문이다.

이 장은 국민건강보험공단의 건강검진코호트DB를 이용하여 2018년 1월 1일부터 2019년 12월 31일까지 연명의료중단등결정과 이행 관련 수가를 통해 연명의료중단등의 실태를 파악하고자 하였다. 그러나 대상으로 하는 자료의 특성상, 이 장에는 몇 가지 한계가 있다. 첫째, 이 장이 활용한 코호트의 대상자인 약 51만명은 2002년 자격유지자 중, 2002년~2003년 40~79세 일반건강검진 수검자로 구성되어 있다. 이 장이 대상으로 삼는 시기에는 이 대상자들이 대략 55세~96세[28]에 이르렀음을 알 수 있다. 그러므로 55세 미만의 젊은 말기 및 임종과정의 환자들의 연명의료중단등의 결정과 이행을 추적하고 이를 상대적으로 고령인 이들과 비교하거나 연명의료결정 미이행군과 비교하는 것이 불가하다. 또한 모든 수치가 고령자들의 수치로 편향되게 산출되었을 가능성이 높다. 추후 표본코호트 등, 보다 일반화된

---

27) 물론 생애말기에 있는 개별 환자의 치료적 결정에서 예후 판단이란 핵심적인 사항이며, 임상에서 언제나 이루어져야만 하는 의사결정이다. 그런데 특정 예후 판단, 즉 "임종과정에 있음"을 판단하는 절차를 법적으로 규정하고 그 판단에 따라서만 특정 치료적 결정을 할 수 있도록 법적으로 허용하는 것은 과도하게 경직된 결정으로 이끌 수 있다.

28) 이 장이 활용한 검진DB는 다이내믹 코호트 개념을 채택하여 중도 탈락되는 인원만큼을 계속 보충하기 때문에 코호트 구성원의 2018년, 2019년 당시의 연령을 대략적으로만 추산할 수 있다.

결론을 도출할 수 있는 자료를 확보하여 유사한 방법론으로 분석할 경우 정책적 유용성이 확보될 것이다. 후속연구로 이 장의 제한점을 보완할 필요가 있다.

둘째, 이 장은 국민건강보험의 청구자료만을 분석하였기에 한계점을 갖는다. 이중 두 가지의 한계에 주의를 기울여야 한다. 먼저 연명의료중단등 이행의 수가가 발생한 이들에게서 나타난 연명의료의 보류만을 추적할 수 있다는 구조적 한계를 갖는다. 이 장은 수가 발생 유무를 통해 7개 의료행위 처치 여부를 추적하였으므로 이는 실제 임상에서의 보류와 중단이라는 두 가지 방식의 "중단등29)" 중, 한 가지 방식인 보류만을 추적하게 되었다. 예를 들어 인공호흡기를 사망 5개월 전에 착용한 이후 사망 3주 전에 중지한 연명의료중단등의 사례는 인공호흡기를 사망 3개월 전과 1개월 전 모두에 적용했던 것으로 이 장에서 집계된다. 이 장이 활용하지 못한 법정서식인 연명의료중단등결정 이행서의 경우, 보류뿐만 아니라 중단 행위도 기록되기 때문에 보다 정확한 현황 통계가 가능하다. 이 또한 추후 연구에서 보완할 만한 사항이다. 다른 한편으로 이 장은 연명의료중단등 이행의 수가를 발생시키지 않고 연명의료에 해당하는 의료행위를 보류하거나 중단하는 경우, 즉 심폐소생술 금지 (Do-Not-Resusitate, DNR)의 경우를 추적하지 못한다. 여전히 심폐소생술 금지가 임상에서 활용될 것으로 예상되지만 이 장에서는 심폐소생술 금지로 인한 사망의 분율을 예측할 수 없다. 심폐소생술 금지 지시는 연명의료중단등 이행군과 대조군 사이

---

29) 위의 글(주 1) 참조.

의 차이를 상쇄시키는 방향으로 자료에 표현되었을 수 있다. 청구자료의 두 번째 한계는 정확한 이행 시점을 알기 어렵다는 데에 있다. 이 장에서는 연명의료중단등결정 이행으로부터 사망 날짜까지의 간격을 분석하였다. 이 장이 연명의료중단등결정 이행의 시점으로 본 시점은 연명의료이행 관리료[30]가 청구된 시점으로, 수가 시범사업 지침에 따르면 이 관리료는 연명의료중단등결정을 진행하고 국립연명의료관리기관에 서식을 등록한 경우에 산정하므로 개별 의사들은 환자의 의사 확인에 대한 서식과 연명의료중단등결정 이행서를 작성한 '이후에' 청구를 하였을 것이다. 그러나 이후라고 하더라도 서식들을 작성한 시점, 연명의료중단등결정의 이행을 실제 수행한 시점, 수가를 청구한 시점은 각기 다를 수 있다. 특히 이 장이 두 번째 시점과 세 번째 시점을 동일하게 간주하고, 후자를 통해 전자와 사망 사이의 간격을 산출하는 방법을 취하였음을 다시 한번 강조하고자 한다. 법정서식으로서 국립연명의료관리기관에 모두 등록되어 있는 자료인 연명의료중단등결정 이행서에 접근하지 못하였기 때문에,[31] 이 장은 이렇게 간접적이고 따라서 상당한 오류가능성이

---

30) 보건복지부, 위의 글(주 9).
31) 개인정보보호법에 따라 가명정보를 결합하고 연구에 활용할 수 있다. 보건의료분야 결합전문기관에서 국립연명의료관리기관의 가명정보를 안전하게 결합, 반출할 경우 이러한 직접적 정보를 요청에 따라 다양한 연구에 활용되도록 하는 유익이 발생할 것이다. 다만 현재는 국립연명의료관리기관이 이 과정에 협조하기 위한 제반 인력 및 구조, 예산을 갖추지 못하였다는 답변을 받은 바, 이 장은 간접적인 방법을 활용하였다. 추후 이 문제는 정책의 방향성과 효율성을 두고 공적인 논의를 거칠 만한 사항이다. 연명의료결정법 제9조는 국립연명의료관리기관이 연명의료, 연명의료중단등결정 및 그 이행의 현황에 대한 조사·연구, 정보수집 및 관련 통계를 산출하도록 규정하고 있다. 물론 법 조문이 규정한 바는 기관이 직접 조사, 연구, 정보수집 및 통계

있는 방법을 취할 수밖에 없었다. 후속연구에서 직접적인 자료에 접근할 수 있다면 보다 신뢰도 있는 정보를 산출할 수 있을 것으로 기대한다.

셋째, 이 장은 시계열 분석 및 결정주체별 분석을 포함하지 않는다. 이행군에서는 결정 시점과 이행 시점을 기점으로 의료 개입의 방식과 종류가 상당히 달라질 것을 예상할 수 있다. 또한 이행군 내에서도 그 세부유형이 달라질 수 있을 것이다. 예를 들어 적극적·공격적인 치료를 지속하다가 결정을 하는지, 점차적으로 완화의료적 접근을 하다가 결정을 하는지, 전면적 완화의료로 치료 목표를 설정하고 몇 개월 간 치료하다 연명의료중단등을 결정하는지 여러 가지 시나리오가 있을 수 있다. 게다가 환자 본인이 결정하였을 때와 가족이 결정하였을 때 간의 유형 차이가 나타날 수 있다. 후속연구에서 이러한 자료가 확보된다면 어떤 상황에서 환자 혹은 가족들이 결정을 하고 그 이후 어떤 예후 유형으로 진행되는지 알 수 있고, 추후 사전돌봄계획(advance care planning, ACP) 관련 환자교육과 의료진 교육 자료로 활용할 수 있을 것이다.

산출을 할 의무로 국한된다. 그러나 연구 생태계와 그 생태계 안의 효율성을 고려하였을 때, 개인정보 유출 등 위험을 효과적으로 관리하면서 수집된 국가 단위의 정보를 개별 연구자들에게 제공하는 경우 법령이 목표한 이익이 보다 잘 실현될 것으로 보인다. "「개인정보 보호법」(법률 제16930호)", 2020.2.4. 일부개정, 2020.8.5. 시행; "「호스피스·완화의료 및 임종과정에 있는 환자의 연명의료결정에 관한 법률」(법률 제18627호)", 2021.12.21. 일부개정, 2022.3.22. 시행.

✦ ✦ ✦

연명의료결정법에 따라 생애말기의 치료중단 및 보류가 이루어지고 있는 것으로 보이나, 이러한 이행을 하는 환자들은 제한된 것으로 관찰된다. 법의 시행 초기라는 점을 감안하더라도 환자의 인구통계학적 차이에 따라 이행 여부에 차이를 가져 오는 것은 불평등으로 해석될 수 있는 지점이다. 사전돌봄계획을 통한 치료 목표 설정을 하고, 연명의료중단등결정의 이행을 할 자원이 보다 평등하게 보장될 필요가 있다.

이 장은 사람들이 법에 따라 연명의료중단등결정 및 이행을 하더라도 그 효과는 심폐소생술, 인공호흡기, 혈압상승제라는 제한된 의료행위로만 그치고 있음을 보여준다. 이러한 수준의 영향이 과연 생애말기와 사망 과정에 있어서의 삶의 질을 증진하고 "환자의 최선의 이익을 보장"[32]하였는지 확신할 수 없다. 다시 말해, 이 장은 이행군에서도 일부 집착적 의료행위가 지속되고 있을 가능성을 시사한다. 두 군 간의 유의미한 차이를 가져오지 않았던 투석이나 항암제 등에서도, 모든 임상적 결정이 그러하듯, 임상적으로 환자의 경과를 보며 치료의 이득과 해의 비율을 따져 중단할지 여부를 결정하여야 한다. 그런데 해당 치료에서 해가 이득보다 커져서 무의미한 치료가 되는 바로 그 순간이 법령이 정한 임종과정이라는 시기 구분과 일치하지 않을 수 있다. 임상적 타당성이 아니라 임종과정 여부만이 특정 의료적 처치의 중단등 여부를 결정하게 되는 방향으로 연명의

---

32) 위의 글(주 1) 참조.

료결정법이 현실에 작용하고 있는 것은 아닌지, 연구 결과는 의문을 제기한다.

한편, 이 장이 추적할 수 없었던 심폐소생술 금지에 의한 사망이 연명의료이행군과 대조군의 차이를 상쇄시키는 요인이었을 수도 있다. 심폐소생술 금지에서 의사결정자가 대부분 가족임을 상기할 때,[33] 환자 "자기결정을 존중"[34]하려는 법의 목적이 달성될 수 있으려면 법의 적용 범위와 실질적 효과에 대한 근본적인 고민과 후속연구가 필요함을 알 수 있다.

이러한 후속연구들에 기초하여 실정법이 과연 그 법의 목적을 실현시키기에 적합한 틀인지 검토할 수 있을 것이다. 선행연구들은 연명의료결정법이 치료거부권을 전면으로 다루는 대신[35] 특정 시기의 특정 처치에 대한 거부의 자유를 명시한 접근임을 지적해 왔다.[36] 이 장의 결과는 이러한 실정법의 문제를 보여주는 단면이라고 해석할 수 있다. 생애말기에 있는 환자의 자기결정권권, 그리고 이 자기결정권에 기초한 치료 목표(therapeutic goal) 설정이 상당히 제한되어 있다고 보인다. 아마도 그 이유는

---

33) D. Y. Oh, J. H. Kim, S. A. Im, et al., "CPR or DNR? End-of-life Decision in Korean Cancer Patients: A Single Center's Experience," *Support Care Cancer* vol.14(2006), pp.103-108; D. Y. Kim, K. E. Lee, E. M. Nam, et al., "Do-not-resuscitate Orders for Terminal Patients with Cancer in Teaching Hospitals of Korea," *J palliat Med* vol.10(2007), pp.1153-1158.

34) 위의 글(주 1) 참조.

35) 박형욱, "환자연명의료결정법의 제정과 과제", 저스티스 제158권 제3호 (2016), 670-701면.

36) C. J. Kim, J. H. Kim, "Korea'a First Legislation on Decision on Life-sustaining Treatment," *Medicine and Law* vol.40, no.4(2021), pp.519-528; C. J. Kim, "Barriers to Informed Refusal in Korea," Acta Bioethica vol.27, no.2(2021), pp.173-179.

"[의사]결정능력이 있는 환자는 치료거부 때문에 장애나 죽음이 나타날 수 있는 경우에도 치료를 거부할 권리가 있다"[37]라며, 의료적 처치의 중단 및 보류라는 결정으로 말미암아 치료와 돌봄으로부터 환자가 전면적으로 이탈하는 것이 아니라 오히려 본인이 원하는 치료와 돌봄으로 나아갈 수 있음을 확언하는 의료 서비스와 법제가 마련되어 있지 않기 때문일 수 있다. 보다 정확한 자료에 근거한 다양한 후속연구들이 정책 결정의 밑바탕이 되도록 쌓이기를 기대한다.

이 장은 예비적 성격을 띤 연구로, 가용 자료와 방법론의 한계로 인하여 연명의료중단등결정과 이행, 그리고 이에 따른 실제 의료이용의 국가적 현황을 그리기에는 턱없이 부족하다. 그럼에도 불구하고 추후 관련 자료의 활용과 정보 수집에 따른 후속작업을 촉구하기 위하여 이 장을 수행하였다. 앞서 주 31에서도 밝혔듯, 연명의료중단등결정에 대한 국가 단위의 등록이 이루어지고 있음에도 불구하고 많은 자료를 개별 연구자가 활용할 수 없는 실정이다. 가명 정보를 활용한 연구 등 법제는 마련되었다. 실질적인 연구 인프라를 갖추는 데에 예산과 인력이 배정될 경우, 가치 있는 실증연구가 다수 수행될 수 있을 것으로 보인다. 한편, 생애말기 정책의 효과를 장기간 추적하는 연구를 국가가 주체가 되어 수행하고 대중에게 공개하는 것도 적극적으로 고려할 만하다. 선행 연구[38]는 해당 분야의 국가 지원

---

37) 꺾쇠표 안의 용어는 대한의사협회가 게시한 공식 번역본에 추가로 저자들이 삽입한 것이다. World Medical Association, 『의료윤리지침』(*Medical Ethics Manual*, 대한의사협회 게시 공식 번역본) (Ferney-Voltaire Cedex, France: World Medical Association, 2005), 40면.

연구들이 대부분 단기간 혹은 일회성이며 일부는 공개조차 되지 않았음을 지적한 바 있다. 예비적 성격의 이 장은 생애말기 삶의 질 증진에 현행법이 어느 정도 효과를 미치고 있는지 지속적인 연구가 필요함을 역설한다.

---

38) 김효신, 김정아, 위의 글(주 17).

5

한국 사전연명의료의향서 제도에서의 간호사 역할†

황혜영, 김정아

「호스피스-완화의료 및 임종과정에 있는 환자의 연명의료 결정에 관한 법률」(이하 '연명의료결정법'으로 약칭)이 제정됨에 따라 연명의료결정제도가 법적으로 도입되었다.[1] 2018년 2월 4일부터 시행된 이 제도는 사전연명의료의향서에 대한 법적 근거, 등록 및 이행 지침을 제공한다. 연명의료결정법은 환자를 주요 의사 결정권자로 인정하고, 환자의 의사를 보호할 수 있는 법적 장치를 제공함으로써, 임종과정에 있는 환자의 자율성을 보장할 수 있다. 그러나 환자 자기결정권의 제한적 인정, 엄격한 법정

---

† 이 글은 *International Nursing Review* vol.69, no.2(2022)에 실린 것을 수정·보완했다.

1) "「호스피스·완화의료 및 임종과정에 있는 환자의 연명의료결정에 관한 법률」(법률 제14031호)", 2016.2.3. 제정, 2017.8.4. 시행.

서식, 가족의 영향력 행사 가능성 등은 이 제도를 왜곡하여 법의 본래 취지를 훼손할 수 있다.

이 장에서는 연명의료결정법 시행 시 발생할 수 있는 문제점과 이 과정에서 간호사가 겪을 수 있는 윤리적 갈등에 대해 논의하고자 한다. 특히 다음 세 가지 질문에 답하는 것은 한국 사전연명의료의향서 제도의 한계를 설명하는 데 유용할 것이다: (1) 사전연명의료의향서는 의사결정능력이 있는 개인의 자발적이고, 충분한 정보에 의한 선택을 반영하고 있는가? (2) 사전연명의료의향서를 다양한 임상 현장에 적용 가능한가? (3) 사전연명의료의향서 제도는 실제로 이러한 의향서가 존중되도록 보장하고 있는가?

1. 제도의 한계

사전연명의료의향서는 의사결정능력이 있는 개인의 자발적이고, 충분한 정보에 의한 선택을 반영하고 있는가?

자율성 존중은 특정 치료에 대한 미래의 거부를 정당화하는 중요한 요소 중 하나이다.[2] 다시 말해, 사전연명의료의향서가 환자의 자율성 존중에 필요한 요건을 충족하지 못한다면, 사전연명의료의향서는 정당화의 근거를 잃게 된다. 현재의 사전연명의료의향서 관행은 다음과 같은 이유로 윤리적으로 타당한 절차를 보장하지 못하고 있다. 첫째, 사전연명의료의향서 작성자

---

2) T. L. Beauchamp, J. F. Childress, *Principles of Biomedical Ethics* (Oxford University Press, 2019).

의 의사결정능력을 확인하는 절차가 없다. 의사결정능력이란 작성자가 (미래의) 연명의료에 대한 의사결정을 수행할 수 있는 능력을 의미한다.[3] 특정 정신 질환은 이러한 의사 결정 능력을 일시적 또는 영구적으로 손상시킬 수 있다.[4] 사전연명의료의향서 작성자 대부분이 고령인 점을 고려할 때,[5] 사전연명의료의향서 등록기관에서 상담을 제공하는 상담자는 작성자의 의사결정능력이 일시적 또는 영구적으로 저하될 수 있음을 인지하고 있어야 한다. 그러나 연명의료결정법에서는 작성자의 의사결정능력을 명시하고 있지 않기 때문에, 상담자는 작성자의 의사결정능력을 확인할 법적 의무가 없다. 상담자는 의사결정능력 확인 절차의 중요성에 대한 인식 부족, 의사결정능력을 평가할 역량 부족, 상담 인력 부족으로 인한 짧은 작성 시간 등의 이유로, 작성자가 어떤 상황에 있건 사전연명의료의향서 서식에 체크 표시를 하는 데에만 몰두하게 만들 수 있다.

둘째, 사전연명의료의향서 작성자에게 제공되는 정보가 제한적이다. 한국의 사전연명의료의향서 서식은 이미 작성된 문장에 체크한 뒤 환자의 서명을 받는 단순한 형태를 취하고 있어, 작성자의 사전연명의료의향서에 대한 충분한 이해를 보장하지 못

---

3) T. L. Beauchamp, J. F. Childress, 위의 글(주 2).

4) J. M. Baruth, M. I. Lapid, "Influence of psychiatric symptoms on decisional capacity in treatment refusal," *AMA Journal of Ethics* vol.19, no.5(2017), pp.416-425; M. D. Sullivan, S. J. Youngner, "Depression, competence, and the right to refuse lifesaving medical treatment," *The American Journal of Psychiatry* vol.15, no.7(1994), pp.971-978.

5) 보건복지부, "18년 2월 4일, 연명의료결정제도 본격 시행(보도자료)", 2018. 1.24. https://www.mohw.go.kr/board.es?mid=a10503010100&bid=0027& cg_code=(최종 검색일: 2024년 7월 19일).

한다. 연명의료에 대한 충분한 이해 없이 작성된 한 장의 종이가 작성자의 미래를 결정하게 될 수 있다. 마지막으로, 사전연명의료의향서 작성이 자발적이지 않을 수 있다. 사전연명의료의향서 작성자의 많은 비율을 차지하는 고령층 대다수가 생활비와 의료비를 걱정하고 있다.[6] 연령이 높아질수록 의료비에 대한 부담도 커지며, 이러한 경제적 부담이 개인의 연명의료결정에 중대한 영향을 미친다는 사실이 설문조사를 통해 확인되었다.[7] 따라서 노년기 의료비의 많은 부분을 자녀에게 의존하는 상황은 작성자의 사전연명의료의향서 작성 동기와 답변 방향에 영향을 미칠 수 있다.[8] 상담자 역시 자신의 가치 판단에 따라 사전연명의료의향서 답변 방향을 유도함으로써, 작성자의 사전연명의료의향서에 대한 숙고 과정의 생략과 자발성 감소에 영향을 미칠 수 있다. 이러한 위험들은 모두 잠재적으로 간호사에게 윤리적 딜레마를 야기할 수 있다. 예를 들어, 담당 환자의 사전연명의료의향서가 정신 질환을 앓고 있는 상태에서, 충분한 정보 없이, 강압에 의해 작성되었다는 사실을 알게 되었을 때, 간호사는 윤리적 갈등을 겪게 될 것이다.

6) 김제선, 한연주, "초고령사회 진입 지방자치단체 노인의 의료비부담과 가구 유형의 영향", 한국콘텐츠학회논문지 제17권 제7호(2017); 국민연금연구원, "우리나라 중고령자의 노후준비 실태와 기대(1권) – 제3차(2010년도) 국민 노후보장패널 부가조사 분석보고서 –", 2022. https://institute.nps.or.kr/jsppage/research/resources/resources_02.jsp?cmsId=system&seq=10349 &viewFlag=true (최종 검색일: 2024년 7월 19일).
7) I. Kwon, et al., "A survey of seriously ill patients regarding end-of life decisions in some medical institutions of Korea, China, and Japan," *Journal of Medical Ethics* vol.38, no.5(2012), pp.310-316.
8) 홍성애, 문선순, "가족구성원별 생명연장술에 대한 선호도 연구", 한국노년학 제27권 제4호(2007).

사전연명의료의향서를 다양한 임상 현장에 적용 가능한가?

사전연명의료의향서 서식의 경직성과 사전연명의료의향서 적용 시기의 제한으로 인해 한국의 사전연명의료의향서는 다양한 임상 현장에 대한 가이드라인 역할을 수행하기 어렵다. 한국의 사전연명의료의향서는 법정 서식에 따라 작성되어야만 유효한 것으로 간주된다. 즉, 자유 기술이 아니라 법적으로 제한된 항목에 대한 동의 유무를 표시하는 것이다. 작성자가 연명의료와 관련해서 더 구체적인 결정을 내리거나 그 결정을 내리게 된 이유를 제시할 수 없다. 다양한 치료법에 대한 자신의 선호를 표현할 수도 없다. 연명의료결정법에서는 법정 서식에 구체적으로 명시되지 않은 내용을 해석할 수 있는 사람 또한 지정하지 않는다. 따라서 한국의 사전연명의료의향서 서식은 연명의료결정에 대한 추가적인 해석이나 숙고의 여지를 제공하지 않는다.

다음으로, 작성자가 연명의료를 중단할 수 있을 것이라 예상하는 시기와 법직으로 가능한 시기에는 차이가 있을 수 있다. 연명의료결정법에 따르면 담당의사로부터 임종과정에 있다고 판단을 받은, 즉 사망에 임박한 매우 제한된 시점에서만 연명의료를 유보 및 중단할 수 있다. 그러나 사전연명의료의향서 작성자는 자신이 원하는 시점에서 언제든 원치 않는 연명의료를 중단할 수 있다고 잘못 이해하는 경우가 많다. 많은 사람들이 연명의료결정법을 '존엄사법' 또는 '웰다잉 법'[9]이라고 오해하는 이

---

9) [가톨릭 시시각각] 박수정 기자 "연명의료 결정법, 존엄사법 웰다잉법 아냐", 가톨릭평화신문, 2018.2.2. https://news.cpbc.co.kr/article/710227 (최종 검색일: 2024년 7월 19일).

유도 여기에 있다. 사전연명의료의향서 작성자는 연명의료결정법을 통해 본인의 의사가 존중될 것으로 기대한다. 그러나 아무리 사전연명의료의향서를 통해 연명의료에 대한 의사를 분명히 밝혀두었더라도, 법에서 명시한 '임종과정'이라는 범주에 들어오기 전까지는 연명의료를 유보 혹은 중단할 수 없다. 이러한 상황은 법 규정을 준수해야 하는 의료인과 의료에 있어 자기결정권을 행사하기 원하는 환자 간 갈등을 초래할 수 있고, 의료현장에서 환자, 의사와 모두 관계를 맺고 이를 중재하는 간호사에게도 심각한 도전이 될 수 있다.

사전연명의료의향서 제도는 실제로 이러한 의향서가 존중되도록 보장하고 있는가?

한국의 사전연명의료의향서 제도는 작성된 사전연명의료의향서가 존중되도록 보장하는 측면에서 장단점이 있다. 정부가 사전연명의료의향서에 대한 온라인 데이터베이스를 유지하고 있다는 점은 큰 장점이다. 환자가 병원을 옮기더라도 기존에 작성된 사전연명의료의향서는 여전히 유효하며, 환자뿐만 아니라 의료인도 필요시 언제든지 사전연명의료의향서를 확인할 수 있다. 그러나 연명의료결정법에서는 작성된 사전연명의료의향서가 있는지를 확인하거나 미작성시 이 제도를 설명할 법적 의무를 의료인에게 부과하지 않는다. 따라서 의료인은 환자가 입원해 있을 때, 심지어 말기나 임종 단계에 있는 환자에게도 사전연명의료의향서 작성 여부를 묻지 않을 수 있다.[10] 이 경우 작성된 사

---

10) 단, 의료기관윤리위원회가 설치된 기관의 경우, 환자의 전자 의무 기록에

전연명의료의향서의 활용이 보장될 수 없다. 이 경우 환자의 자율적 선택은 잊혀지고, 환자의 자기결정권은 실현될 수 없게 된다.

한국에서는 임종기 의료 결정이 환자 본인보다 가족의 의사에 따라 더 많이 좌우되는 경향이 있다.[11] 이는 작성된 사전연명의료의향서 효력의 보장을 어렵게 만들 수 있다. 연명의료에 대해 환자 본인과 가족 간 상당한 의견 차이가 있을 수 있으며, 때로는 가족들이 환자 본인보다 환자의 연명의료를 더 원하기도 한다.[12] 의료인이 작성된 사전연명의료의향서에 따라 환자의 연명의료를 유보 혹은 중단하려고 할 때, 가족들은 이에 반대하며 환자에게 연명의료를 제공할 것을 요구할 수 있다. 이 경우 환자의 자기결정권 보장은 위험에 처하게 된다.

처벌 조항의 일방성 또한 사전연명의료의향서의 보장을 약화시킬 수 있다. 연명의료결정법 제40조 벌칙 조항에 따르면, 의료인이 환자의 기존 바람을 거슬러 치료를 유보, 중단하면 처벌을 받지만, 기존 바람을 거슬러 치료를 지속하면 처벌받지 않는

국립연명의료관리기관의 사전연명의료의향서 유무가 확인된다. 하지만 요양병원의 대다수가 의료기관윤리위원회를 설치하고 있지 않으므로 별도의 확인 절차가 요구된다.

11) 최경석, "「호스피스·완화의료 및 연명의료결정에 관한 법률」의 쟁점과 향후 과제", 한국의료윤리학회지 제19권 제2호(2016); H. G. Ryu, et al., "Survey of controversial issues of end-of-life treatment decisions in Korea: similarities and discrepancies between healthcare professionals and the general public," *Critical Care* vol.17, no.5(2013); J. Y. Ryu, et al., "Physicians' attitude toward the withdrawal of life-sustaining treatment: a comparison between Korea, Japan, and China," *Death studies* vol.40, no.10(2016), pp.630-637.

12) H. Hwang, et al., "Preferences of older inpatients and their family caregivers for life-sustaining treatments in South Korea," *Geriatric Nursing* vol.39, no.4(2018), pp.428-435.

다. 따라서 의료인은 환자의 의사(意思)를 따르기 보다는 환자의 의사에 반해 생명을 유지하는 실수를 범할 수 있다. 환자의 자기결정권이 무시되고 원치 않는 고통을 겪을 때, 이를 지켜보는 간호사는 도덕적 고뇌를 경험할 수 있다. 또한 작성된 사전연명의료의향서를 따르는 것이 잠재적 소송으로 이어질 수 있다는 생각에 무력감을 느낄 수도 있다.

한국에서도 마침내 임종기 환자의 치료 결정권이 법적으로 인정받게 되었다. 연명의료결정법은 임종기 환자의 자기결정권 보장에 있어 유용한 도구가 될 수 있다. 그러나 사전연명의료의향서 작성 과정의 질, 적용 가능성, 존중의 보장 측면에서 볼 때, 현행 법만으로는 사전연명의료의향서 실천을 위한 충분한 지침이 되지 못한다. 이에 간호사는 임상 현장에서 사전연명의료의향서와 관련된 다양한 문제를 목격하고, 윤리적 갈등을 경험하게 된다. 한국의 사전연명의료의향서 제도가 잘 정착되기 위해 필요한 것은 무엇인가? 이 글에서는 간호사의 사전연명의료의향서에 대한 실천적 개입에서 해답을 찾고자 한다.

2. 제도의 개선 방안

임종기 돌봄에 대한 간호사의 책임은 간호윤리강령에 도덕적 의무로 명시되어 있다.[13] 특히 임종기 의사결정에 교육자와 환

---

13) American Nurses Association, *Code of Ethics for Nurses*(American Nurses Association, 2015). https://www.nursingworld.org/practice-policy/nursing-excellence/ethics/code-of-ethics-for-nurses/(최종 검색일: 2024.7.19.); International Council of Nurses, *The ICN Code of*

자 옹호자로서 간호사의 역할은 강조되어야 한다.[14] 이러한 맥락에서 연명의료결정법은 간호사가 양질의 임종기 돌봄을 제공하는 데 기여한다. 간호사는 사전연명의료의향서 관련 다양한 업무를 수행할 수 있는 가장 적합한 위치에 있다: 환자에게 사전연명의료의향서에 대해 교육하고, 가족 간의 논의를 촉진하며, 작성된 사전연명의료의향서가 있음을 의사에게 알려 실제 적용되도록 할 수 있다.[15]

사전연명의료의향서 작성자 교육 및 작성 지원

간호사는 사전연명의료의향서에 대해 교육하고, 사전연명의료의향서 작성을 지원함에 있어 가장 적합한 위치에 있다.[16] 사전연명의료의향서 작성자의 대부분은 지인 혹은 대중매체를 통해 사전연명의료의향서를 처음 알게 되고, 충분한 숙고 없이 작성하는 경향이 있다. 간호사는 임상 현장에서 사전연명의료의향서가 실제로 어떻게 사용되는지 직접 관찰할 수 있다. 따라서 사전연명의료의향서의 실제 효력과 잠재적인 문제에 대한 정보를 제공하면서 보다 심도 있는 교육을 제공할 수 있다. 연명의료결정법 시행 이후 많은 병원이 사전연명의료의향서 등록기관

Ethics for Nurses(International Council of Nurses, 2012). https://www.icn.ch/sites/default/files/2023-06/ICN_Code-of-Ethics_EN_Web.pdf (최종 검색일: 2024년 7월 19일); 대한간호협회, "한국간호사 윤리강령"(안승희 외, 생명윤리에 기초한 간호전문직 윤리(대한간호협회, 2018) 수록).

14) American Nurses Association, 위의 글(주 12).

15) M. S. D. Bosek, J. Fitzpatrick, "Finding the right words," *RN* vo.54, no.11(1991), pp.66-68.

16) B. Miller, "Nurses in the know: The history and future of advance directives," *OJIN: The Online Journal of Issues in Nursing* vol.22, no.3(2017).

으로 지정되었고, 대부분의 병원에서는 간호사가 사전연명의료 의향서 교육과 작성을 지원하고 있다. 따라서 환자와 가족을 만나 사전연명의료의향서를 계획하고 작성하는 것은 이미 간호사의 업무로 인식되고 있다.

사전연명의료의향서가 진정한 자기결정권 행사 수단이 되려면 의사결정능력이 있는 환자가 충분한 의학적 정보와 자신의 고유한 가치관에 따라 특정 치료를 받을지 여부를 결정해야 한다.[17] 간호사는 교육과 실무를 통해 자율성 존중의 원칙에 익숙해져 있는 것이 일반적이다. 따라서 간호사는 사전연명의료의향서가 정당성을 갖추기 위해 필요한 조건들을 준수하면서 환자가 사전연명의료의향서를 작성하도록 도울 수 있다. 이 과정은 간호사의 전문성에 따라 크게 개선될 수 있을 것으로 기대된다.

사전연명의료의향서 확인 및 환자와 가족 지원

간호사는 환자가 병원을 방문할 때 가장 처음 만나게 되는 의료인이다. 초기 간호 평가를 통해 환자를 사정하면서 환자의 사전연명의료의향서 작성 여부 혹은 작성 의향을 확인할 수 있다. 연명의료결정법에 따르면, 작성자는 언제든지 사전연명의료의향서를 변경하거나 철회할 수 있지만, 작성자의 의사를 정기적으로 확인해야 한다는 법적 규정은 없다. 따라서 간호사는 환자의 현재 의사가 작성된 사전연명의료의향서와 일치하는지를

---

17) 김장한, "'김할머니' 사례로 살펴본 가정적 연명의료결정에 관한 연구 - 「호스피스 · 완화의료 및 임종과정에 있는 환자의 연명의료결정에 관한 법률」과 관련하여 -", 의료법학 제17권 제2호(2016); 법제처, "무의미한연명치료장치제거등(대법원 2009. 5. 21. 선고 2009다17417 전원합의체 판결)".

확인함에 있어 중요한 역할을 한다. 환자가 사전연명의료의향서를 이미 작성한 경우에는 기존에 작성된 내용과 환자의 현재 의사가 일치하는지, 가족들은 사전연명의료의향서 작성 사실을 알고 있는지, 모른다면 가족과 사전연명의료의향서에 대해 논의하기를 원하는지 등을 확인해야 한다. 반면, 사전연명의료의향서를 작성하지 않은 환자에게는 관련 정보를 제공하고, 가족과 이에 대한 대화를 나눌 수 있는 환경을 조성해 주어야 한다.

연명의료결정에 대한 의사를 밝히지 않은 환자가 의사결정능력을 상실한 경우에는 간호사의 더욱 신중한 개입이 환자 의사 추정 과정에서 필요하다. 한국 법에서는 아직 지속적인 의료대리인 지정위임을 허용하지 않는다. 따라서 가족 구성원들은 환자의 연명의료결정에 대한 가족의 합의가 환자의 최선의 이익에 부합하는지를 반드시 고려해야 한다. 이 과정에서 간호사는 가족이 환자의 의사와 최선의 이익을 올바르게 이해할 수 있도록 돕고 안내해야 한다. 무연고자 환자의 경우에는 가족에 의한 의사 추정이나 대리결정 자체가 불가능하다. 그러므로 간호사는 환자가 법적으로 문서화된 사전연명의료의향서 작성을 원하는지 미리 확인하고, 필요한 경우 관련 교육과 작성을 지원해야 한다.

3. 제 언

한국의 사전연명의료의향서 제도는 불충분한 작성 과정, 제한된 적용 가능성, 작성된 문서의 미준수 가능성 등으로 인해 윤리적 측면에서 잠재적인 문제를 안고 있다. 간호사는 환자 교육, 특히 임종기 의사결정에 대한 전문성을 활용해 사전연명의료의향서로 인해 발생 가능한 부작용을 방지하고 윤리적 딜레마를 예방할 수 있다. 이미 일부 간호사는 환자의 사전연명의료의향서 작성을 지원할 때 환자 및 가족과의 의사소통을 책임지고 있다. 이 글은 사전연명의료의향서 실무의 모든 측면에서 간호사가 보다 적극적이고 주도적으로 참여할 것을 권장한다. 이러한 역할과 업무의 확대는 환자의 자율성을 존중하는 데 필수적이며, 환자 및 가족과의 사전의료계획을 통해 윤리적 딜레마 예방에도 도움이 된다. 정부와 병원은 법안의 취지를 훼손하지 않으면서도 성공적인 사전연명의료의향서 실무가 이루어질 수 있도록 구체적인 정책을 도입해야 한다. 사전연명의료의향서 작성 건수만이 아니라, 작성자의 사전연명의료의향서에 대한 명확한 이해와 사전연명의료의향서 작성에 있어서의 자발성까지 고려한 세부적인 정책이 필요하다. 의료 현장에서는 환자 입원 시 사전연명의료의향서 작성 여부를 확인하고 적용할 수 있도록 장려하는 방안을 도입해야 한다. 간호사는 연명의료결정법의 성공적인 시행, 다시 말해 환자의 최선의 이익을 보호하고 자기결정권을 존중하는 법의 취지를 구현하는 데 핵심적인 역할을 할 것으로 기대된다. 따라서 사전연명의료의향서 실무에서 간호사의 역할과 업무를 확대 및 촉진하는 정책이 요구된다.

✦ ✦ ✦

연명의료결정법은 임종기 돌봄과 환자 자기결정권 측면에서 큰 변화를 일으킬 수 있는 잠재력을 가지고 있다. 특히 사전연명의료의향서에 대한 법적 권리를 공식적으로 인정함으로써, 환자가 자신의 임종과정에 대한 정당한 의사결정권자로 인정받지 못했던 오랜 관행을 바로잡을 수 있다. 따라서 간호사들은 연명의료결정법을 잘 활용하여 양질의 생애말기 돌봄을 제공할 의무를 지닌다. 그러나 연명의료결정법만으로는 임종 돌봄에 대한 충분한 가이드라인이 될 수 없으며, 환자의 자율성과 최선의 이익을 보장하지 못할 수 있다. 연명의료결정법에는 환자의 자율성을 존중하기보다는 오히려 위협할 수 있는 요소들이 있다. 예를 들어, 사전연명의료의향서 작성 과정이 사전연명의료의향서의 정당성 근거인 자율성 존중 원칙이 요구하는 조건을 충족하지 못할 때, 윤리적으로 문제가 될 수 있는 관행이 발생할 수 있다. 또한 사전연명의료의향서가 환자가 원했던 대로 임상 현장에서 적용되지 않을 수 있고, 의료인이나 환자가족에 의해 존중받지 못할 수도 있다. 이러한 상황에서는 신중하고 세심한 간호 실무가 필요하다. 간호사가 사전연명의료의향서 교육과 작성, 작성된 사전연명의료의향서 확인, 환자와 가족 지원에 있어 주도적인 역할을 수행할 때, 환자의 자율성이 온전히 존중되고 최선의 이익이 보호될 수 있으리라 기대한다.

제3부

현행 연명의료결정 법제에 대한 제언

6

'조력존엄사'로의 비약이 아닌,
환자의 정당한 치료거부권 보장하기 †

김정아

    지난해 시민 1,000명 대상 설문조사에서 드러난 안락사에 대한 개방적 태도를 근거로, 의사조력사망을 합법화하는 조항을 담은 연명의료결정법의 개정안(이하 조력존엄사 법안)[1]이 발의되었다. 이 개정안은 시민 1,000명을 대상으로 실시한 설문조사에 근거한 것으로, 해당 조사에서는 대다수가 안락사에 대해 긍정적인 견해를 밝혔다.[2] 이 개정안에 의협, 의학회, 의료윤리학회

---

  † 이 글은 *Journal of Korean Medical Science* vol.39, no.2(2024)에 게재되었던 글을 번역하고 일부 수정·보완한 것이다.
  1) 안규백 의원 등 12인, "「호스피스·완화의료 및 임종과정에 있는 환자의 연명의료결정에 관한 법률」 일부개정법률안(의안번호 제2115986호)", 2022. 6.15. 발의.
  2) Young Ho Yun, et al., "Attitudes toward the Legalization of Euthanasia or Physician-Assisted Suicide in South Korea: A Cross-Sectional Survey," *International Journal of Environment Research and Public*

를 비롯한 다양한 전문가단체 및 학술단체가 우려의 목소리를 내었고,[3] 개정안은 국회 본회의에 상정되지 않았다. 그러나 개정안의 발의라는 이 사건이 현행 연명의료결정법이 말기와 죽음 가까이에 있는 사람들의 돌봄을 위한 충분한 가이드가 되지 못하고 있다는 인식만큼은 분명히 보여주었다. 많은 사람들이 죽음 그 자체만이 아니라 죽음으로 이어지는 과정에서 충분치 못한 돌봄을 받게 될 것, 특히 고통 한 가운데에 내버려질 것, 타인의 부담으로 남게 될 것에 대한 다각적인 두려움을 갖고 있는 것으로 보인다. 그리고 죽음을 통해 이러한 두려움으로부터 탈출하는 것이 오히려 더 낫다고 생각하는 것으로 보인다. 이러한 충족되지 않은 필요가 있을 가능성은 다양한 연구[4]를 통해 꾸준히 확인되어 왔다. 게다가 최근 일반인, 의사, 국회의원을 대상으로 한 설문조사에서도 비슷한 결과가 나타났음을 고려할 때,[5] 사람들이 죽음이라는 가장 극단적인 방법을 통해

Health vol.19, no.9(2022), p.5183.

3) 최선영(보건복지위원회 전문위원), "호스피스·완화의료 및 임종과정에 있는 환자의 연명의료결정에 관한 법률 일부개정법률안 검토보고," 2022.11.

4) Dae Seog Heo, et al., "Problems Related to the Act on Decisions on Life-Sustaining Treatment and Directions for Improvement," *Journal of Hospice and Palliative Care* vol.25, no.1(2022), pp.1-11; 박형욱, "환자 연명의료결정법의 제정과 과제", 저스티스 제158권 제3호(2017), pp.669-700; 최은경 외 6인, "각국의 연명의료 관련 결정 절차와 기구에 관한 고찰: 대만, 일본, 미국, 영국을 중심으로", 한국의료윤리학회지 제20권 제2호(2017), 131-151면; 박중철, 나는 친절한 죽음을 원한다(홍익출판미디어그룹, 2022).

5) "[단독] 국민 81%·의사 50%·국회의원 85% '의사조력사망 도입 찬성' [금기된 죽음, 안락사③]", 서울신문, 2023.7.12. https://www.seoul.co.kr/news/plan/euthanasia-story/2023/07/12/20230712001005 (최종 검색일: 2024년 7월 20일).

이러한 다각적인 두려움에서 벗어나기를 원하는 것은 기정사실로 보인다. 이러한 실질적인 두려움들을 마주하여, 의료계가 의사조력사망이나 안락사는 반대한다는 입장만을 되풀이하며 현재 의료적 돌봄의 질과 구조에 그대로 만족해야 할 것인지 고민해 볼 만하다.

그렇다고 이 장의 저자가 의사조력사망의 필요성을 주장하고자 하는 것은 아니다. 이 글에서는 의사조력사망과 같은 급진적 대안으로의 비약이 필요치 않으며, 사회의 여러 구성원들이 받아들일 만한 합리적인 대안은 치료거부권의 명시적 보장에 있음을 주장하고자 한다. 치료거부권이란 "의사결정능력이 있는 성인이 스스로 의료적, 심리적 또는 정신과적 치료를 거부하고 사전의료의향서와 지속적인 의료대리인 지정 위임을 통해 자신의 임종기 치료 선호를 표현할 수 있는 보장된 권리"를 말한다.[6] 세계의사회는 "의사능력이 있는 환자는 치료를 거부할 권리가 있으며, 치료를 거부할 경우 장애나 사망이 초래되는 경우에도 마찬가지"라고 이에 대해 확언한 바 있다.[7] 이 권리는 현대 의학의 핵심 가치인 환자 자율성에 근거하며 충분한 정보에 의한 동의(informed consent)에 이미 내포되어 있다고 널리 인정되고 있다.[8] 그러나 치료거부권을 명문화하고 있는 여러 나라

---

6) Alice M. Revised by Bond P, "Treatment refusal," *Gale Encyclopedia of Surgery and Medical Tests*, 4th Ed. (Gale, Part of Cengage Group, 2020), pp.1974–1979.
7) World Medical Association, *Medical Ethics Manual*, 3rd Ed. (World Medical Association, 2015), p.45.
8) 배현아, "환자 자기결정권과 충분한 정보에 근거한 치료거부(informed refusal) : 판례 연구", 의료법학 제18권 제2호(2017), 105–138면.

들[9]과 달리, 우리나라는 치료거부권을 명시적으로 인정하고 있지 않다.

이 장에서는 법체계 내의 정합성이나 추상적 원리를 근거로 치료거부권을 주장하고자 목표하지 않는다.[10] 오히려, 우리나라의 현재 임상 환경에서 치료거부권이 보장될 경우 환자와 의사 각각이 경험할 이득을 구체적으로 나열할 것이다. 이 주장은 치료거부권을 보장하지 않음으로써, 한국의 의료가 의료의 다양한 목표 중 일부를 충족하지 못하고 있다는 것을 함축한다.

1. 환자 입장에서 바라본 치료거부권의 필요성

치료거부권을 보장받음으로써 환자는 그의 치료에 있어 최선의 이익을 추구할 수 있는 가장 기본적인 도구를 획득한다. 치료가 곧 이익이고, 치료를 거부하는 것은 곧 치료라는 이익으로부터 멀어지는 것처럼 보이기에, 치료거부권이 어떻게 최선의

---

9) American Medical Association, "Withholding or Withdrawing Life-Sustaining Treatment. Code of Medical Ethics Opinion 5.3." https://www.ama-assn.org/delivering-care/ethics/withholding-or-withdrawing-lifesustaining-treatment (최종 검색일: 2024년 7월 20일); *Quinlan, In re.* 1976. 355 A.2d 647 (N.J.), cert. denied, 429 U.S. 922 (1976); *Barber v. Superior Court.* 1983. 195 Cal. Rptr. 484 (Ct. App.1983); *Cruzan v. Director, Missouri Department of Health.* 1990. 497 U.S. 261 (1990); National Health System, *Do I have the right to refuse treatment? National Health System U.K.* https://www.nhs.uk/common-health-questions/nhs-services-and-treatments/do-i-have-the-right-to-refuse-treatment/#:~:text=In%20most%20cases%20yes.,your%20organs%20after%20your%20death (최종 검색일: 2024년 7월 20일); 지안 도메니코 보라시오/김영하 역, 스스로 선택하는 죽음(동녘사이언스, 2015).
10) 이 또 다른 방식의 논증은 제7장에서 수행할 것이다.

이익 달성할 수 있는 기본 조건이 되는지 몇몇에게는 의아하게 느껴질 수 있다. 그러나 적어도 두 가지 측면에서 치료거부권의 보장은 최선의 이익의 실현을 막는 장애물을 제거할 수 있다. 첫째, 치료거부권이 보장되어야만 진정한 의미의 사전돌봄계획(advance care planning, ACP)이 가능해진다. 사전돌봄계획을 촉진하려는 최근 학술적, 실무적 시도들[11]에도 불구하고 사전돌봄계획은 활발히 이루어지지 못하였다. 그 중 한 이유는 연명의료결정법이 제시하는 범위가 사전돌봄계획을 위한 선택지를 과도하게 제한하기 때문에, 미리 환자와 생애말기에 관한 이야기를 개시하는 데에 별다른 이득이 없다는 데에 있다. 예를 들어 환자가 고통의 완화로 치료 목표를 설정한다고 하더라도, 임종과정에 들어가기 전에 생명의 유지와 연관된 치료를 보류하거나 중단하는 것은 실질적인 선택지가 되지 못한다. 대화를 통해 구체화할 선택지가 제한되거나, 선택지가 무엇인지 분명치 않을 때, 조기에 대화를 시작하려는 동기는 감소한다. 반대로 의사결정능력이 있는 환자가 어떠한 치료든 그만둘 수 있는 근본적인 권리를 갖는다고 명시적으로 인정된다면, 그제서야 비로소 환자들은 사전돌봄계획을 통해 자신의 질병에 대한 충분한 이해하

---

11) 이일학, "의료기관 내 연명의료 결정 실태조사에 기반한 상담돌봄계획 매뉴얼 개발연구", 보건복지부 연구보고서, 2020. https://www.prism.go.kr/homepage/entire/researchDetail.do?researchId=1351000-202000322&menuNo=I0000002 (최종 검색일: 2024년 7월 20일); 윤태영, "예비 의료인의 연명의료결정제도 인식 확대를 위한 의과대학 교육과정 개편 방안 연구", 보건복지부 연구보고서, 2021. https://www.prism.go.kr/homepage/entire/researchDetail.do?researchId=1351000-202100264&menuNo=I0000002 (최종 검색일: 2024년 7월 20일).

고 자신의 가치관을 구체화하여 선택을 할 수 있게 된다. 생애 말기돌봄의 특성상, 말기 단계에서는 치료거부권이 사전돌봄계획의 전제 조건이다. 말기에서의 사전돌봄계획에는 죽음을 연기할 뿐인 특정 치료를 받는 대신 자신의 시간과 자원을 다른 곳에 투자할 수 있는 선택지가 포함되어야 한다. 또한 이러한 선택에 따른 의사의 조치를 승인할 수 있는 환자의 권리와 환자의 선택에 따라 행동할 수 있는 의사의 권리가 보장되어야 한다. 그러나 현재로서는 연명의료결정법에 따라 사전돌봄계획으로서 구체적으로 명시할 수 있는 의학적 선택의 범위가 좁거나 불명확한 경우가 많아 사전에 환자와 적극적으로 논의할 동기가 떨어진다. 의사결정능력이 있는 환자에게 원치 않는 치료를 거부할 수 있는 기본적 권리가 있다는 것을 명시적으로 인정한다면, 사전돌봄계획은 자신의 질병을 충분히 이해하고 개인의 가치관에 따라 향후 결정을 조정하는 데 필수적인 수단이 될 수 있다.

둘째, 법이 규정한 범주적 분류에 속하지 않아서 환자가 적절한 돌봄으로부터 탈락해 버리는 상황을 방지할 수 있다. 현재 연명의료결정법은 말기부터 제공되는 호스피스·완화의료와, 임종과정에 이행할 수 있는 연명의료의 중단 및 보류를 규정하고 있다. 이 두 시기 구분은 개념상으로는 서로 매끄럽게 연결되는 것처럼 보이지만, 현실에서는 각각의 시기 진단에 고유한 국면을 갖는 것처럼 작동한다. 말기를 진단하기 좋은 시점이나 증상이 있고, 어떤 질환들은 그런 증상을 나타내지 않아서 말기라고 진단내리기 어렵다. 마찬가지로 임종과정을 진단하기 좋은 시점이나 증상이 있다. 이 또한 질환에 따라 그 특정 지점이 달리 나타난다. 게다가 어떤 돌봄을 받기 위하여 말기나 임종과정을 진단 받아야만 한다는 것은 그 자체로 돌봄의 문턱이 되며, 이 문턱에 걸린 환자들은 갈 곳을 잃게 된다. 시기 구분에 구애받지 않는 치료거부권을 보장할 때, 환자들은 법의 범주적 구분과 상관없이 나타나기 마련인, 실제 의료적 필요에 맞춰 돌봄을 받을 수 있다.

2. 의사 입장에서 바라본 치료거부권의 필요성

한편, 치료거부권을 보장받음으로써 의사들의 실무(practice)는 보다 의학적이게, 즉, 보다 합리적이게 된다. 첫째, 임종과정이냐 아니냐라는 범주적 구분이 아니라 치료의 이득(benefit)과 위험(risk)의 비율(ratio), 즉 차원적 분류에 기초하여 최선의 치료를 제공할 수 있다. 위험-이득 비율(risk-benefit ratio)에 따른 치료는 의학의 가장 기본적인 기준이다. 환자의 생애말기 돌봄에서도 이 기준을 동일하게 적용함으로써, 의사들은 다른 돌봄에서 늘상 사용하는 그들의 합리성을 발휘할 수 있다. 둘째, 의사들은 과잉치료를 부추기는 압박으로부터 벗어날 수 있다. 환자의 자기결정권보다 생명권을 중시하는 사회적 풍토 속에서, 그리고 점점 더 적대적이 되어 가는 의료소송의 상황 속에서, 의사들을 이득보다 해가 더 큰 개입을 지속할 수밖에 없었다. 환자의 근본적인 권리로서의 치료거부권을 명시적으로 인정할 때, 의사와 환자 모두가 해라고 보는 치료를 그만둘 수 있는 의사의 재량이 보장될 것이다. 셋째, 환자들이 치료거부권을 보장받을 경우, 첫째와 둘째 이유로 인하여 생애말기환자를 잘 돌볼 수 있도록 의사들을 교육하는 것이 가능해진다. 생애말기 돌봄은 의학 교과서와 실무에서의 지침이 가장 크게 차이가 나는 분야 중 하나이다. 현재 우리 법이 의사들에게 요구하는 바는 의사들의 사고방식 – 개별 환자의 상태에서 특정 치료가 갖는 이득과 해의 비율을 따지는 것 – 에도 맞지 않고 그 사고의 결과로서 교과서에서 선택지로 제시하는 바를 포괄하지도 못한다. 의사들이 잠재적 소송을 두려워하거나 법이 말하는 "그 상황"이 아니라며 죽어가는 환자를 떠나지 않도록, 환자 곁에 머물 수 있도록 하고 환자와 함께 설정한 치료 목표에 집중할 수 있도록 교육하려면 먼저 현실에서 우선적 필요조건이 만족되어야 한다.

✢ ✢ ✢

적어도 대다수의 환자에게서, 의사"조력"사망에서 말하는 "조력"은 필요하지 않다고 생각한다. 따라서 의료가 그 "조력"을 제공해야 하는 의무는 없다고 생각한다. 하지만 대다수의 환자에게서, 현재 주어진 것보다 더 명시적이고 두터운, 치료거부권의 보장은 필요하다고 믿는다. 치료거부권의 보장을 통해 한국의 의료는 보다 합리적이고, 환자 중심적이며, 그리하여 의료의 궁극적인 목적에 부합한 형태가 되리라고 믿는다. 물론 치료거부권의 보장이라는 과제를 의료계가 단독으로 수행할 수는 없다. 사회적 합의와 제도화가 필요하다. 모든 사람은 죽음에 관한 문제에 있어 이해당사자다. 누구나 논의에 참여할 수 있는 기회를 가져야 하고, 결국 사회적 합의에 도달할 수 있어야 한다. 이러한 논의에 사람들을 초대하기 위해서는 정확하고 이해하기 쉬운 정보를 제공하고, 서로 다른 입장을 끊임없이 마주하고, 의료 시스템과 공동체의 가장 취약한 부분을 공개하며, 무엇보다도 가장 크고 복잡한 사회 문제 중 하나를 해결하기 위해 진정성 있는 노력을 기울여야 한다. 이와 같은 사회적 합의와 제도화를 위하여 지식과 경험을 갖춘 의료전문직이 어떤 역할을 수행해야 할 것인지 지혜를 모을 때이다.

7

헌법상 치료거부권의 현실†
연명의료결정법을 중심으로

김주현, 김정아

연명의료결정법[1]이 제정된 이후, 우리 사회는 죽음에 대한 제도적 성찰을 시작하였다. 이 법을 둘러싼 논의는 단순히 연명의료의 중단을 넘어 죽을 권리(right to die)로 확장되었고, 최근에는 의사조력사망과 같은 이슈로 이어지고 있다.[2] 그러나 현행법의 본래 취지를 살펴보면, 연명의료결정법은 연명의료를 중단

---

† 이 글은 세계헌법연구 제30권 제2호(2024)에 게재되었던 글을 일부 수정·보완한 것이다.

1) 2016년 제정된 「호스피스·완화의료 및 임종과정에 있는 환자의 연명의료 결정에 관한 법률」의 약칭이다.

2) 2024년 안규백 의원이 대표발의한 「조력존엄사에 관한 법률안」(2024.7.5. 발의)은 '조력존엄사'란 "조력존엄사대상자가 본인의 의사로 담당의사의 조력을 통해 스스로 삶을 종결하는 것"으로 규정하고 있다. 안규백 의원은 2022년 6월에도 국내 최초로 조력존엄사 법안을 연명의료결정법의 개정안으로 발의한 적이 있다.

할 수 있는 권리를 중심으로 제정된 것으로, 실제로는 죽을 권리 자체보다 연명의료를 중단하는 절차와 방법을 규정한 법률에 가깝다.[3] 연명의료결정법은 환자가 연명의료를 중단할 수 있는 권리를 보장하고, 그 권리 행사의 절차와 방법을 핵심으로 하기 때문이다. 그런데 문제는, 이 법률에 대한 담론이 죽음에 집중되면서, 연명의료를 중단할 권리가 실제로 치료거부권(right to refuse to treatment)이라는 사실이 명확하게 드러나지 않는다는 점이다.

그렇다면 연명의료결정법에서 치료거부권으로서 연명의료를 중단할 권리가 드러나지 않은 이유는 무엇일까. 그 이유는 우리나라 의료영역에서 아직 기본권(基本權)으로서 자기결정권이 충분히 확립되지 않았기 때문이다.[4] 특히, 수많은 의료결정에서 치료에 동의할 권리는 널리 알려지고 의료 관행적으로 확립되었지만,[5] 기본권으로서 환자가 치료를 거부할 권리는 제대로 알

---

3) 연명의료법은 크게 호스피스에 관한 부분과 연명의료중단등결정에 관한 부분으로 나누어지지만, 이 글에서는 연명의료중단등결정에 집중하여 논의하기로 한다. 이는 법 제1조의 목적에서도 잘 드러나는데, "이 법은 호스피스·완화의료와 임종과정에 있는 '환자의 연명의료와 연명의료중단등결정 및 그 이행에 필요한 사항을 규정함으로써' 환자의 최선의 이익을 보장하고 자기결정을 존중하여 인간으로서의 존엄과 가치를 보호하는 것을 목적으로 한다"고 규정하고 있다.

4) 우리나라와 달리, 미국의 헌법 교과서는 의료 의사결정(medical decision making)에 대한 자기결정권을 헌법상 권리로 다루고 있으며, 치료거부권을 구체적으로 설명하고 있다. 특히 치료거부권을 설명하면서 크루잔 판결을 리딩 케이스로 소개한 것은 주목할 만하다. Erwin Chemerinsky, *Constitutional Law: Principles and Policies*, 5th Ed. (Wolters Kluwer, 2019), pp.1235-1238.

5) 「의료법」 제24조의 2(의료행위에 관한 설명)의 제1항은 의사가 환자에게 의료행위에 관해 설명하고 서면으로 그 동의를 받아야 한다고 규정하고, 제2항은 환자에게 설명하고 동의를 받아야 하는 사항을 5가지로 제시하며, 제

려지지 않을 뿐 아니라,[6] 그 행사를 제대로 보장받지 못하는 실정이다. 이는 수혈거부나 퇴원요청 등과 같은 치료거부 결정을 둘러싼 기존의 사건들에 비추어 봐도 충분히 알 수 있다.

따라서 이 장은 우리나라에서 치료거부권이 제대로 보장되지 않는다는 문제의식을 바탕으로, 의료결정에서 환자 권리의 현실을 검토하며 치료거부권의 의의를 재고하고자 한다. 이를 위해 헌법상 권리인 치료거부권의 개념과 이를 둘러싼 법적 논의와 쟁점을 알아보고, 이 개념이 실제 사용되고 있는 국내외 의료의 실무와 관행을 살펴보려고 한다. 이를 통해 서구에서는 치료거부권이 이론적으로 공고화되었을 뿐 아니라, 실천적으로 널리 사용되고 있다는 점을 나타내고자 한다. 반면, 우리나라는 헌법상 권리로서 치료거부권을 헌법 제10조의 자기결정권에 근거하여 인정하지만, 수혈거부나 연명의료 거부에 한정하여 좁게 논의하고 있어, 일반적인 치료거부권 개념이 명확히 형성되지 않았다. 더욱이 2016년에 도입된 연명의료결정법은 환자가 스스로 연명의료를 거부할 수 있는 권리를 특정 시기와 방법에 한정하여 보장함으로써 치료거부권의 의미를 상당히 축소 시켰다. 따

5항은 설명, 동의 및 고지의 방법 절차 등 필요한 사항을 의료법 시행령에 위임하고 있다. 이 법에 근거한 동의서로 '수술동의서'가 우리나라에 가장 잘 알려져 있다.

6) 국내에서 치료거부권이 논의되지 않았던 것은 아니다. 치료거부권에 대한 법학의 연구로 배현아, "환자 자기결정권과 충분한 정보에 근거한 치료거부: 판례연구", 의료법학 제18권 제2호(2017), 105-138면; 노동일, "치료거부권, 죽을 권리 및 존엄사에 대한 재검토: 헌법적 관점에서", 공법학연구 제10권 제2호(2009), 3-29면, 2009; 허순철, "헌법상 치료거부권-의사무능력자를 중심으로-", 법과 정책연구 제11권 제2호(2011), 637-660면 등이 있다. 다만, 주로 연명의료 거부와 관련된 치료거부권 논의라서 일반적인 치료거부권에 대한 논의는 부족한 편이다.

라서 이러한 문제의식을 바탕으로, 연명의료결정법에 대해 비판적으로 분석하고자 한다.

1. 치료거부권 개념과 법적 쟁점

치료거부권 개념의 형성과 전개

▶ 치료거부권 개념

치료거부권은 의사와 환자의 관계에서 환자에게 보장된 권리이다. 환자는 의사가 제공하는 충분한 정보에 근거하여 의료에 관한 의사결정을 내릴 수 있다. 이 권리는 생명윤리학의 자율성 존중 원리(principle of respect for autonomy)[7]에 근거한 '충분한 정보에 의한 동의(informed consent)' 개념에 기반을 두고 있다. 충분한 정보에 의한 동의란, 의사결정능력[8]이 있는 사람이 정보

---

7) 생명윤리학자 비첨(Tom L. Beauchamp)과 칠드레스(James F. Childress)는 생명의료윤리의 원칙을 자율성 존중의 원리, 해악금지의 원리, 선행의 원리, 정의의 원리로 제시하였다.

8) 영미문헌에서 개인이 충분한 정보를 바탕으로 동의할 수 있는 능력은 주로 'decision making capacity', 'decisional(ly) capacitated', 'competent'로 나타난다. 우리나라에서는 세 개념이 엄밀하게 구별되지 않고 의사결정능력이나 의사능력으로 옮겨진다. 그런데 우리나라 법에서 사용되는 '의사능력'은 "자신의 행위의 의미나 결과를 정상적인 인식력과 예기력을 바탕으로 합리적으로 판단할 수 있는 정신적 능력 내지는 지능"이며, 행위능력과 달리 의사능력의 유무는 "구체적인 법률행위와 관련하여 개별적으로 판단"된다(대법원 2002. 10. 11. 선고 2001다10113 판결). 한편 '의사결정능력'은 「의료법」과 「응급의료법」에서 의료행위에 대한 설명에 동의할 수 있는 능력을 의미하며, 최근 "환자가 미성년자라도 의사결정능력이 있는 이상 자신의 신체에 위험을 가하는 의료행위에 관한 자기결정권을 가질 수 있다"라고 판시하여(대법원 2023. 3. 9. 선고 2020다218925 판결), 의사결정능력을 의사능력, 행위능력과 구별하고 있다. 그러나 아직 법학계에 의사능력, 행위능력과 달리, 의사결정능력에 대한 뚜렷한 법리가 정립되었다고 보기 어려운 측면

를 충분히 제공받고 이를 바탕으로 자발적으로 동의하는 것을 말한다.[9] 모든 정보가 충분히 공개되었고, 환자가 공개된 모든 내용을 완전히 이해하는 의사결정능력이 있으며, 이에 근거하여 치료에 자발적으로 동의한 경우, 환자는 충분한 정보를 제공받은 것으로 본다. 충분한 정보에 의한 동의는 다음과 같은 구성 요소를 가진다.[10]

① 환자(-동의 주체)는 의사결정능력(decisional-capacity)이

이 있다. 의사결정능력에 대한 구체적 판단기준이 법학계나 의학계에 정립되었다고 보기 어렵기 때문이다(이에 대하여 박혜진, "의사결정능력 있는 미성년자 환자에 대한 의사의 설명의무-대법원 2023. 3. 9. 선고 2020다 218925 판결을 중심으로-", 법조 제72권 제5호(2023), 537-589면 참조). 따라서 이 장에서는 주로'의사결정능력'이라는 용어를 채택하겠지만, 판례나 입법례의 용어인 경우나 의사결정능력이 있(없)는 사람을 가리키는 경우에 '의사능력'또는 '의사(무)능력자'로 옮기고자 한다. 참고로 의료영역에서 의사결정능력과 관련된 개념들에 대한 설명으로는 유기훈, "의사능력에 기반한 후견제도와 정신건강복지법의 융합-북아일랜드 정신능력법[Mental Capacity Act (Northern Ireland) 2016]의 제정 과정과 그 의의를 중심으로-", 의료법학 제24권 제3호(2023), 156-157면의 주 1 참조.

9) Nir Fyal, "Informed Consent", Edward N. Zalta ed., *The Stanford Encyclopedia of Philosophy (Spring 2019 Edition)*. https://plato. stanford.edu/archives/spr2019/entries/informed-consent/.

10) Jennifer Hawkins, Louis C. Charland, "Decision-Making Capacity," Edward N. Zalta ed., *The Stanford Encyclopedia of Philosophy (Fall 2020 Edition)*. https://plato.stanford.edu/archives/fall2020/entries/ decision-capacity/ (최종 검색일: 2024년 9월 9일). 각 요소 옆에 병기된 키워드는 필자들이 추가한 것이다. 참고로, 비첨과 칠드레스는 충분한 정보에 의한 동의의 구성 요소를 ① 이해하고 결정할 수 있는 의사결정 능력 ② 결정에 있어서의 자발성 ③ 구체적인 정보의 공개 ④ 계획의 권고 ⑤ ③과 ④에 대한 이해 ⑥ 계획에 찬성하는 결정 ⑦ 선택한 계획에 대한 권한 부여로 보고 (Tom L. Beauchamp, James F. Childress, Principles of Biomedical Ethics, 7th Ed. (Newyork: Oxford University Press, 2013), p.124), 김현철, 권복규는 ① 정보의 충분한 공개, ② 환자의 의사결정능력, ③ 환자의 자발성을 구성 요소로 본다(김현철·권복규, 생명 윤리와 법(이화여자대학교 출판부, 2009), 153-154면).

있어야 한다: 의사결정능력

② 모든 관련 정보는 환자에게 공개되어야 한다: 정보 공개

③ 환자는 전달된 내용을 이해해야 한다: 이해 능력

④ 환자는 제안 또는 제안된 내용을 수락하거나(accepting) 거부하는(refusing) 자발적인 선택을 한다: 자발적 선택

이처럼 의료 의사결정에서 법적, 윤리적으로 유효한 환자의 동의로 간주하려면, 개인의 동의가 적절한 정보를 제공받은 상태에서 외부의 강압 없이 이루어져야 한다.[11] 그리고 ④와 같이, 환자는 의사가 제안한 내용을 수락할 수도 있지만(=치료동의권) 거부하는 선택(=치료거부권)을 할 수 있다. 맥린(A. Maclean)은 "동의할 권리는 당연히 동의를 거부할 권리를 의미한다고 보는 것이 합리적이다. 권리에는 통제라는 개념이 포함되므로 개인이 통제할 수 없는 권리는 있을 수 없다. 권리를 행사하는 것 외에 선택의 여지가 없다면 그 선택은 실제로 권리가 아니라 의무이다"라고 말하였다.[12]

이처럼 의료행위에 동의할 권리는 동의와 거부 모두를 포함해야 하며, 개인이 통제할 수 없는 권리는 실제로 의무에 불과하다. 따라서 충분한 정보에 의한 동의는 환자가 치료에 대한 동의를 거부할 권리, 즉 치료거부권까지 포함한다. 미국 연방대법원도 "충분한 정보에 의한 동의 원칙의 논리적 추론은 환자가

---

11) Ruth Faden, Tom Beauchamp, *A History and Theory of Informed Consent* (Oxford University Press, 1986).

12) Alasdair Maclean, *Autonomy, Informed Consent and Medical Law: A Relational Challenge* (Cambridge University Press, 2009), p.130.

일반적으로 동의하지 않을 권리, 즉 치료를 거부할 권리를 갖는
다는 것"이라고 판시하였다.[13]

▶ 법적 권리로서 치료거부권 형성

① 판 례

이러한 치료거부권은 헌법상 권리로 인정되었는데, 일찍이
미국 법원은 1914년에 "성년이고 건전한 정신을 가진 모든 인
간은 자기의 신체로 무엇을 할 것인지 결정할 권리(right to
determine)가 있으며, 환자의 동의 없이 수술하는 외과의사는
폭행죄를 저지른 것이다"라고 하여 의료 결정에서 신체에 대한
자기결정의 중요성을 인정하였다.[14]

무엇보다 미국 보통법(common law)에서 치료거부권은 '충분
한 정보에 의한 동의'에 근거하여 인정되었다. 법원은 충분한
정보에 의한 동의 원칙으로부터 치료하기 전에 환자가 동의하
지 않을 수 있는 권리, 치료거부권을 도출할 수 있다고 판시하
였다.[15] 이 근거는 미국 법원에서 치료거부권의 근거로 널리 인
용되고 있으며, 우리나라에서도 미국 판례의 대표적인 치료거부
권의 근거로 알려져 있다.[16] 사실 1976년 퀸란(Quinlan) 판결,[17]

---

13) Cruzan v. Director, Missouri Dep't of Health, 497 U.S. 261, 270 (1990).
14) Schloendorff v. Society of New York Hospital, 105 N.E. 92, 93 (1914).
15) Cruzan v. Director, Missouri Dep't of Health, 497 U.S. 261, 270 (1990).
16) 노동일, 위의 글(주 6), 6면; 배현아, 위의 글(주 6), 120-138면 등.
17) Matter of Quinlan, 70 N.J. 10, 355 A.2d 647 (1976), 이하 '퀸란 판결'이
라 한다. 지속적 식물인간 상태였던 카렌 퀸란(Karen Quinlan)은 인공호흡
기를 통해 생명을 유지하고 있었다. 퀸란의 부모는 인공호흡기를 제거해 달
라고 요청했지만, 담당 의사는 인공호흡기의 제거를 거부하였다. 퀸란의 부
모는 소송을 제기하였고, 1976년 뉴저지 대법원은 헌법상 프라이버시권은
개인의 치료거부권을 포함한다고 판시하였다.

1990년 크루잔(Cruzan) 판결[18] 전부터 법원은 보통법에 근거하여 의사능력이 있는 성인은 치료를 거부할 수 있는 권리를 가진다고 판시하였다. 여기서 의사능력은 충분한 정보에 입각하여 치료여부를 판단할 수 있는 능력을 의미하며, 이러한 점에서 의사무능력자는 의사능력자와 동등하게 치료거부권을 행사하지 못한다. 의사무능력자와 미성년자의 치료거부권 행사가 제한되는 것은, 치료를 거부할 수 있는 권리가 의학적 치료에 관한 정보를 충분히 이해하고 이를 바탕으로 결정을 내릴 수 있는 능력을 전제하기 때문이다. 법원은 이러한 의미에서 치료거부권을 "자신의 가치관에 따라 치료의 잠재적 이익과 그로 인한 결과를 평가하고 스스로 치료를 받을지를 개인적으로 결정할 수 있는 권리"라고 하였다.[19] 즉, 의료행위와 관련하여, 환자는 해당 의료행위에 대한 충분한 정보를 이해할 수 있을 때 신체에 대한 자기결정을 할 수 있다.

또한 보통법은 신체불가침의 권리, 즉 모든 개인이 자기의 신체를 자유롭게 소유하고 통제할 수 있는 권리로부터 치료거부권을 도출한다. 신체 온전성(bodily integrity)[20]의 개념 내지

---

18) Cruzan v. Director, Missouri Dep't of Health, 497 U.S. 261 (1990), 이하 '크루잔 판결'이라 한다. 낸시 크루잔(Nancy Cruzan)은 자동차 사고로 뇌 손상을 입고 식물인간 상태에 빠져 영양 튜브를 통해 영양 공급을 받았다. 크루잔의 가족은 크루잔이 의식을 되찾지 못할 거라는 담당 의사의 판단에 따라, 영양 튜브를 제거해 달라고 요청했다. 그러나 미주리주 병원은 거부하였고, 크루잔의 부모는 미주리주 보건부를 상대로 소송을 제기하였다. 이에 대해 1990년 미국 연방대법원은 환자가 연명치료를 중단할 수 있는 권리가 헌법에 근거하여 보호되지만, 이는 명백하고 확실한 증거가 있을 때만 가능하다고 판결하였다.
19) Cruzan v. Director, Missouri Dep't of Health, 497 U.S. 261, 309 (1990).
20) 신체의 온전성이란, 모든 개인이 타인의 모든 구속이나 간섭으로부터 자유

신체의 자유 및 권리는 의학적 치료를 위해 충분한 정보에 의한 동의가 필요하다는 요건으로 구체화 되었다. 성인은 자기의 신체를 어떻게 할 것인지 결정할 권리를 갖고 있으므로, 환자의 동의 없이 수술한 의사는 형법상 폭행죄나 상해죄가 적용될 수 있고,[21] 이에 대하여 민사상 손해배상 책임을 질 수 있다. 그래서 충분한 정보에 의한 동의 원칙은 불법행위법(tort law)에 확고하게 자리 잡았는데, 이 원칙에 근거하여 환자가 스스로 동의한 경우에 수술과 같은 신체 침해는 불법행위가 되지 않는다. 반대로 환자가 거부한 경우에는 불법행위가 성립될 수 있는 것이다.

물론 법원에 의한 치료거부권 결정은 1976년 퀸란 판결이 있기 전까지 상대적으로 적은 편이었다. 1960년대까지만 해도 소송에서는 치료를 거부할 수 있는 법적 권리를 거의 행사하지 않았다. 병원 측 변호사가 수혈을 거부하는 종파인 여호와의 증인 환자의 생명을 구하기 위해 수혈을 명령해 달라고 법원에 청원하기 시작했고, 초기 사례의 대부분은 종교적 신념에 의해 금지된 치료를 거부한 환자와 관련하여 수정헌법 제1조의 권리를 둘러싼 논의가 주된 쟁점이었다. 그러나 의료 과실 사건이 빈번하게 발생했고, 생명을 유지할 수 있는 의료기술이 발달하면서 연명치료를 거부할 권리 사건이 급증하게 되었고, 이에 따라 치료거부권에 관한 사건이 늘어나기 시작하였다.[22]

롭게 자기의 신체를 소유하고 통제할 수 있는 권리가 있다는 것이다. Union Pac. R. Co. v. Botsford, 141 U.S. 250, 251 (1891).

21) Schloendorff v. Society of New York Hospital, 105 N.E. 92, 93 (1914).

22) 이상의 내용은 Cruzan v. Director, Missouri Dep't of Health, 497 U.S.

그런데 여기서 특기할 점은, 영미법 전통에서 치료거부권은 자유권으로서의 성격이 강하기 때문에 프라이버시권(privacy rights)에 근거하여 인정되기도 한다는 것이다.[23] 퀸란 사건에서 뉴저지 법원은 헌법상 프라이버시권은 개인이 자신과 관련된 의학적 치료를 거부할 수 있는 권리를 포함하며, 그로 인한 결정이 죽음을 초래할지라도 인정된다고 판시하였다.[24] 특히 "신체 침해의 정도가 심해지고 예후가 어두워질수록 주의 이익은 약해지고 개인의 프라이버시 권리는 강해진다"고 강조하였다.[25] 한편, 크루잔 판결에서 연방대법원은 "적법절차 조항이 연명치료를 거부할 수 있는 이익을 보호한다는 것은 논란의 여지가 없다[26]"고 하여, 수정헌법 제14조의 적법절차 조항에 근거하여 원하지 않는 치료를 피할 수 있는 자유 이익(liberty interest)을 인정하였다.

그러나 자유권으로서 치료거부권은 절대적으로 누릴 수 있는 권리는 아니고, 국가에 의해 제한될 수 있는 권리이다.[27] 치료거부권의 침해 여부는 개인의 이익(=자유)과 국가의 이익을 형

261 (1990)의 269-270면의 내용을 요약한 것이다.
23) 뉴저지 법원은 헌법의 프라이버시 권리와 보통법의 자기 결정권에 근거하여 연명치료를 거부할 수 있는 권리를 인정하였다. In re J.M., 416 N.J. Super. 222, 3 A.3d 651 (Ch. Div. 2010) 등. 프라이버시권에 근거하여 의사의 조언에 따라 암 치료를 선택하거나 거부할 권리가 포함된다는 판결로 Suenram v. Society of Valley Hospital 155 NJ Super 593, 383 A2d 143 (1977) 등 참조.
24) Matter of Quinlan, 70 N.J. 10, 355 A.2d 647, 663 (1976).
25) Matter of Quinlan, 70 N.J. 10, 355 A.2d 647, 664 (1976).
26) Cruzan v. Director, Missouri Dep't of Health, 497 U.S. 261, 280 (1990); 494 U.S. 210, 221-222 (1990).
27) Erwin Chemerinsky, *Constitutional Law: Principles and Policies*, 5th Ed. (Wolters Kluwer, 2019), p.1235.

량하여 판단해야 한다. 법원도 "치료를 거부할 권리는 절대적인 것이 아니며, ① 생명 보호, ② 무고한 제3자의 이익 보호, ③ 자살 예방, ④ 의료인의 윤리 보장이라는 네 가지 국가 이익의 영향을 받는다"고 판시하였다.[28] 퀸란 판결도 치료거부권 행사의 제한과 관련하여 사익과 공익을 이익형량을 하였는데, 법원은 프라이버시권에 근거한 치료거부권이 더 중요하다고 판단하여 의사능력자라면 사망의 위험이 있더라도 치료를 거부할 수 있다고 판시하였다.

물론 이 같은 이익형량의 결과는 구체적인 사안마다 다르게 나타나겠지만, 특히 프라이버시권을 근거로 하여 치료거부권을 인정한 사례에서는, 국가의 생명보호이익보다 개인의 사생활 영역에서 발생하는 치료거부권을 옹호하는 경향이 있다. 반면, 수정헌법 제14조 적법절차 조항의 자유 이익을 근거로 하는 경우에는 주의 이익, 특히 치료거부권 행사에 적절한 법적 절차를 갖추었는지에 초점을 두어 치료거부권 행사의 정당성이 인정되지 않는 경향이 있다고 볼 수 있다.[29] 대표적으로 크루잔 판결이 이에 해당하는데, 당시 법원은 미주리 주법에서 요구하는 엄

---

28) Stouffer v. Reid, 184 Md. App. 268, 965 A.2d 96 (2009), aff'd, 413 Md. 491, 993 A.2d 104 (2010); McKay v. Bergstedt, 106 Nev. 808, 801 P.2d 617 (1990). 재판부는 환자의 치료거부권과 헌법상 보호되는 자유의 이익이 생명 보호, 자살 예방, 무고한 제3자 보호, 의료인의 윤리 보장이라는 국가의 이익보다 더 크므로, 31세의 사지 마비 환자의 호흡기를 제거할 수 있다고 판시하였다. 이는 환자의 사지 마비가 비가역적이고 불치병인 경우, 환자가 호흡기에 의존하고 있는 경우, 환자가 정신적 능력이 있고 결정의 본질과 결과를 이해한 경우, 환자가 상당한 숙고 끝에 결정에 도달한 경우, 환자가 부모의 사망 후 삶의 질을 우려한 경우에 치료거부를 인정하였다.

29) Cruzan v. Director, Missouri Dep't of Health, 497 U.S. 261 (1990).

격한 증거 요건을 옹호하면서, 주의 이익을 우선하였다. 랜퀴스트(W. Rehnquist) 대법관은 미주리주 대법원의 판결을 인용하면서, 주헌법에서 프라이버시권에 근거한 치료거부권을 도출할 수 없으며, 이러한 권리가 미국 헌법에 존재하는지에 대한 의구심을 표명하였다는 점을 강조하였다.[30]

이처럼 판결마다 치료거부권의 근거에 다소 차이가 있지만,[31] 영미법의 전통에서 치료거부권의 핵심은 자율성, 즉 자기결정이며, 치료거부권은 오랜 보통법의 역사와 헌법으로 형성된 헌법적 권리이다. 이에 따라 환자는 치료에 대하여 자유롭게 결정할 권리, 즉 치료를 거부할 권리를 가지는데, 이러한 권리는 헌법의 보호를 받는다. 만일 국가권력의 행사로 환자가 치료를 거부할 수 없거나 치료를 강제당한다면 기본권 침해로 헌법소송을 제기할 수 있다.

② 입 법

치료거부권에 대한 판결은 입법에 영향을 미쳤다.[32] 미국은 1990년에 연방법으로 「환자자기결정법(Patient Self-Determination Act, PSDA)」[33]을 제정하였다. 이 법은 환자의 자율성을 보호하

---

30) Cruzan v. Director, Missouri Dep't of Health, 497 U.S. 261, 268 (1990).
31) 퀸란 판결 이후 대부분의 법원은 충분한 정보에 의한 동의와 같은 보통법상 권리를 근거로 치료거부권을 인정하거나 보통법상 권리와 프라이버시권 모두를 근거로 치료거부권을 인정하였다. Cruzan v. Director, Missouri Dep't of Health, 497 U.S. 261, 271 (1990).
32) 낸시 크루잔이 사망한 후 1년이 지나고 환자자기결정법이 제정되었다.
33) 환자 자기결정법(PSDA)은 1990년 미국 의회에서 1990년 옴니버스 예산 조정법(Omnibus Budget Reconciliation Act of 1990)의 개정안으로 통과되었다.

고, 사전의료지시(advance directives)와 같은 법적 문서를 통해 환자의 의사가 명확하게 반영될 수 있는 법적 장치를 마련하였다. 환자자기결정법은 환자의 자율성을 존중하고 의료 결정에 참여할 권리를 강화하기 위해 환자가 의료 서비스에 관한 결정을 내릴 수 있는 권리를 규정하였다. 법 제2조에서 규정한 핵심적인 권리는 ① 의료 또는 수술 치료를 수락하거나 '거부'할 권리, ② 개인이 무능력한 경우 치료 제공에 관해 주법에 따라 인정되는 사전의료지시를 작성할 권리이다. 구체적으로 사전의료지시는 개인을 대신하여 의료 결정을 내릴 대리인의 지정위임(durable power of attorney)과 개인의 미래에 있을 치료에 관한 작성된 지시(장기 처분에 대한 지시 포함)를 통해 해당 개인이 그러한 의료에 관한 결정을 내릴 수 있는 권리를 포함한다.[34] 특히 ①과 같이, 치료거부권을 명문화하여 환자의 법적 권리를 강화하였다.

일반적인 치료거부권을 제정한 대표적인 주는 캘리포니아주이다. 「캘리포니아 보건 및 안전법」(California Health and Safety Code)은 병원은 환자에게 의료에 관한 결정에 적극적으로 참여할 권리에 관한 서면 정보를 제공해야 한다고 규정하면서 "법이 허용하는 참여에는 치료를 거부할 권리가 포함되어야 한다[35]"고 명시한다. 플로리다주, 일리노이주, 매사추세츠주, 미네소타주, 뉴저지주도 법으로 치료거부권을 명시하고 있으며, 뉴욕, 텍사스, 워싱턴 등에서 치료거부권에 대한 규정과 충분한 정보에 의

---

34) Patient Self-Determination Act §2.
35) California Health and Safety Code §1262.6(a)(3).

한 동의를 얻지 못한 경우에 대한 민사책임 등을 규정하고 있다.[36]

자치구의 조례도 이를 명시적으로 규정하고 있는데, 노스캐롤라이나주의 자치구인 매튜스의 조례(Matthews Municipal Ordinances)는 "의사능력이 있고 의식이 있으며 약물의 영향을 받지 않은 사람은 치료를 안 받는 경우 사망을 앞당길 수 있는지와 관계없이 특정 치료를 거부할 수 있다. 누구도 개인의 나이, 입원 또는 요양원 등의 시설에 거주한다는 이유로 이 권리를 거부당해서는 안 된다. 이 조항은 18세 미만의 사람에 대한 치료에는 적용되지 않는다"와 같이 치료거부권을 규정하였다.[37] 이 조례는 특히, 치료거부권의 행사는 사망을 앞당길 수 있는지와 관계없다는 점을 명시적으로 규정하여 적극적으로 치료거부권을 보장하고 있다.

이처럼 치료거부권의 법제화는 환자가 자신의 의료 결정에 적극적으로 참여할 수 있는 환경을 조성하였다. 특히 연명의료 중단에 대한 법적 기준을 명확히 하는 법률이 제정되어, 환자의 자율성을 보호하기 위한 법적 장치를 마련하였다. 의료기관은 사전의료지시 작성과 같은 환자의 의사 반영 절차를 더 체계적으로 관리하게 되었으며, 이는 법적 분쟁에서 중요한 기준이 되었다.

---

36) Ronald B. Standler, *Legal Right to Refuse Medical Treatment in the USA* (2012), pp.5-6. http://www.rbs2.com/rrmt.pdf (최종 검색일: 2024년 8월 9일).
37) Matthews Municipal Ordinances §39:113.

치료거부권을 둘러싼 논의 쟁점

앞서 살펴본 바와 같아, 오랜 역사적 배경을 바탕으로 보통법과 판례의 법리를 통해 치료거부권은 헌법상 권리로 인정되었다. 특히, 치료거부권에 대한 판결이 늘어나면서(이는 치료거부권에 대한 사회적 인식과 논의 수준도 상당이 높아졌음을 시사한다), 치료거부권을 둘러싼 논의 쟁점과 법리도 발전하였다. 이하에서는 이에 대하여 자세히 알아보기로 한다.

치료거부권 행사로 죽음에 이른 경우

치료거부권은 의료에 대한 자율적 의사결정으로 많은 이들의 지지를 받았다. 그러나 치료거부권 행사로 죽음에 이를 수 있는 경우에 대해서는 의견이 첨예하게 대립하였다. 환자는 치료를 거부할 수 있는 권리가 있지만, 만일 권리 행사로 죽음에 이를 수 있다면, 그러한 권리 행사는 제한되어야 한다는 것이다. 이에 대한 대표적인 근거는 국가의 생명보호이익이며, 이에 대한 논의는 국가가 자살을 방지해야 할 의무로 이어지기도 한다.

그렇다면, 이에 대한 논의를 분석하기 위해 치료거부권 행사로 죽음에 이른 경우 이를 자살로 보아야 할지에 대해 논의해야 할 필요가 있다.[38] 결론부터 말하자면 사실상 법원은 치료거부권 행사의 경우 국가가 자살을 방지할 이익이 있다는 주장을

---

38) 자살과 관련된 치료거부권 논의 쟁점에 대하여 다음과 같은 주장이 가능하다.
① 죽음에 이른 치료거부권 행사는 본질적으로 자살과 달라서 자살이 아닌 치료거부권의 행사는 허용된다.
② 죽음에 이른 치료거부권 행사는 자살과 같다. 다만, 예외적으로 정당화되는 자살이 있으며, 치료거부에 의한 자살은 정당화될 수 있다.

배척했다. 그 근거로는 치료를 거부할 때 환자가 구체적인 사망 의도를 가지고 있지 않을 수 있고, 환자가 그러한 의도를 가지고 있었다고 하더라도 사망이 자연사로 인한 것이라면 환자가 스스로 사망을 초래할 의도로 사망 유발 물질을 작동시킨 것이 아니기 때문에 치료 거부가 반드시 자살에 해당하지는 않는다는 것이다.[39]

또한 법원은 죽음에 이르는 치료거부권을 인정하면서, 그 근거로 치료거부권의 행사와 자살이 다르다고 주장한다. 자살은 자신의 삶을 끝내기 위한 적극적인 행위로 구성되지만, 치료를 거부권의 행사는 죽음을 '유발'하는 적극적인 행위가 아니라 자연스러운 죽음의 과정을 수동적으로 받아들이는 것에 불과하기 때문이다. 그러나 크루잔 판결에서 스캘리아(A. Scalia) 대법관은 이러한 구별 자체가 논리적이거나 법적으로 불가능하다고 반박한다. 그는 작위와 부작위를 구분하는 것이 자살을 방지해야 할 대상에 대한 입법적 판단에 어느 정도 영향을 미칠 수 있음을 인정하면서도, 다양한 형태의 부작위와 작위을 명확히 구분하는 것은 불합리하다고 주장한다.[40] 예를 들어, 바다에 들어가 자살

---

39) 퀸란 판결에서 구체적으로 다음과 같이 이유를 제시하였다. 첫째, 사망은 살인이 아니라 기존의 자연적인 원인에 의한 사망이며, 둘째, 설령 살인으로 간주된다고 하더라도 불법은 아니다. 이러한 결론은 정의 및 헌법적 근거에 근거하기 때문이다. 프라이버시권에 따른 치료 종료는 이 사건의 한계 내에서 이루어지므로, 사실상 합법적이다. 따라서 그러한 행위로 인한 사망은 불법적인 타인의 살해만을 금지하는 살인죄의 범위에 포함되지 않는다. 이 사건에서는 타인의 생명을 불법적으로 빼앗는 것과 자기결정의 문제로서 인위적인 생명 유지 장치를 중단하는 것 사이에는 실질적이고 결정적인 차이가 있다. Matter of Quinlan, 70 N.J. 10, 355 A.2d 647, 669-670 (1976).
40) Cruzan v. Director, Missouri Dep't of Health, 497 U.S. 261, 296 (1990).

하는 경우와 밀물이 차올 때까지 해변에 앉아 있는 경우를 명확히 구별하기 어렵다고 설명한다.

그러나, 자살은 자신의 생명을 끝내기 위한 의도적인 행위지만, 치료 거부는 의학적 개입을 통해 생명을 연장하지 않기로 선택하는 것으로 볼 수 있다. 즉, 치료거부권의 행사는 사망으로 이어질 수 있지만, 일반적으로 자살로 분류되지는 않는다. 이러한 구분은 환자가 질병이나 치료와 관련된 고통을 견디고 싶지 않아 연명치료를 거부할 수 있는 임종 치료의 맥락에서 특히 중요하다. 많은 경우에, 치료 거부는 말기 질환이나 임종기와 같은 맥락에서 발생하는데, 환자는 생명을 약간 연장할 뿐 삶의 질을 현저히 떨어뜨리는 공격적인 치료를 거부할 수 있다. 이 경우 죽고 싶다는 욕구보다는 고통의 경감, 삶의 질 나아가 인간의 존엄성에 대한 고려에 따라 그 결정이 내려지는 경우가 많다. 따라서 특히나 말기나 임종기와 같이 돌이킬 수 없는 상태에 연명치료를 거부하여 사망에 이른 경우에는 개인의 자율성을 행사하고 자기의 신체와 생명에 대해 정보에 입각한 결정을 내린 것으로 정당화될 수 있다.

의사결정능력이 없는 경우

치료거부권은 의사능력자라면 합리적 이유든, 비합리적 이유든 혹은 아무런 이유 없이도 치료를 거부할 수 있는 권리이다.[41] 이처럼 치료거부권은 원칙적으로 의사능력자에게 인정되

---

41) Alasdair Maclean, *Autonomy, Informed Consent and Medical Law: A Relational Challenge*(Cambridge University Press, 2009), pp.192-193.

는 자유권이며, 이 권리를 제한해야 할 특별한 공익적 이유가 없다면 보장되어야 한다. 그래서 치료거부권 행사의 관건은, 사망의 위험보다 환자가 합리적이고 신중한 선택을 할 수 있는지의 능력에 달려 있다. 치료거부권은 의사능력있는 성인이 치료를 거부할 수 있는 권리이기 때문이다.

그러나 법원은 환자가 의사결정능력이 없는 경우에도 치료거부권을 인정하며, 이 경우에 '대신판단(substituted judgement)'[42]의 기준을 적용할 수 있다고 판시하였다. 법원은 인간 존엄성의 가치에 근거하여, 의사무능력자도 능력 있는 개인과 동일한 권리를 보유한다고 추론하면서,[43] 의사무능력자가 그 상황에서 어떤 결정을 내렸을지를 타인이 판단하는 대신판단의 기준을 채택한다. 예를 들어, 뉴저지의 한 병원에 누워 있던 퀸란은 생명 유지를 위해 인공호흡기에 의존하고 있는 지속적 식물상태(persistent vegetative state, PVS)였다. 후견인 역할을 하는 퀸란의 아버지가 호흡기를 떼어내는 것을 방해하는 행위를 금지하고 형사처벌을 면제해 달라는 사법 명령을 요청했지만, 하급 법원은 그의 요청을 기각했다. 그러나 뉴저지 대법원은 퀸란이 헌법상 프라이버시권에 근거하여 생명 유지 장치를 중단할 권리

---

42) 국내에서 'substituted judgement'를 대리판단, 대체판단, 대신판단이라는 용어로 옮긴다. 그러나 이 장에서는 대리 의사결정자가 환자의 가치관에 입각하여 만약에 그 환자가 현재 의사결정능력이 있다면 내렸을 판단을 그 환자를 대신하여 탐색한다는 본래 뜻을 강조하기 위하여 '대신판단'이라는 용어를 채택한다. 또한, 국내에서 의사결정능력이 없는 환자에 대한 치료 결정을 타인이 대리하는 모든 행위를 대리 의사 결정(surrogate decision making)으로 옮기고 있어 이 용어와의 혼동을 피하기 위함이다.

43) Superintendent of Belchertown State Sch. v. Saikewicz 373 Mass. 728 (1977).

가 있으며, 퀸란의 아버지도 권리가 있다고 인정하였다.

이처럼 퀸란 사건을 출발점으로 삼아, 여러 법원에서 의사결정능력이 없는 환자도 원치 않는 치료를 거부할 권리가 있으며, 대리 의사 결정자가 환자를 대신하여 치료거부권을 행사할 수 있다고 인정하였다. 그리고 권리 행사 방법과 절차에 대해 구체적으로 규정하였는데, 환자가 공식적인 사전의료지시 또는 덜 공식적인 서면이나 대화를 통해 자신의 선택이 무엇인지 명시적으로 밝힌 경우, 그 선택에 따라야 하고, 명확한 선택이 없는 경우, 대리 의사 결정자는 환자의 성향에 관한 증거가 있을 수 있으므로 이를 근거로 대신판단을 내려야 한다. 마지막으로, 환자가 어떻게 결정을 내렸을지에 대한 증거가 없는 경우에는 환자의 최선의 이익(best interest), 즉 치료의 부담이 혜택보다 더 큰지에 따라 결정을 내릴 수 있도록 허용하였다.

우리나라의 치료거부권 논의와 법적 쟁점

우리나라에서는 헌법 제10조의 자기결정권 또는 의료계약 관계를 근거로 치료거부권을 인정하고 있다.[44] 즉 헌법 제10조에 근거하여 개인은 자신의 생명과 신체의 기능을 어떻게 유지할지 스스로 결정하고 의료행위를 선택할 수 있다거나, 의료계약이 체결된 이후라면 환자가 자유로이 의료계약을 해지할 수

---

44) 대법원은 "자기결정권 및 신뢰관계를 기초로 하는 의료계약의 본질에 비추어 강제진료를 받아야 하는 등의 특별한 사정이 없는 한 환자는 자유로이 의료계약을 해지할 수 있다 할 것이며(민법 제689조 제1항), 의료계약을 유지하는 경우에도 환자의 자기결정권이 보장되는 범위 내에서는 제공되는 진료행위의 내용 변경을 요구할 수 있을 것이다"라고 판시하였다(대법원 2009. 5. 21. 선고 2009다17417 판결).

있는 권리가 있다는 것이다.

치료거부권의 형성과 전개: 헌법 제10조의 자기결정권에 근거한 치료거부권

법학계는 치료거부권을 자기결정권에 근거하여 인정하고 있다. 법원은 환자의 자기결정권은 헌법 제10조의 인간으로서의 존엄과 가치 및 행복추구권에 기초한 가장 본질적인 권리라고 말한다. 그러나 미국에서 의사능력자의 치료거부권을 헌법상 권리로서 적극적으로 인정한 것과 달리, 우리나라에서는 환자의 자기결정권에 근거한 치료거부권의 행사를 제한적으로 인정하고 있다. 2009년 무의미한연명치료장치제거 사건에서 대법원은 "환자의 동의는 헌법 제10조에서 규정한 개인의 인격권과 행복추구권에 의하여 보호되는 자기결정권을 보장하기 위한 것으로서, 환자가 생명과 신체의 기능을 어떻게 유지할 것인지에 대하여 스스로 결정하고 진료행위를 선택하게 되므로, 의료계약에 의하여 제공되는 진료의 내용은 의료인의 설명과 환자의 동의에 의하여 구체화된다"라고 판시하여 환자의 자기결정권을 충분한 정보에 의한 동의 개념에 근거하여 인정하였다.

그러나 문제는 환자의 자기결정권을 헌법 제10조에 근거해 인정했지만, 그 행사의 시기를 회복불가능한 사망의 단계로 엄격히 제한한 것이다. 대법원은 "회복불가능한 사망의 단계에 이른 후에 환자가 인간으로서의 존엄과 가치 및 행복추구권에 기초하여 자기결정권을 행사하는 것으로 인정되는 경우에는 특별한 사정이 없는 한 연명치료의 중단이 허용될 수 있다"고 판시하였다.[45] 이는 "인간의 생명은 고귀하고 생명권은 헌법에 규정된 모든 기본권의 전제로서 기능하는 기본권 중의 기본권이라 할 것이므로, 환자의 생명과 직결되는 진료행위를 중단할 것인지 여부는 극히 제한적으로 신중하게 판단하여야 한다"라는 입장에서 비롯되었다. 즉, 생명과 관련된 치료거부권은 극히 제한적으로만 행사되어야 한다. 그런데 치료거부권과 같은 기본권이 법적으로 인정되더라도, 그 권리를 행사할 수 있는 구체적인 방법이나 조건이 엄격하게 제한된다면, 환자는 사실상 그 권리를 행사하기 어려워진다. 다시 말해, 해당 판결은 치료거부권의 행사를 지나치게 제한하여, 치료거부권이 제대로 인정되지 않는 결과를 초래했다고 볼 수 있다.

이후 수혈거부 사건[46]에서도 자기결정권에 근거한 치료거부권은 특별한 사정이 있는 경우에만 인정되었다. 여기서 특별한 사정은 ① 자살 목적이 아닐 것, ② 그로 인해 침해될 제3자의 이익이 없을 것, ③ 자기결정권의 행사가 생명과 대등한 가치가 있는 헌법적 가치에 기초하고 있다고 평가될 수 있을 것이다.[47]

---

45) 대법원 2009. 5. 21. 선고 2009다17417 판결.
46) 여호와의 증인 신도인 환자는 수술 전에 자신은 수혈을 원하지 않고, 이에 따른 피해에 대해 병원과 의사에게 민·형사상 책임을 묻지 않겠다는 각서를 제출하였다. 그런데 수술을 받던 도중 환자는 응급상황이 발생하여 과다출혈로 사망하였고, 의사는 업무상 과실치사죄로 기소되었다. 대법원은 1, 2심과 마찬가지로 수혈을 명시적으로 거부한 환자의 결정을 존중하여 의사에게 무죄를 선고하였다.
47) 수혈거부 판례에서 법원은 "환자의 자기결정권도 인간으로서의 존엄과 가치 및 행복추구권에 기초한 가장 본질적인 권리이므로, 특정한 치료방법을 거부하는 것이 자살을 목적으로 하는 것이 아닐 뿐만 아니라 그로 인해 침해될 제3자의 이익이 없고, 그러한 자기결정권의 행사가 생명과 대등한 가치가 있는 헌법적 가치에 기초하고 있다고 평가될 수 있다는 등의 특별한 사정이 있다면, 이러한 자기결정권에 의한 환자의 의사도 존중되어야 한다"고

치료거부권을 둘러싼 법적 쟁점: 치료거부권 행사와 생명보호 이익의 충돌

그런데 치료거부권의 행사를 엄격히 제한하는 법원의 태도는, 원칙적으로 일반적 치료거부권을 헌법상 권리로 인정하고 적극적으로 보장하는 미국의 태도와 상반된다고 볼 수 있다.

그렇다면 우리나라 법원이 이렇게 소극적으로 치료거부권을 다루게 된 이유는 무엇일까. 이는 치료거부권의 행사로 인한 죽음이 국가의 생명보호 이익과 정면으로 충돌한다고 보기 때문이다. 무의미한연명치료장치제거 사건에서는 회복불가능한 단계에 한하여 연명치료거부권의 행사를 허용한다. 이는 마치 회복이 불가능한 단계가 아닌 상태에서 연명치료를 거부하는 것이 금지된다는 인상을 준다. 대법원은 반복해서 "회복불가능한 사망 단계에 진입한 환자"에 한하여 연명의료중단을 할 수 있고, 이러한 단계는 "의학적으로 환자가 의식의 회복가능성이 없고 생명과 관련된 중요한 생체기능의 상실을 회복할 수 없으며 환자의 신체상태에 비추어 짧은 시간 내에 사망에 이를 수 있음이 명백한 경우"이며, "이미 의식의 회복가능성을 상실하여 더 이상 인격체로서의 활동을 기대할 수 없고 자연적으로는 이미 죽음의 과정이 시작되었다고 볼 수 있는 회복불가능한 사망의 단계에 이른 후"에 연명의료중단등결정을 할 수 있다고 판시하였다.[48] 법원은 국가가 생명보호의무를 지키는 범위 내에서 제한적으로 환자의 치료거부권의 행사를 인정한 것이다. 그리고

판시하였다(대법원 2014. 6. 26. 선고 2009도14407 판결).
48) 대법원 2009. 5. 21. 선고 2009다17417 판결.

이러한 태도는 국가의 생명보호이익을 개인의 자기결정권보다 우위에 둔 것으로 충분히 해석될 수 있다. 환자의 일반적인 치료거부권 행사도 특정한 시기 내에서만, 오로지 환자의 사망을 초래하지 않는 경우에만 허용될 수 있다고 해석될 수 있는 것이다.

이러한 태도는 수혈거부 사건에서도 이어진다고 볼 수 있다. 법원은 자기결정권의 행사와 생명 가치가 대등한지 여부는 구체적으로 ① 환자의 나이, 지적 능력, 가족관계, 수혈 거부라는 자기결정권을 행사하게 된 배경과 경위 및 목적, ② 수혈 거부 의사가 일시적인 것인지 아니면 상당한 기간 동안 지속되어 온 확고한 종교적 또는 양심적 신념에 기초한 것인지, ③ 환자가 수혈을 거부하는 것이 실질적으로 자살을 목적으로 하는 것으로 평가될 수 있는지 및 ④ 수혈을 거부하는 것이 다른 제3자의 이익을 침해할 여지는 없는 것인지 등 제반 사정을 종합적으로 고려하여 판단해야 한다고 말한다.[49] 이러한 법원의 태도는 과거 치료거부를 인정하지 않았던 판례에 비해 자기결정권을 생명권과 대등한 가치로 인정한 점에서 상당한 진전이 있다고 볼 수 있다.[50] 그러나 확고한 종교적 신념을 바탕으로 한 수혈거부 사건의 특수성을 고려할 때, ③, ④와 같은 공익적 요소의 고려

---

49) 대법원 2014. 6. 26. 선고 2009도14407 판결.
50) 과거 음주상태에서 농약으로 자살을 시도한 환자가 치료를 거부하였고, 이에 따라 의사가 치료를 포기했지만 의료 과실을 인정한 판결(대법원 2005. 1. 28. 선고 2003다14119 판결)이 있다. 과거에는 자기결정권보다 의사의 생명보호의무가 우선시 되었지만, 수혈거부 사건에서 환자의 자기결정권을 생명과 대등한 가치로 보고 무죄 판결을 내렸다는 점에서 진전이 있다. 관련 판단이 변화했다는 분석으로 배현아, 위의 글(주 6), 131-132면 참조.

가 상대적으로 더 중요하게 여겨질 수 있다.

게다가 법원은 자기결정권 행사를 위해서는 "환자가 거부하는 치료방법, 즉 수혈 및 이를 대체할 수 있는 치료방법의 가능성과 안정성 등에 관한 의사의 설명의무 이행과 이에 따른 환자의 자기결정권 행사에 어떠한 하자도 개입되지 않아야 한다는 점이 전제"되어야 하며, "그 대체 수술 방법이 수혈을 완전히 대체할 수 있을 정도의 출혈 방지 효과를 가지지 못한다면 그만큼 수술과정에서 환자가 과다출혈로 인한 사망에 이를 위험이 증가할 수 있으므로, 그럼에도 불구하고 수술을 할 필요성이 있는지에 관하여 통상적인 경우보다 더욱 세심하게 주의를 기울임으로써, 과연 수술을 하는 것이 환자를 위한 최선의 진료방법인지 신중히 판단할 주의의무가 있다"고 하여[51] 환자의 치료거부권보다 의사의 최선의 진료선택권을 우위에 두는 듯한 태도를 보인다.

또한 최선의 치료방법인지에 대하여 판단해야 할 주의의무뿐만 아니라 "수술을 하는 경우라 하더라도 수혈 대체 의료 방법과 함께 그 당시의 의료수준에 따라 출혈로 인한 위험을 최대한 줄일 수 있는 사전준비나 시술방법을 시행함으로써 위와 같은 위험 발생 가능성을 줄이도록 노력하여야 하며, 또한 수술과정에서 예상과 달리 다량의 출혈이 발생될 수 있는 사정이 드러남으로써 위와 같은 위험 발생 가능성이 현실화되었다면 과연 위험을 무릅쓰고 수술을 계속하는 것이 환자를 위한 최선의 진료방법인지 다시 판단하여야 한다[52]"고 하여 의사의 주의

---

51) 대법원 2014. 6. 26. 선고 2009도14407 판결.

의무를 강화하고 있다.

이에 비추어 볼 때, 원칙적으로 환자의 일반적인 치료거부권을 적극적으로 인정하는 미국과 달리, 우리나라는 특별한 사정, 회복불가능한 사망의 단계 또는 의사의 주의의무에 대한 엄격한 고려를 바탕으로 치료거부권의 행사를 인정한다. 그로 인해 우리나라에서 치료거부권은 원칙적으로 인정되지 않고, 예외적으로만 인정된다고 여겨질 수 있다. 수혈거부 판결에서도, 의사는 환자를 위한 최선의 진료방법인지, 위험 발생 가능성을 줄이도록 노력했는지, 위험 발생 가능성이 현실화되었다면 어떠한 방법이 최선인지를 판단해야 할 의무가 있다고 판시하였는데, 이는 의사뿐 아니라 결과적으로 환자의 치료거부권 행사에 상당한 부담을 줄 수 있는 요소이다.

의사결정능력이 없는 경우

대법원은 환자가 의사무능력 상태라면 자기결정권을 행사할 수 없지만, 환자의 의사를 추정하여 연명치료의 중단을 허용할 수 있다고 판시하였다. 그런데 "환자의 사전의료지시가 없는 상태에서 회복불가능한 사망의 단계에 진입한 경우에는 환자에게 의식의 회복가능성이 없으므로 더 이상 환자 자신이 자기결정권을 행사하여 진료행위의 내용 변경이나 중단을 요구하는 의사를 표시할 것을 기대할 수 없다"고 보았는데, 이는 의사무능력자의 치료거부권 행사도 '회복불가능한 사망의 단계'에서만 고려될 수 있다는 의미로 해석될 수 있다.

---

52) 대법원 2014. 6. 26. 선고 2009도14407 판결.

그리고 이러한 경우에 한하여 "환자의 평소 가치관이나 신념 등에 비추어 연명치료를 중단하는 것이 객관적으로 환자의 최선의 이익에 부합한다고 인정되어 환자에게 자기결정권을 행사할 수 있는 기회가 주어지더라도 연명치료의 중단을 선택하였을 것이라고 볼 수 있는 경우에는, 그 연명치료 중단에 관한 환자의 의사를 추정할 수 있다고 인정하는 것이 합리적이고 사회상규에 부합된다"고 판시함으로써, 의사무능력자가 평소 가지고 있던 연명의료에 관한 의사를 추정하여 연명치료의 중단을 허용하였다.[53] 즉, 환자의 자율성을 보장하기 위해, 회복불가능한 사망의 단계에 있는 의사무능력자일지라도 환자의 의사를 추정하여 그 결정을 행사할 수 있도록 허용한 것이다. 다만, 법원은 "이러한 환자의 의사 추정은 객관적으로 이루어져야 한다"라고 판시함으로써 환자의 의사를 추정할 때에는 객관적인 관점에서 판단해야 한다고 강조하고 있다.[54]

2. 치료거부권의 의료 실무

해 외

세계의사회(WMA)에서 제정한 「환자 권리에 대한 리스본 선언(WMA Declaration on Lisbon on the Rights of the Patient)」[55]

---

53) 대법원 2009. 5. 21. 선고 2009다17417 판결.
54) 대법원 2009. 5. 21. 선고 2009다17417 판결.
55) World Medical Association, "WMA Declaration on Lisbon on the Rights of the Patient," World Medical Association. https://www.wma.net/policies-post/wma-declaration-of-lisbon-on-the-rights-of-the-pati

은 제2조에 환자가 선택을 내릴 권리를, 제3조에 환자의 자기결정권을 두고 있다. 특히 제3조의 b에서는 "(정신적으로) 의사결정능력(mentally competent)이 있는 환자는 어떤 진단적인 절차나 치료에 관해서건 동의를 하거나 보류(withhold)할 권리를 갖는다"고 명시적으로 규정하고 있다. 또한 2015년에 세계의사회에서 발표한 「의료윤리설명서(Medical Ethics Manual)」에서도 "'동의'라는 용어가 치료의 수용을 의미하지만, 충분한 정보에 의한 동의라는 개념은 치료의 거부나 대안적인 치료 중에서의 선택에도 동등하게 적용된다"고 명시하고 있다. 심지어 의사결정능력이 있는 환자는 치료를 거부할 권리를 가지며, 이것은 그 거부가 장애나 죽음을 초래할 때에도 그렇다[56]"라고 분명하게 밝히고 있다.

학문에서의 선도적인 역할 때문에, 미국의 각 분과 의학학회의 치료지침이 그 시대의 표준이 되는 치료가 되는 것은 매우 흔한 사례이다. 미국의사회는 「의료윤리강령」[57]을 해석한 「의료윤리강령 해설서(Code of Medical Ethics Opinion)」[58]에서 연명치

---

ent/ (최종 검색일: 2024년 8월 9일).

56) World Medical Association, *Medical Ethics Manual, 3rd Ed.*(World Medical Association, 2015), p.44. https://www.wma.net/what-we-do/education/medical-ethics-manual/ethics_manual_3rd_nov2015_en/ (최종 검색일: 2024년 8월 9일).

57) American Medical Association, "AMA Principles of Medical Ethics." https://code-medical-ethics.ama-assn.org/principles (최종 검색일: 2024년 8월 9일).

58) American Medical Association, "AMA Code of Medical Ethics; 5.3 Withholding or Withdrawing Life-Sustaining Treatment." https://code-medical-ethics.ama-assn.org/sites/amacoedb/files/2022-08/5.3.pdf (최종 검색일: 2024년 8월 9일).

료의 보류나 중단을 다루고 있는데, 서두에서 연명치료를 보류하거나 중단하는 것이 연관되는 모든 이에게 윤리적으로나 감정적으로 도전적일 수 있다고 인정하면서도, "의사결정능력(decision-making capacity)를 가진 환자는 어떤 의학적 개입이 되었건 거절할 수 있는, 혹은 중단을 요구할 수 있는 권리를 가진다. 이는 그 결정이 그나 그녀의 죽음을 초래할 것이라고 예측될 때에도 그러하며 그 개인이 말기에 있느냐(terminally ill) 여부와 관계없이 그러하다"라고 확언한다. 물론 언제 환자가 해당하는 결정에 적합한 의사결정능력이 있는지의 문제, 예를 들어 성숙한 미성년자의 경우에 의사결정능력을 인정할 것인지의 문제나 다양한 임상 상황이 환자로 하여금 일시적, 영구적으로 의사결정능력의 훼손을 겪도록 하기 때문에 당시의 의사결정능력을 측정하려는 시도 또한 지속적으로 존재한다.[59] 그러나 의사결정능력이 있을 때 그 환자가 어떠한 치료이든 중단이나 보류 가능하다는 기본 원칙에는 두터운 합의와 확언이 있다고 할 수 있다.

이것은 영국에서도 마찬가지인데, 영국의 경우, 국영의료시스템인 국민보건서비스(National Health Service, NHS)에서 환자를 대상으로도 이를 분명하게 밝히고 있다. NHS의 홈페이지의 <건강 A부터 Z까지> 중 치료에 대한 동의 항목은 "성인이

---

59) Thomas Grisso, "The MacCAT-T: A Clinical Tool to Assess Patients' Capacities to Make Treatment Decisions," *Psychiatric Services* vol.48, no.11(1997), pp.1415-1419; Joshua M. Baruth, "Influence of Psychiatric Symptoms on Decisional Capacity in Treatment Refusal," *AMA Journal of Ethics* vol.19, no.5(2017), pp.416-425.

자발적이고 충분한 정보를 바탕으로 특정 치료에 동의하거나 거부할 수 있는 능력이 있다면, 그들의 결정은 존중되어야 합니다. 이는 치료를 거부하는 것이 본인이나 태아의 죽음을 초래하는 경우에도 마찬가지입니다"라고 충분한 정보에 의한 동의의 맥락에서 치료거부권을 분명하게 밝히고 있다.[60]

이처럼 국제적으로 치료거부권에 대한 일반적인 수준의 확언이 있었기 때문에 환자들은 구체적인 치료 선택지들에 개방적인 접근이 가능했다. 예를 들어, 영미의 치료 가이드라인은 임종과정에 있지 않은 환자에게 투석을 하지 않는 완화의료적 접근을 선택지로 제시한다.[61] 환자가 투석을 하지 않았을 때 초래될 결과, 즉 투석치료를 할 때보다 죽음이 앞당겨질 결과가 규범적으로 허용되기 때문에 환자는 투석치료를 진정한 의미에서 선택(거부)할 수 있고, 이에 따른 구체적 치료의 지침들을 제공받을 수 있다. 같은 맥락에서 영양분 및 물 공급은 의학교과

---

60) National Health Service, "Overview Consent to Treatment," National Health Service. https://www.nhs.uk/conditions/consent-to-treatment/ (최종 검색일: 2024년 8월 9일).

61) Renal Physicians Association, *Shared Decision-Making in the Appropriate Initiation of and Withdrawal from Dialysis* (Rockville, MD: Renal Physicians Association, 2000); Sara N. Davison, "Executive Summary of the KDIGO Controversies Conference on Supportive Care in Chronic Kidney Disease: Developing a Roadmap to Improving Quality Care," *Kidney International* vol.88, no.3(2015), pp.447-459; John H. Galla, "Clinical Practice Guideline on Shared Decision-Making in the Appropriate Initiation of and Withdrawal from Dialysis," *Journal of the American Society of Nephrology* vol.11, no.7(2000), pp.1340-1342; Jenny Chen, "Changing Landscape of Dialysis Withdrawal in Patients with Kidney Failure: Implications for Clinical Practice," Nephrology vol.27, no.7(2022), pp.551-565.

서[62] 및 전문직 지침[63]에서 연명의료의 일부로 다루거나 그만둘 수 있는 치료임을 명시하고 있다.

이러한 해외 의료 실무의 현황들은 국제규범과 지침, 그리고 판례와 입법에 따라 의료 관행이 변화한 결과이다. 국제규범과 지침이 각국에서 바로 법적 효력을 가질 수 없지만, 인간 조건과 의료 환경의 보편성에 비추어 인권으로서 치료거부권을 고려해 볼 때, 해외에서 치료거부권의 보장 수준을 가늠할 수 있는 충분한 방편이라고 할 수 있다. 물론 더욱 직접적인 효과는 앞서 살펴본 판례와 입법에 따른 의료 관행의 변화일 것이다. 설리반(M. Sullivan)과 영너(S. Youngner)도 심지어 미국법에서도 환자의 죽음을 초래하는 치료거부권 행사에 대해 오랫동안 반대한 전통이 있었지만, 치료거부권을 인정한 판례와 입법의 영향으로 모든 종류의 연명을 위한 의학적 개입이 보류되거나 중단될 수 있는 쪽으로 변화했다고 강조하였다.[64]

국 내

국내 의료행위는 상당 부분 국제화된 표준을 따른다. 특정 진단 및 치료에 관한 국제적 기구나 주류 학회(주로 미국)의 최

---

62) Danielle Ko, "Withholding and Withdrawing Life-Sustaining Treatment (Including Artificial Nutrition and Hydration)," *Oxford Textbook of Palliative Medicine* (Oxford University Press, 2015), pp.323-334.

63) American Medical Association, "AMA Code of Medical Ethics"; Sophie Brannan, et al., *Medical Ethics Today: the BMA's Handbook of Ethics and Law* (British Medical Association, 2012), p.925.

64) Mark D. Sullivan, Stuart J. Youngner, "Depression, Competence, and the Right to Refuse Lifesaving Medical Treatment," *American Journal of Psychiatry* vol.151, no.7(1994), pp.971-978.

신 가이드라인을 따르는 것은 한국의 의료 실무와 의학 교육 모두에서 당연시되고 있으며 전공 교과서 또한 많은 경우 국제 혹은 미국의 교과서가 통용되고 있다. 그러나 환자의 치료 거부 권한에 있어서는 국제적 의료 표준을 따를 수 없는 실정이다. 이러한 실상이 발생한 주요 이유는, 한국 사회에서 환자의 자율성과 권리에 대한 사회적, 문화적 인식이 부족한 데에서 비롯된다. 게다가 환자가족의 퇴원 요구에 응했다가 환자의 사망에 형사법적 책임을 지게 된 보라매병원 사건[65]을 통해 환자의 치료거부권 보장에 대한 소극적인 국내 의료 실무 관행이 더욱 강화되었다고 볼 수 있다. 보라매병원 사건 이후, 많은 의료진은 치료를 중단하거나 거부하는 것에 대해 두려움을 가지게 되었고, 이는 환자의 치료거부권을 존중하기보다는 의료진이 법적 책임을 회피하기 위해 적극적으로 치료를 진행하게 만드는 경향을 강화했다.[66]

또한, 연명의료결정법 제정 이후 치료거부권 보장에 대한 기대는 높아졌으나 법률에 따라 실제 확보된 권리는 그 기대에 못미쳤다고 볼 수 있다. 실무 기준 역시 해당 법률이 규정한 한계에 따를 수밖에 없었다. 대한의학회가 발간한 「말기와 임종과정에 대한 정의 및 의학적 판단 지침」을 살펴보면, 여전히 의료계에서 치료거부권을 인정하지만, 그 행사 시기를 법률에서 정한 임종기로 되풀이하여 제한하고 있다. 법률이 임상 현장에 적

---

65) 대법원 2004. 6. 24. 선고 2002도995 판결.
66) 최경석, "사전지시 제도의 윤리적 사회적 함의", 홍익법학 제10권 제1호 (2009), 105면.

용될 수 있도록 기획된 이 지침에서는 임종과정[67], 즉 제15조에 따라 연명의료중단등결정을 이행할 수 있는 시기이자 제2조 정의 조항 중 연명의료의 정의 자체에 시기에 관한 제한적 조건으로 제시되어 있는 시점을 다음과 같이 임상적으로 판단하도록 기준을 제시하였다.[68]

1) 급성 및 만성 질환 환자의 경우 임종기는 담당의사의 판단으로 수일 내지 수 주 내에 환자의 상태가 악화되고 사망이 예상되어 환자와 환자가족과 임종 돌봄에 관한 논의가 구체적으로 시행되는 시점; 만성중증질환환자의 경우 임종기는 담당의사의 판단으로 더 이상 환자가 생존하기 어려워 환자와 환자가족과 연명의료중단등결정에 대하여 구체적인 논의를 하는 시점; 체외막산소화장치 적용 환자의 경우 임종기는 담당의사의 판단으로 기저질환의 회복 소견이 없으면서, 다발성 장기 부전이 진행되거나 장기이식의 대상자 또는 기계적 생명보조장치의 대상자가 되지 않는 경우, 환자와 환자가족과 체외막 산소화장치의 지속 또는 중지를 논의하는 시점

그러나 이 판단 지침의 서론은 "모든 사망의 과정은 연속선상에서 일어나기에 말기와 임종기 등의 특정 시점으로 구분하는 것에는 불확실성이 내재될 수밖에 없음"을, 따라서 "임상의학의 속성인 질병 이행 과정에 대한 포괄적 해석으로 이해하여

---

67) 지침에서는 임종기라는 표현을 사용하였다.
68) 대한의학회, 말기와 임종과정에 대한 정의 및 의학적 판단지침(대한의학회, 2016).

적용하기를" 권고하고 있어 이를 유의할 만하다. 지침의 제정자들도 개별 임상 상황의 해당 환자에 맞춘 위험-이득 비(risk benefit ration)에 기초한, 의학적으로 합리적 결정을 가로막는 범주적 구분, 즉 말기인가 임종과정인가라는 범주적 구분을 법률에서 요구하므로 결과적으로 환자의 치료거부권의 행사를 지극히 제한하고 있다는 점을 인식했다고 볼 수 있다. 임종과정으로 치료거부의 시점을 제한하는 방식은 연속적으로 일어나는 사망 과정에 관한 의학적 지식 및 이에 기초한 임상적 돌봄과 본질적으로 충돌할 수밖에 없다.[69]

나아가 의료 실무에서 치료거부권의 제한이 갖는 실질적인 손실은 의사결정능력이 있는 환자가 현재 원치 않거나, 과거 의사결정능력이 있었던 당시에 원치 않았던 공격적인 치료에 노출된다는 해(harm)에만 국한되지 않는다. 환자는 완화의료를 받을 기회 또한 실질적으로 박탈당하기 때문이다.[70] WHO에 의하면 완화의료란 "생명을 위협하는 질병과 관련된 문제를 겪고 있는 환자(성인 및 어린이)와 그 가족의 삶의 질을 향상시키기 위한 접근법이다. 신체적, 심리사회적 또는 영적인 문제를 조기에

---

69) 이 지침 공표 이후 6년이 된 시점에 동일한 저자는 책임연구원으로서 '연명의료결정제도 개선방안 연구보고서'에서 연명의료중단등 이행 시점을 말기로 확대하는 개정안을 발표하였다. 보건복지부, 한국의료윤리학회, "「연명의료결정제도 개선방안 마련 연구」 연구보고서", 2022.11.30.

70) 게다가 이 문제는 법이 호스피스의 대상으로 암, 후천성면역결핍증, 만성 폐쇄성 호흡기 질환, 만성 간경화, 만성호흡부전만을 나열하고 있음에 의해 악화된다. Hye Yoon Park, et al., "For the Universal Right to Access Quality End-of-Life Care in Korea: Broadening Our Perspective after the 2018 Life-Sustaining Treatment Decisions Act," *Journal of Korean Medical Science* vol.39, no.12(2024), p.e123.

식별하고, 올바르게 평가하며, 치료함으로써 고통을 예방하고 경감"시키는 접근을 의미한다.[71)

WHO는 이어서 "고통을 다루는 것은 신체적 증상뿐만 아니라 그 이상의 문제를 돌보는 것을 포함한다. 완화의료는 환자와 그 보호자(caregiver)를 지원하기 위해 팀 접근 방식을 사용한다. 여기에는 실질적인 필요를 해결하고, 사별 상담을 제공하는 것이 포함된다. 완화의료는 환자가 죽음에 이르기까지 가능한 한 적극적으로 생활할 수 있도록 지원 시스템을 제공한다"며 대상이 되는 환자와 보호자에 대한 전인적인 돌봄이 완화의료의 목표임을 밝힌다.[72) WHO는 완화의료가 "건강에 대한 인권(human right to health)하에 명시적으로 인정"[73)될 뿐만 아니라, 완화의료적 접근은 암 등 특정 질병만이 아니라 다양한 질병에 필요함을 지적한다. WHO가 완화의료가 필요한 성인의 대다수가 앓고 있는 만성질환으로 심혈관 질환(38.5%), 암(34%), 만성 호흡기 질환(10.3%), AIDS(5.7%), 당뇨병(4.6%) 등을 꼽고, 이외에도 신부전, 만성 간질환, 다발성 경화증, 파킨슨병, 류마티스 관절염, 신경계 질환, 치매, 선천성 기형 및 약제 내성 결핵 등 많은 다른 상태들이 완화의료를 필요로 할 수 있다고 말한 바와 상충되게, 연명의료결정법에서 호스피스·완화의료의 대상으로 지정한 질환은 단 5개 질환[74)에 그치고 있음에 유의하여야

---

71) World Health Organization, "2020 Fact Sheets Palliative Care." https://www.who.int/news-room/fact-sheets/detail/palliative-care (최종 검색일: 2024년 8월 9일).
72) World Health Organization, 위의 글(주 71).
73) World Health Organization, 위의 글(주 71).
74) 「연명의료결정법」 제2조 6. "호스피스·완화의료"(이하 "호스피스"라 한다)

한다.

치료거부권이 폭넓게 인정되지 않기 때문에, 말기 진단을 받아 호스피스·완화의료를 받을 수 있는 5개 질환[75]을 제외하고는, 삶의 질 개선을 위하여 집착적 치료를 거부하고 통증 완화에 집중해도 되는지가 불확실하다. 치료의 목적을 완화의료쪽으로 전환하기 위해서는 각각의 환자 상황과 가치관에 따라 특정 치료를 중단하거나 보류하고, 즉 특정 치료를 거부하고, 동시에 또다른 특정 치료는 개시하거나 유지하기 위한 폭넓은 자유가 보장되어야 한다. 의학 교과서적인 예시로는 중환자실 입실이나 인공호흡기 등의 치료를 보류하는 한편, 통증을 감소시키거나 일상생활 능력을 유지하는 치료에 집중하는 방식으로 이러한 목표의 전환과 연속적인 치료를 받도록 하는 권고와 그런 치료를 받는 환자의 사례로 들 수 있다.[76] 그러나 법이 인정하는

란 다음 각 목의 어느 하나에 해당하는 질환으로 말기환자로 진단을 받은 환자 또는 임종과정에 있는 환자(이하 "호스피스대상환자"라 한다)와 그 가족에게 통증과 증상의 완화 등을 포함한 신체적, 심리사회적, 영적 영역에 대한 종합적인 평가와 치료를 목적으로 하는 의료를 말한다.
　가. 암
　나. 후천성면역결핍증
　다. 만성 폐쇄성 호흡기 질환
　라. 만성 간경화
　마. 그 밖에 보건복지부령으로 정하는 질환(만성호흡부전)
75) 이마저도 국내 의료환경은 암 이외의 질환에 호스피스·완화의료를 거의 제공하지 못하고 있는 실정이다.
76) 게다가 널리 퍼진 인식과 반대로, 조기에 완화의료를 받은 환자군이 표준치료를 받은 환자군보다 생존 기간마저 더 길었다는 저명한 연구는 패러다임의 변화를 촉구한 바 있다. Jennifer S. Temel, et al., "Early Palliative Care for Patients with Metastatic Non-Small-Cell Lung Cancer," *The New England Journal of Medicine* vol.363, no.8(2010), pp.733-742; Amy S. Kelley, Diane E. Meier, "Palliative Care-A shifting paradigm," The New England Journal of Medicine vol.363, no.8(2010),

'연명의료'를 규정하고 이에 대한 중단 및 보류를 위한 절차를 상세하게 제공하는 현행 방식은 법에서 규정한 임종과정과 연명의료가 아닌 환자들이 어떤 자유를 누릴 수 있는지에 대해 언급하지 않는다. 환자의 죽음을 의료의 실패로 바라보는 의료관행[77]과 의사들이 당연하게 느낄 소송에 대한 두려움 때문에, 법이 규정한 임종과정에 도달하지 못한 환자의 대다수는 적극적 치료 행위에 집착적으로 매달리게 될 수밖에 없다. 적극적인 치료를 보류하고 그 치료들이 필연적으로 발생시키는 고통과 위험으로부터 자유로워졌을 때야 비로소 가능한 삶의 질 개선이 불가능해지는 것이다. 연명의료결정법이 치료거부권을 제한적으로 인정하는 현 상황은, 완화의료가 다양한 질환에서 필요하며 그 제공이 반드시 '생애말기에만 한정될 필요가 없다'[78]는 세계의학계의 합의에 정면으로 반하는 방식으로, 한국의 환자들이 완화의료로 자신의 치료 방향을 전환할 수 있는 기회를 차단하는 결과를 낳고 있다.

---

pp.781-782.
77) 이 오랜 관행과 사고방식을 바꿔야 한다는 자성의 목소리가 국제 의학계에서 퍼지고 있다. Libby Sallnow, et al., "Lancet commission on the value of death, Report of the Lancet Commission on the Value of Death: Bringing Death Back into Life," *The Lancet* vol.399, no.10327(2022), pp.837-884.
78) World Health Organization, "2020 Fact Sheets Palliative Care." https://www.who.int/news-room/fact-sheets/detail/palliative-care (최종 검색일: 2024년 8월 9일).

3. 치료거부권 관점에서 본 연명의료결정법

의사능력자의 일반적 치료거부권 부재

치료 거부와 관련된 모든 상황에서 첫 번째 단계는 환자가 치료를 거부할 능력이 있는지를 파악하는 것이다. 즉, 치료 중단 여부를 결정할 때 가장 중요한 질문은 환자의 생물학적 생존 가능성이 아니라, 그가 인식 능력 등을 회복할 의학적 가능성이 있는지다. 연명의료 중단의 핵심은 환자가 사망에 임박했는지가 아니라, 환자가 연명의료 중단을 결정할 수 있는 의사결정 능력이 있는지에 달려 있다. 그러나 연명의료결정법 어디에도 의사능력자의 연명의료중단등의 권리를 명시적으로 규정하지 않았다.[79] 오히려 의사능력자가 아닌 (대부분 의사결정능력이 없는) 임종과정에 있는 환자의 치료거부권을 출발점으로 삼고 있다. 연명의료결정법은 임종과정에 대한 판단(법 제16조)을 우선적인 절차로 배치함으로써 환자의 사망가능성에 대한 판단을 우위에 두고 있다. 게다가 법 제17조의 환자의 의사 확인은 후속 절차로서의 의사, 즉 연명의료계획서나 사전연명의료의향서에 작성된 환자의 의사를 확인하는 절차를 규정하는 것이지, 환자의 의사결정능력을 판단하는 것은 아니다.

이러한 이유는 크게 두 가지로 나누어 볼 수 있는데, 하나는 연명의료결정법이 특정 시기로 치료거부권의 행사를 극도로 제

---

79) 연명의료결정법에 의사능력자의 연명의료에 대한 자기결정권 규정이 없다는 지적으로, 이부하, "연명의료결정법의 법적 쟁점 및 개선방안," 법제논단 제688권(2020), 239면 참고.

한하여 제정한 데에서 기인한다. 법률명에서 알 수 있듯이, 이 법은 환자의 연명의료결정에 관한 법률이 아니라, '임종과정에 있는' 환자의 연명의료결정에 관한 법률이다. 이 법은 "회생의 가능성이 없고, 치료에도 불구하고 회복되지 아니하며, 급속도로 증상이 악화되어 사망에 임박한 상태(법 제2조 제1호)"에 있는 환자의 연명의료중단등결정을 보장하기 법이기 때문에, 일반적인 연명의료결정에 대한 권리를 규정하고 있지 않다. 이는 환자의 의사결정능력에 대한 판단보다 임종기에 대한 판단(법 제16조)을 법적 절차에서 우선적으로 규정한 점에서 알 수 있다. 그리고 임종과정에 있는 환자를 대상으로 한다면, 임종과정이라는 단계가 제각기 다르겠지만, 보통 의사결정능력이 없는 상태인 경우가 많기 때문에 법의 출발점도 의사무능력자로 설정된 것이다.

다른 하나는 특정 치료만 중단할 수 있다는 규정에서 비롯된다. 앞서 본 이유와 마찬가지로, 이 법률은 일반적인 연명의료결정이 아니라, 특정 시기, 특정 방법으로 제한된 연명의료결정에 대해 규정하였다. 연명의료는 "임종과정에 있는 환자에게 하는 심폐소생술, 혈액 투석, 항암제 투여, 인공호흡기 착용 및 그 밖에 대통령령으로 정하는 의학적 시술로서 치료효과 없이 임종과정의 기간만을 연장하는 것(제2조 제4호)"에 국한된다. 이처럼 치료를 중단할 수 있는 결정을 특정한 치료로 한정하여 규정한 것은, 일반적인 치료거부권을 명시적으로 인정하지 않는 우리나라의 법체계상 치료거부권의 위상을 대폭 축소시킨다고 볼 수 있다.

따라서 특정 시기와 방법에 따라 환자의 연명의료 중단 결정권을 제한하는 것은, 우리 법체계상 일반적인 치료거부권에 대한 명확한 규정이 없다는 점을 고려할 때, 환자의 치료거부권을 인정하고 행사하는 데 제약이 될 수 있다. 「의료법」도 충분한 정보에 의한 동의 원칙을 구현한 의사의 설명 의무를 규정하면서, "사람의 생명 또는 신체에 중대한 위해를 발생시킬 우려가 있는 경우"에 한해 서면 동의를 받도록 규정하고 있기 때문이다.[80] 이러한 상황에서, 연명의료결정법마저 치료거부권의 행사를 엄격히 제한적으로 허용한다면, 우리나라에서 일반적인 치료거부권의 보장은 더욱 축소될 수밖에 없다.

앞서 살펴본 바와 같이, 우리나라에서는 환자의 자기결정권에 대한 법적, 의료적 관행이 충분히 확립되지 않았다. 그래서 환자의 자기결정권이 무엇인지에 대한 의미를 명확히 알리는 것이 매우 중요하다. 특히 환자의 자기결정권이란 단순히 의사의 치료에 동의하는 것뿐만 아니라, 그 치료를 거부할 수 있는 권리에서 더욱 두드러지게 나타난다. 치료에 대한 동의보다 치료를 거부할 수 있는 선택권이 보장될 때, 환자의 자율성이 제대로 보호되는 의료 환경이 조성될 수 있기 때문이다. 따라서 연명의

---

80) 「의료법」 제24조의2(의료행위에 관한 설명) ① 의사·치과의사 또는 한의사는 사람의 생명 또는 신체에 중대한 위해를 발생하게 할 우려가 있는 수술, 수혈, 전신마취(이하 이 조에서 "수술등"이라 한다)를 하는 경우 제2항에 따른 사항을 환자(환자가 의사결정능력이 없는 경우 환자의 법정대리인을 말한다. 이하 이 조에서 같다)에게 설명하고 서면(전자문서를 포함한다. 이하 이 조에서 같다)으로 그 동의를 받아야 한다. 다만, 설명 및 동의 절차로 인하여 수술등이 지체되면 환자의 생명이 위험하여지거나 심신상의 중대한 장애를 가져오는 경우에는 그러하지 아니하다.

료결정법과 의료법에서 환자의 일반적인 치료거부권을 명시적으로 규정하여 법적·의료적 관행을 확립하는 것이 필요하다.

의사무능력자의 치료거부권 행사 방안 축소

의사무능력자의 치료거부권 행사 방식에 있어 연명의료결정법은 자기결정의 원칙에 다소 부합하지 않는다. 미국의 판례와 법률에서 살펴보았듯이, 의사무능력자의 자기결정은 추정적 의사가 있는 경우에 지정대리인이 그 의사를 파악하여 대신판단한다. 그동안 대신판단이 환자의 자기결정을 효율적으로 반영할 수 있는지에 대한 논박이 있었지만, 환자의 추정적 의사를 객관적으로 파악하고, 엄격히 입증해야 한다는 법리를 통해 대신판단은 자기결정의 원칙에 부합하는 방향으로 발전하였다.[81] 또한, 영미법에서 대신판단의 주체를 지정대리인으로 설정한 것은, 환자가 자신의 결정을 대신판단하는 주체로 대리인을 직접 지정할 권한을 부여했다는 점에서 의의가 있다.

그러나 연명의료결정법은 의사무능력 환자의 추정적 의사를 판단하는 주체를 가족 2인 이상으로 규정하였다. 법에 따르면, 환자가 의사를 표현할 수 없는 경우에, 환자의 연명의료중단등 결정에 관한 의사로 보기에 충분한 기간 동안 일관하여 표시된 연명의료중단등에 관한 의사에 대하여 환자가족 2명 이상의 일치하는 진술이 있으면 담당의사와 해당 분야의 전문의 1명의

---

81) 이와 관련하여 최경석, 위의 글(주 66), 98면 참조. "대리인이 정말 환자의 본래 의사에 따라 충실히 대리판단을 내릴 것인지에 대한 의문이 제기될 수 있지만, …… 이러한 문제점은 환자가 대리인을 지정할 때 이와 같은 사정까지 감안하여 대리인을 지정한 것이라고 이해함으로써 해소될 수 있다."

확인을 거쳐 이를 환자의 의사로 보는 규정이 있다(법 제17조 제1항 제3호). 이는 환자의 자기결정 의사를 확인할 수 있지만 표현할 수 없는 경우에, 환자의 의사를 추정하는 절차를 규정한 것으로 볼 수 있다. 하지만 절차적 엄격성을 갖추었더라도, 환자의 의사를 대신판단하는 주체를 가족으로 한정한 것은 "가족구성원은 이해관계가 상충되는 상황에 처할 수 있으며, 자신의 정서적 또는 재정적 부담을 최소화하기 위해 치료중단을 선택할 수 있다[82]"는 점에서 자기결정의 원칙을 반영했다고 볼 수 없다.[83]

의사무능력자라도 치료거부권이 있고, 이를 행사할 방안을 법에서 마련해야 한다는 점에 비추어 볼 때, 그러한 방안이 의사무능력자의 자기결정에 부합하지 않는다면, 재고해 볼 필요가 있다. 현행법은 환자의 자기결정권 보장 수단인 지정대리인 제도도 채택하지 않는 상태에서 환자가족의 진술에 근거하여 환자의 의사를 추정하고 이를 자기결정의 한 형태로 허용하여 연명의료중단등의 결정을 허용하고 있다. 환자가 자신의 생사와 연관된 결정을 대신 내려줄 사람을 사전에 특정하는 것은 자기결정권의 행사의 한 방식이며,[84] 이렇게 사전에 특정 개인에게 위임을 할 선택지를 주지 않는 것은 환자의 자기결정권에 제한

---

82) Cruzan v. Director, Missouri Dep't of Health, 497 U.S. 261, 286 (1990).
83) 이와 같은 견해로 이부하, 위의 글(주 79), 247-248면 참조.
84) 이와 같은 견해로 노동일, "헌법상 연명치료중단에 관한 자기결정권의 행사 방법과 그 규범적 평가", 경희법학 제46권 제4호(2011), 325면 참고. 노동일 교수는 "대리인을 지정했다 해도 자기결정권의 행사를 위임한 것이 아니라 대리인의 결정에 따라 의료행위에 관한 치료를 거부(수용)하겠다는 본인의 의사를 표시한 것으로서 그에 대한 효력을 부여하는 것은 오히려 자기결정권의 연장이라 할 것이다"라고 말한다.

이 된다.

무엇보다 의사무능력 환자의 추정적 의사조차 확인할 수 없는 경우, 환자가족 전원의 합의로 연명의료중단 등의 결정을 허용한 연명의료결정법의 정당성을 찾아보기 힘들다. 법 제18조는 "환자의 의사를 확인할 수 없고 환자가 의사표현을 할 수 없는 의학적 상태인 경우"라고 규정하고 있는데, 의사를 확인할 수 없고 의사표현을 할 수 없다는 것은 의사무능력 상태이며 살아 있을 때 환자의 자기결정을 알 수 있는 의사도 부존재한다는 것을 의미한다. 오랫동안 확립된 법리와 윤리 원칙에 따르면, 의사무능력 환자의 추정적 의사조차 확인할 수 없는 경우 '최선의 이익'에 근거하여 연명의료중단 등의 결정을 할 수 있다.[85] 그러나 법 제18조는 환자가족 전원의 합의로 인한 연명의료중단 등이 결정을 허용하면서도, 이러한 결정이 환자의 최선의 이익에 부합해야 한다는 점을 명시하지 않는다. 입법 과정에서 최선의 이익이라는 표현을 제외되었기 때문이다.[86] 물론 법 제1조는 목적에 최선의 이익을 규정하고 있지만, 자기결정, 인간존엄

---

85) President's Commission for the Study of Ethical Problems in Medicine and Biomedical and Behavioral Research, *Deciding to Forego Life-Sustaining Treatment: A Report on the Ethical, Medical, and Legal Issues in Treatment Decisions* (University Press of the Pacific, 1983, Reprint 2006), pp.126-136; Allen E. Buchanan, Dan W. Brock, *Deciding for Others: The Ethics of Surrogate Decision Making* (Cambridge University Press, 1990), pp.87-151; Nancy Berlinger, Bruce Jennings, and Susan M. Wolf, *The Hastings Center Guidelines for Decisions on Life-Sustaining Treatment and Care Near the End of Life* (Oxford University Press, 2013), pp.43-66.

86) 이희재, 김정아, "쟁점 중심으로 본 연명의료결정법 제정 논의", 생명윤리정책연구 제16권 제2호(2023), 38면.

의 가치 보장과 함께 규정되어 목적론적 해석상 부담이 될 뿐 아니라, 의료 관행이나 실무에서도 최선의 이익에 대해 안내하지 않아 법 제18조를 해석하는 데에 어려움이 있을 수 있다.

게다가 환자의 자기결정을 실현하는 치료거부권의 중요성을 고려해 볼 때, 최선의 이익에 대한 고려 없이 가족에게 연명의료중단 등의 결정을 맡기는 것은 정당성 없이 오래된 우리나라 의료관행을 제도화한 것으로 볼 수 있다. 개인의 치료거부권의 인정과 행사가 확립되지 않은 상태에서, 가족들이 환자의 치료를 결정 해온 관행을 그대로 반영한 것은, 환자 개인의 자기결정 존중을 간과한 것이라고 생각한다. 이는 가족 전원의 합의에 의한 결정에 정당성이 없는 상황에서, 의료관행을 근거로 한 해당 규정의 임의성 문제라고 할 수 있다.

이 법이 적용되는 임종과정이라는 시점의 특수성을 고려하여, 법률이 의사능력자의 치료거부권과 그 조건을 규정하기보다 그 주된 대상인 의사무능력자의 치료거부권 행사의 방법과 절차를 규정했다고 하더라도, 자기결정에 대한 법리와 윤리 원칙을 최대한 보장하는 방안으로 규정되었다면 그 자체로 의의가 있다고 볼 수 있다. 그런데 안타까운 점은, 이 법은 어떠한 정당화도 없이 가족 중심의 한국 의료 관행을 그대로 규정에 편입시켰다고 볼 수 있다. 이는 "환자의 최선의 이익을 보장하고 자기결정을 존중하여 인간으로서의 존엄과 가치를 보호"하는 법 제1조의 목적에도 부합하지 않으며, 자기결정을 존중하는 법과 윤리 원칙에 위배된다고 할 수 있다. 더군다나 일반적 치료거부권이 부재하고, 의료관행상 확립되지 않은 실정에 비추어 볼 때, 가족 전원 합의로 인한 연명의료중단등의 결정을 허용하는 것은 의료영역에서 개인의 자율성을 위축시키고, 그동안 의료행위에 있어 가족의 결정권을 우선했던 한국의 의료 문화를 공고히 함으로써, 실질적으로는 환자 개인의 치료거부권을 약화시키는 것이라고 볼 수 있다.

✛ ✛ ✛

지금까지 우리나라에서 치료거부권이 제대로 보장되지 않는 문제를 바탕으로, 헌법상 권리로서 치료거부권의 의의를 살펴보았다. 치료거부권은 죽을 권리가 아니라, 헌법상 자기결정권에 근거한 권리이다. 환자의 치료거부권은 생명윤리의 기본 원칙 중 하나인 자율성을 기반으로 하며, 이 원칙에 따르면 모든 사람은 자신의 의료에 대해 정보에 입각한 결정을 내릴 권리가 있으며, 의료진은 자신의 신념이나 결정을 환자에게 강요해서는 안 된다. 서구, 특히 영미법의 전통에서 치료거부권은 오랫동안 보통법의 권리와 헌법상 권리로 인정되었으며, 치료거부권을 둘러싼 쟁점, 특히 치료거부권 행사로 인한 죽음과 의사무능력자의 치료거부권 행사 방식에 대한 논의는 퀸란, 크루잔 판결과 같은 리딩 케이스를 통해 정교하게 발전하였다. 이러한 판결의 영향으로 환자자기결정법과 같은 입법이 시행되었고, 미국 의료영역에서는 환자의 자기결정권이 법적으로 확립되어 보장되었다. 반면, 우리나라는 헌법상 권리로서 치료거부권을 헌법 제10조의 자기결정권에 근거하여 인정하고 있지만, 수혈거부나 연명치료거부에 한정하여 좁게 논의되고 있어, 일반적인 치료거부권 개념이 명확히 형성되지 않았다.

의료 실무에서도 해외에서는 환자의 치료거부권이 광범위하게 인정되며, 이는 세계의사회의 리스본 선언과 미국, 영국의 의료윤리강령 및 지침에 의해 뒷받침되고 있다. 환자는 의사결정능력이 있는 경우에 어떠한 치료이든지 거부할 수 있으며, 연명의료 중단이나 완화의료 선택 등 다양한 치료의 선택지가 제공된다. 반면, 국내에서는 환자의 자기결정에 대한 인식 부족과 의사들의 법적 책임에 대한 우려로 치료거부권이 제한적으로 인정된다. 더욱이 2016년에 제정된 연명의료결정법은 연명의료를 중단할 수 있는 절차와 방법을 규정하고 있지만, 환자가 스스로 연명의료를 거부할 수 있는 권리, 즉 치료거부권의 보장을 충분히 다루지 않고 있다. 오히려 이 법은 환자가 스스로 연명의료를 거부할 수 있는 권리를 특정 시기와 방법에 한정하여 보장함으로써 치료거부권의 의미를 상당히 약화시켰다. 그 결과, 환자들은 집착적인 치료 대신 선택할 수 있는 완화의료의 기회가 제한되었으며, 이는 환자의 삶의 질을 개선할 수 있는 기회를 감소시켰다.

결론적으로, 향후 우리나라에서 치료거부권 논의는 지금보다 폭넓고 깊이 있게 전개되어야 하며, 이를 통해 환자의 자기결정권이 존중되는 의료 환경이 조성되어야 할 것이다. 연명의료결정법 또한 이러한 방향성을 반영하여 개정될 필요가 있으며, 앞으로 환자의 치료거부권을 명확히 보장하는 법적·제도적 장치들이 마련되길 기대해 본다.

8

사회적 합의를 위하여 우선 필요한 것 †
무엇을 모르고 있는지 아는 것

김효신, 김정아

메타인지(metacognition)가 최근 화제이다. 이것은 인지에 대한 인지[1]를 의미하는데 학습을 하고 있는 본인의 상태를 자각하면 전략적인 학습이 가능하다는 개념이다. 이를 '무엇을 모르고 있는지 아는 것'이라고도 말할 수 있을 것이다. 이 논평에서는 이 메타인지, 우리가 무엇을 모르고 있는지 점검하고, 모르는 부분에 실질적 지식을 더하기 위해 노력하는 것이 한국 사회의 죽음 관련 의료와 법 제도에 관한 합의를 도출하기 위해 우선적으로 필요함을 주장하고자 한다.

---

† 이 글은 한국의료윤리학회지 제25권 제4호(2022)에 게재되었던 글을 일부 수정 · 보완한 것이다.
1) A. Koriat, "Metacognition and Consciousness," *The Cambridge Handbook of Consciousness* (Cambridge University Press, 2007), pp.289-325.

본 논평은 주요한 질문들에 대한 실증연구가 충분히 이루어 지지 않은 채로 제정 논의가 이루어졌으며 이로 인해 사회적 합의 측면에서 한계가 있음을 지적한다. 저자들은 현재까지 생애말기 돌봄과 관련하여 진행된 연구와 한계를 명시하고 미국의 대표적 연구를 예시로 하여 관련 주제에 대한 통찰을 줄 수 있는 연구에 사회적 투자가 필요함을 강조하고자 한다.

1. '정보에 기반한' 사회적 합의의 필요성

한국 사회에서는 보라매병원 사건을 기점으로 20여 년간 죽음 가까이에서의 치료 선택에 관한 논의가 있었다. 이 논의의 결과로 법제화[2]라는 성과를 맺었다고 볼 수 있으나 우리 사회의 죽음 관행에 엄청난 진보를 이루었다고는 보기는 어렵다. 당시 사회적 합의의 부재로 인해, 입법화 논의의 가장 결정적인 계기로 작용했던 대법원 판결[3]이 가지고 있던 규정의 틀을 그대로 이어받은 법률이 탄생했다고 보기 때문이다.[4] 이 때문에

---

2) 법제처, "「호스피스·완화의료 및 임종과정에 있는 환자의 연명의료결정에 관한 법률」(법률 제14031호)," 2016.2.3. 제정, 2017.8.4. 시행.
3) 법제치, "무의미한연명치료장치제거등(대법원 2009. 5. 21. 선고 2009다 17417 전원합의체 판결)".
4) 법제처, 위의 판례(주 3); 고윤석 외 8인, "연명치료 중지에 관한 지침의 특징과 쟁점", 대한의사협회지 제54권 제7호(2011), 747-757면; 보건복지부, "연명치료중단 제도화 관련 사회적 협의체 논의결과 발표(보도자료)", 2010.07.14. https://www.mohw.go.kr/board.es?mid=a10503010100&bid= 0027&cg_code= (최종 검색일: 2024년 7월 20일); 보건복지부, "연명의료의 환자 자기결정권, 특별법 제정 권고(보도자료)", 2013.7.31. https:// www.mohw.go.kr/board.es?mid=a10503010100&bid=0027&cg_code= (최종 검색일: 2024년 7월 20일); 김세연 의원 등 11인, "삶의 마지막 단계에서 자연스러운 죽음을 맞이할 권리에 관한 법안(의안번호 제9592호)",

필자들은 특집 논문이 지적한 사회적 합의의 필요성[5]에 적극 동의한다. 합의만이 사법적 판단 이상(以上)으로 우리를 도달시켜 줄 수 있다. 또한 사법적 판단 이상으로 가지 않는 한, 죽음 관련 법제가 아무리 개정을 거듭하여도 현재의 연명의료결정법이 그러한 것처럼 죽음 관행의 빙산의 일각만을 대상으로 하고 나머지 부분들에 침묵하게 될 것이다.

이때 사회적 합의는 정보에 기반하여 숙고된 판단의 주고받음을 전제로 하여야 한다. 바로 여기에 '사회적' 메타인지가 필요한 이유가 있다. 우리는 집단으로서, 개인으로서 우리가 무엇을 모르고 있는지를 점검해야 한다. 지금까지 우리가 임종의 장소, 말기 치료에 대한 의사결정 방식 등에 관하여 당연하게 생각해 왔던 것은 무엇이었으며 그중에 검토하지 않았던 전제들이 무엇이 있는지 살펴야 한다. 유독 죽음 관련 제도에 대해서

2014.3.3. 발의; 김재원 의원 등 10인, "「호스피스·완화의료의 이용 및 임종과정에 있는 환자의 연명의료 결정에 관한 법률안」(의안번호 제15988호)", 2015././. 발의, 국가생명윤리정책원, 연명의료결정 법제화 백서(국가생명윤리정책원, 2018); 이희재, 김정아, "쟁점 중심으로 본 연명의료결정법 제정 논의", 생명윤리정책연구 제16권 제2호(2023), 1-49면.
제정 논의가 본격화된 것은 무의미한연명치료장치제거등 사건으로 널리 알려진 대법원판결로 볼 수 있으며, 그 이후 의료계 전문가 집단 지침, 사회적 협의체, 국가생명윤리심의위원회 권고, 그 이후 복수의 의원 발의 법률안을 거쳐 법률에 이르게 되었다. 이러한 제정 논의의 연혁은 (재)국가생명윤리정책원의 백서와 같은 공식 기록, 그리고 연명의료결정법을 소개한 다수의 논문에서도 소개하고 있으나, 제정 논의 과정에서의 사회적 합의가 제한적이었음은 저자들의 고유한 주장이다. 본 논평에서는 지면의 한계로 이 주장에 대한 근거를 충분히 제시할 수 없어 저자 중 한 사람의 또 다른 논문을 인용하는 것으로 갈음하고자 한다. 해당 논문에서는 연명의료결정법이 어떤 논의 과정을 거쳐 제정되었는지 쟁점별로 검토하며, 누락과 변경 등 의도치 않은 오류를 포함하여 논의의 한계가 어떻게 드러났는지를 보인다.
5) 고윤석, "우리 사회의 의사조력자살 법제화", 한국의료윤리학회지 제25권 제4호(2022), 313-323면.

메타인지를 강조하여야 하는 이유가 있다. 죽음과 생애말기 돌봄은 모두에게 적용되는 문제이므로 사회구성원 모두가 정책 논의의 당사자가 된다. 물론 이 분야에도 전문가는 존재한다. 하지만 각각의 전문가는 의료 및 간호, 복지, 철학, 종교, 법학, 인구, 경제 등 죽음이라는 총체의 일부만을 담당한다. 우리는 전문가들이 생애말기와 죽음의 연속적이고 복잡한 과정에서 분절화된 특정 실무에 한정된 경험을 갖는다는 점에 주의하여야 한다. 예를 들어 한 명의 의료전문직은 외래, 일반병동, 중환자실, 응급실, 호스피스, 요양병원, 가정 의료기기를 활용하는 집, 요양원 등 다양한 의료기관 및 돌봄 환경을 경유하는 환자의 총체적 경험의 일부만을 분절적으로 담당한다. 이들 각각의 날카로운 통찰은 귀중하다. 그러나 이러한 통찰은 보다 통합적인 실증연구로 이어져야 한다. 실증연구들은 사회가 사회 전체로서 알아야만 하는 질문-종종 이러한 질문은 단일 학문 분야의 방법론과 범위를 뛰어넘곤 하는데-에 답하도록 기획되어야 한다. 최종적으로 그 질문에 대한 답은 환류를 통해 서로 다른 분야의 전문가와 시민 모두에게 전달되고, 이들이 문제에 대하여 충분한 지식을 얻도록 일조하여야 한다. 다시 말해 죽음이라는 총체를 사회구성원들이 더욱 통합적으로 이해하려는 노력이 합의에 선행되어야만 한다.

2. 어떤 정보가 빠져 있으며 어떤 정보가 필요한가?

실제로 연명의료결정법의 제정 과정은 몇 가지 전제들을 바탕으로 이루어졌는데 그 전제 중 일부는 실증적으로 검증되지 않은 것이었다.[6] 아래의 질문들이 충분한 사회적 논의와 검토의 대상이 되지 않은 채 특정한 답변을 상정하여 제정 논의가 이루어졌다.

- 말기와 임종과정에 관하여, 충분한 정보와 이해에 기반했을 때 사람들이 정말 원하는 것은 무엇인가?
- 말기와 임종과정에서의 삶의 질을 높이기 위한 제도적 보완책들은 무엇이 있는가?
- 가족은 생애말기 의사결정의 기본 단위가 되어야 하는가? 가족이 없는 이를 위한 돌봄 모델은 무엇인가?[7]
- '유교적' 사고 방식과 돌봄의 방식은 생애말기 자기결정과 상충하는가?
- 치료거부권을 법적으로 보장하고 각각의 사례에서 치료의 이익과 부담의 비율에 따라 치료 중단과 보류의 합리성을 검토하는 것이 옳은가? 아니면 치료를 중단하거나 보류할 수 있는 특정 시기와 치료의 종류를 법으로 규정하는 것

---

6) 물론 당시에도 여러 단계의 합의를 거쳤다. 그러나 대부분 전문가적 식견에 의존하였고 사회가 사전 기획에 따라 엄격하게 생성한 실증자료에 기반한 것은 아니었다.
7) 필자들은 쇠약해진 사회 구성원의 물리적 필요에 응답하는 행위만이 아니라 그들의 실존적 결정 과정에 함께하거나 혹은 대리할 역을 짊어지는 것까지를 돌보는 행위에 포함시키고 있다.

이 옳은가?

– 의료기관윤리위원회를 설치할 여력이 되는 상급종합병원
을 패러다임으로 삼아 말기와 임종과정을 법제화하는 접
근이 우선되어야 하는가?

물론 법적 규범이 조속히 요청되었던 제정 당시로서는 충분
한 실증자료들 없이 사회적으로 가장 널리 받아들여질 만한 전
제들에 의존하여 합의에 도달해야만 했다. 그러나 제정 후 6년
이 넘게 시간이 흘렀고, 대법원 판결[8]과 헌법소원[9]으로부터 13
년이 흐른 이 시점까지 별다른 실증자료는 생성되지 않았다[10].

---

8) 법제처, "무의미한연명치료장치제거등(대법원 2009. 5. 21. 선고 2009다17417
전원합의체 판결)".
9) 헌법재판소, "입법부작위 위헌확인(헌재 2009. 11. 26. 2008헌마385 전원재
판부)".
10) 이윤성, "호스피스와 연명의료 및 연명의료 중단등 결정에 관한 종합계획 수
립연구", 보건복지부 연구보고서, 2017. https://www.prism.go.kr/homepage/
entire/researchDetail.do?researchId=1351000-201800213&gubun=totalSe
arch&menuNo=I0000002 (최종 검색일: 2024년 7월 20일); 권정혜 외 4
인, "연명의료중단 현황 파악 및 한국형 의사-환자 공유의사결정 모델 탐
색", 한국보건의료연구원 연구보고서, 2020. https://www.neca.re.kr/lay1/
program/S1T11C145/report/view.do?seq=285 (최종 검색일: 2024년 7월
20일); 이일학, "의료기관 내 연명의료 결정 실태조사에 기반한 상담돌봄계
획 매뉴얼 개발연구", 보건복지부 연구보고서, 2020. https://www.prism.
go.kr/homepage/entire/researchDetail.do?researchId=1351000-202000
322&menuNo=I0000002 (최종 검색일: 2024년 7월 20일); 박소연, "연명
의료결정 관련 수가 시범사업 평가 및 개선방안 연구", 보건복지부 연구보
고서, 2021. https://www.prism.go.kr/homepage/entire/researchDetail.do?
researchId=1351000-202100263&gubun=totalSearch&menuNo=I0000002
(최종 검색일: 2024년 7월 20일); 윤태영, "예비 의료인의 연명의료결정제
도 인식 확대를 위한 의과대학 교육과정 개편 방안 연구", 보건복지부 연구
보고서, 2021. https://www.prism.go.kr/homepage/entire/researchDetail.
do?researchId=1351000-202100264&gubun=totalSearch&menuNo=I0000
002 (최종 검색일: 2024년 7월 20일).

전체 사회가 무엇을 알아야 하는지를 검토하고 이를 대규모 국가 연구로 기획하지 못하였으므로 현재 개정 논의에서도 우리는 단단한 기반 위에 서 있지 못하다.

정책 대상의 요구와 필요에 대한 충분한 검토, 그리고 사회적 합의를 기반으로 한 생애말기 돌봄시스템의 발전을 위해서는 해당 주제에 관한 양질의 1차 데이터를 꾸준히 수집하고 축적하는 대규모 국가 연구가 필요하다. 이 과정은 절대 쉽지 않으며 지속적인 재정 지원, 공공 목표 실천에 대한 합의와 끈기, 기다림이 필요하다. 이에 필자들은 개정 논의를 위하여 우선적으로 확보해야 한다고 생각하는 실증연구 주제들을 아래와 같이 나열하고 이에 대한 통찰을 줄 수 있는 국외 사례를 몇 가지 제시하고자 한다.[11]

현재까지 진행된 실증연구들은 연구의 주제가 연명의료결정법 제7조 종합계획에 열거된 사항들에 한정되어 있는데, 종합계획 수립 및 이에 따른 관리체계 구축, 연명의료중단 현황 조사, 실행을 위한 매뉴얼 제작, 수가 검토, 제도 인식 확대를 위한 예비의료인 교육 과정 평가 등이 그것이다. 그런데 이러한 중앙행정기관 주도 연구들은 기존의 정책모델을 평가하고 분석하는 것에 초점이 맞추어져 있어 연명의료결정법이라는 테두리, 즉 연명의료 아니면 호스피스라는 실무 밖으로는 실증자료가 생성되기 어렵다.

게다가 이러한 연구들은 지속성을 지니지 못한 것으로 보이는데, 예를 들어 연명의료결정제도 수가 시범사업 평가 연구는 연구 기간에 8개월에 불과하여 설문조사, 전문가 포커스그룹 인터뷰, 전문가 회의 등 연구 방법의 다각화에도 불구하고 환자나 가족의 관점이 비중 있게 다뤄지지는 못하였다. 이렇게 제한된 연구 기간은 사회와 시대의 변화에 따라 유동적으로 변화할 수 있는 죽음과 돌봄 시스템에 관련한 수많은 전제들을 꾸준히 검증하며 정책의 변화를 도모하는 데에 한계를 가질 수밖에 없다. 또한 기존 연구 중에는 공개되지 않은 자료도 포함되어 있어 많은 노력이 들어간 의미 있는 연구들이 사회적 논의로 이어지지 못하고, 대중들에게 논의의 기본 자료가 충분히 제공되지 못하고 있음을 확인할 수 있다.

11) 본 논평에서는 미국의 사례만을 제시한다. 한국과 미국에는 연구 펀딩 및 수행 구조, 생애말기 의료제도 문화적 가치에 있어 큰 차이가 있다. 그러나

실증연구 주제들은 다음과 같다.

- 말기에서 임종과정까지의 삶의 질 혹은 죽음 경험의 질에 관한 연구. 단순히 질병의 의과학적 예후만이 아니라 한 사람이 말기부터 죽음에 이르기까지 거치는 의료적 처치, 돌봄의 장소 및 돌봄제공자의 변화, 재정적 부담 등에 주 안점을 둔 추적(trajectory) 연구
- 각각의 선택지에 따른 질병과 돌봄의 예상 경과를 환자와 대중에게 전달하기 위한 교육학적 연구[12)
- 현행법 체제에 한정되지 않는 현황 조사[13) 및 충분한 정보에 기반한 개인의 선호 조사
- 실증연구를 통하여 사전에 면밀히 설정된 지표에 의거한 정책 효과의 지속적 측정
- 의료진 외 돌봄제공자들의 경험에 대한 연구
- 가족 내 돌보는 이가 없는 이들의 경험과 기대에 대한 연구
- 미래 인구구조를 고려한 의사결정구조 및 사회적 지지 시스템에 대한 연구

지면의 한계와 필자들의 역량의 한계로, 여기에서는 미국 사례만을 제시하여 이후 논의를 준비하고자 한다.
12) 예를 들어 말기 COPD 환자가 연명의료중단 등의 결정을 하였을 때와 하지 않았을 때 각각 죽음 시점까지 돌봄의 장소 변화 경로, 기대여명, 비용부담 등이 실증자료로 산출되고 전달되어야 한다. 이러한 교육은 대중이 생애말기에 관해 두려워하는 통제력 상실을 일정 부분 해소할 수 있으며, 분절화된 의료체계 속 의료인들에게도 전체를 조망하는 자료가 된다.
13) 국립연명의료관리기관과 중앙호스피스센터가 각각의 통계를 수집하고 연구를 수행하게 되어 있으나, 생애말기를 '연명의료'와 '호스피스·완화의료' 두 범주로 파악할 때의 사각지대는 충분히 고려되지 못한다.

환자와 가족의 의견을 적극 활용한 말기돌봄 경험의 질에 대한 해외 연구 사례를 살펴보자면 미국에서는 1999년부터 약 5년 동안 생애말기 돌봄의 질을 측정하는 도구 개발이 이루어 졌다.[14] 이 연구는 생애말기 돌봄의 개선을 위해서는 환자와 돌봄제공자의 경험에 대한 이해와 측정 도구 개발부터 선행되어야 한다는 의식에서 시작되었다. 양질의 생애말기 돌봄의 구성요소를 개념화하기 위하여 문헌조사와 전문가 자문, 그리고 사망자의 생애말기를 함께 경험한 42명의 가족과 최측근(가족 및 친구 포함)을 대상으로 포커스그룹이 진행되었다. 그 결과 양질의 생애말기 돌봄을 결정짓는 핵심 개념들에 관한 프레임워크[15]가 정립되었으며 해당 개념에 상응하는 설문 문항과 지표들이 개발되었다.[16] 이 연구는 후에 미 공공보험 기관이 2015년 '호스피스 보건의료종사자 및 시스템 소비자 평가 조사'를 만드는데 기초가 되었으며, 이 설문조사는 전국 호스피스 기관 서비스 질을 평가하고 대중들에게 호스피스 시설에 관한 정보를 제공하는데에 오늘날까지 활용되고 있다.[17] 또한 앞서 언급한 연구에서

---

14) J. M. Teno, et al., "Patient-Focused, Family-Centered End-of-Life Medical Care," *Journal of Pain and Symptom Management* vol.22, no.3(2001a), pp.738-751; J. M. Teno, et al., "Validation of Toolkit After-Death Bereaved Family Member Interview," *Journal of Pain and Symptom Management* vol.22, no.3(2001b), pp.752-758.

15) (1) 신체적 고통 경감, (2) 의사 결정과 일상 생활을 스스로 통제할 수 있도록 도움, (3) 돌봄제공자의 부담 경감, (4) 가정 내 말기환자 돌봄에 관한 돌봄제공자 교육, (5) 사망 직전 및 직후 가족들에 대한 정서적 지원이 양질의 생애말기 돌봄을 결정짓는다는 결론이 도출되었다.

16) J. M. Teno, et al., 위의 글(주 14, 2001a).

17) Consumer Assessment of Healthcare Providers and Systems(CAHPS®) Hospice Survey. https://www.cms.gov/medicare/quality/hospice/cahpsr-hospice-survey (최종 검색일: 2024년 7월 20일); R. P. Anhang,

도출된 개념틀과 설문 문항들은 미 국립노화연구소(National Institute on Aging)의 지원하에 2011년부터 실시되고 있는 '국민 건강 및 고령화 동향 연구(National Health and Aging Trends Study)'에 일부 포함되어, 생애 마지막 한 달 돌봄의 질에 관한 설문조사 자료를 축적하는 데에 쓰이고 많은 연구자는 생애말기 돌봄에 관한 다양한 연구질문에 답하기 위하여 이 데이터를 활용한다.[18] 이는 전문가와 환자, 가족의 의견을 바탕으로 구성된 개념틀과 설문도구가 꾸준한 데이터 축적으로 이어져 정책, 연구, 소비자들의 의사결정에 활용되는 예를 보여준다.

한편 미 국립노화연구소가 지원하는 '건강과 은퇴연구'는 건강의 사회적 결정 요인(social determinants of health) 관점을 밑바탕으로 하는 설문으로, 1992년부터 지금까지 약 4만 명을 대상으로 소득, 일, 자산, 연금, 건강보험, 신체 및 인지 기능, 의료서비스 이용과 비용지출 등에 대한 자료를 축적해오고 있다. 여기에는 유가족 설문이 포함되어 생애말기 의료서비스 이용과 경험, 지출이 가족의 자산에 따라 어떻게 상이해지는지를 실증적으로 검토할 수 있도록 한다.[19] '건강과 은퇴연구'의 가장 대표적인 연구 결과 및 기여는 건강과 자산의 강한 상관관계를

"Development of Valid and Reliable Measures of Patient and Family Experiences of Hospice Care for Public Reporting," Journal of Palliative Medicine vol.21, no.7(2018).

18) National Health and Aging Trends Study (NHATS), "National Institute on Aging." https://www.nia.nih.gov/research/resource/national-health-and-aging-trends-study-nhats (최종 검색일: 2024년 7월 20일).

19) Health and Retirement Study (HRS), "National Institute on Aging." https://www.nia.nih.gov/research/resource/health-and-retirement-study-hrs (최종 검색일: 2024년 7월 20일).

실증적으로 증명하였다는 것이다.[20]

　마지막으로 미 국립의학원(National Academy of Medicine)[21]의 『미국에서 죽는다는 것: 생애말기 질 향상과 개인 선호의 존중』 보고서는 생애말기 보건의료시스템의 실태에 관한 연구이며, 환자 중심의 돌봄을 지향하기 위해 변화해야 하는 정책 분야를 제시한 총체적 연구 결과물이다.[22] 보고서는 2015년 의료진이 사전돌봄계획(advance care planning)에 사용하는 시간에 대한 수가 정책이 도입되는 데에 큰 영향을 끼쳤으며 보건의료종사자들이 말기 돌봄시스템 개선의 시급함을 인지하고 사전돌봄계획 문화 정착에 노력을 더 기울이도록 장려하는 기점이 되었다.

　미국의 예는 단지 한 사례에 불과하며 유일한 정답이라고 할 수 없다. 하지만 Koh의 주장[23]과 같이 의사조력사망의 법세화를 고려하기 전에 다양한 완화의료 및 말기돌봄에 관한 양질의 사회적 지원이 잘 구축되어 있는지를 평가하고 시스템 부재 혹은 실패로 인해 환자와 가족들이 불필요한 고통을 감내하고

---

20) G. G. Fisher, L. H. Ryan, "Overview of the Health and Retirement Study and Introduction to the Special Issue," Work, Aging and Retirement vol.4, no.1(2018), pp.1-9.
21) 비영리 민간기구 Institute of Medicine의 새 이름이다.
22) Institute of Medicine, Dying in America: Improving Quality and Honoring Individual Preferences Near the End of Life (National Academies Press, 2015).
23) 고윤석, 위의 글(주 5).

있는 것은 아닌지를 검토하기 위해서는 1차 데이터의 축적, 충분한 시간에 걸쳐 여러 관점의 의견을 수렴하는 연구활동이 필수적이다. 이러한 연구는 지속적으로 고령 환자 인구와 가족의 경험을 조사하고 임상적 사실 외에 사회경제적 요인을 총괄적으로 수집하여야 하는데, 그렇게 해야만 특정 임상 분야 구분이나 돌봄 환경의 구분, 혹은 법제의 구분ー연명의료인가 호스피스·완화의료인가ー을 반드시 따르지는 않는 개개인의 생애말기와 죽음의 실제를 담아낼 수 있기 때문이다. Koh의 타당한 지적[24]과 같이 우리에게는 사회적 합의가 필요하다. 그런데 관점의 교환 이전에 맹점의 점검이 필요하다. 생애말기와 죽음이 사회구성원 모두에게 연관되는 주제인 만큼, 사회적 자원을 투자하여 우리가 안다고 생각했지만 사실은 모르는 바를 탐구해야 한다.

---

24) 고윤석, 위의 글(주 5).

부 록

대만「환자자주권리법(病人自主權利法)」의 제정에 대한 인터뷰

대만 「환자자주권리법(病人自主權利法)」의 제정에 대한 인터뷰

인터뷰 수행: 김정아

인터뷰 답변자:

Yang, Yu-Hsin(楊玉欣): 기륭시정부 사회부장, 전 국회의원 (국민당), 사랑을 위한 행진 재단(爲愛前行基金會) 설립자[1]

Sun, Hsiao-Chih(孫效智): 국립대만대학 철학과 교수, 사랑을 위한 행진 재단(爲愛前行基金會) 설립자[2]

한국은 생애말기를 다루는 대만의 두 법 중, 「안녕완화조례(安寧緩和醫療條例)」에 좀 더 유사한, 「호스피스·완화의료 및 임종과정에 있는 환자의 연명의료결정에 관한 법률」을 가지고 있습니다. 이에 의료윤리전문가들 중 상당수는 대만의 「환자자주권리법(病人自主權利法)」이 우리가 개정을 목표해야 하는 방향이라고 생각하기도 합니다. 특히 미리 치료의 중단과 보류를 결정해 둘 수 있는 치료의 종류가 폭넓고, 그렇게 할 수 있게 하는 대상 질환의 종류가 다양하다는 점에서 그렇습니다. 그래서

---

1) 시정부 업무로 인하여 인터뷰 중반부터 참여하였으나 답변의 내용에 따라 해당하는 질문 아래 배치하였다. 답변에 "양"으로 표기하였다.
2) 답변에 "손"으로 표기하였다.

법안의 작성과 제정에 핵심적인 역할을 하신 두 분의 인터뷰를 한국 독자에게 소개하는 것이 매우 뜻깊습니다. 아래의 질문들에 답변을 주시기를 부탁드립니다.

1. 법률을 간략하게 소개하여 주시고, 답변자께서 입법과정에서의 수행한 역할이 무엇이었는지 말씀을 부탁드립니다.

양 : 저는 당시 여당(국민당) 의원으로서 법안을 발의하였습니다. 저는 희귀질환재단(財團法人罕見疾病基金會) 활동을 통해 생각을 발전시켰습니다. 이 재단 활동 중에 희귀병 환자의 비참한 죽음을 목격하는 경우가 많이 있었는데, 이 환자들은 자살로 생을 마감하기도 하고, 20~30여년을 침상에 있다 죽음을 맞이하곤 하였습니다. 이에 이들의 권리를 보장하여야 하겠다는 생각에 법안을 발의하였습니다.

손 : 저는 「환자자주권리법」 제정 이전, 「안녕완화조례」의 3번째 개정(2012)에도 참여하였습니다. 기존의 개정에 비하여 이 3차 개정의 범위는 포괄적이었습니다. 그럼에도 불구하고 「안녕완화조례」의 개정만으로는 환자의 권리를 모두 다루기에는 여전히 부족하다고 느꼈기 때문에 이를 보다 종합적으로 다루기 위하여 그로부터 2년 뒤에 「환자자주권리법」 제정을 기획하였습니다. (Yang, Yu-Hsin전 의원과 Sun, Hsiao-Chih 교수는 부부이다.)

2. 이 법안이 환자의 사전 의료 결정(advance decision, 預立醫療決定)에 따라 연명치료와 수분 영양 공급의 중단 및 보류를 허용하는 대상 질환군의 지정에 대한 질문들입니다.

2-1. 영구적 식물상태(permanent vegitative state)에서의 치료 중단, 보류에 대하여 전문가 인식 및 사회적 인식은 어떠했습니

까? 참고로 한국에서는 정부가 구성한 소규모 사회적 협의체에 서조차 이 문제를 다루기 어려웠기 때문에(합의가 전혀 되지 않을 것으로 보였기 때문에) 제정 논의의 초기 단계에서부터 배제되었습니다. 해당 협의체에서, 개신교와 천주교 대표는 이에 대해 강하게 반대하였습니다.

손: 사회적인 차원에서 보자면, 영구적 식물상태에 대한 큰 논쟁은 없었습니다. 한국과는 달리, 대만의 가톨릭 인구는 1% 정도이 며, 개신교 인구는 2-6% 정도 됩니다. 이들은 한국의 사례에 서와 같이 해당 법안 입법 과정에서 강한 목소리를 내지 않았습 니다. 따라서 이에 대한 반대는 크지 않았습니다. 그럼에도 불 구하고 저는 예수회 전통에 영향을 받은 가톨릭 신자이고, 제 가족이 모두 가톨릭 신자이기 때문에 이에 대한 저 자신의 납득 이 필요했습니다. 따라서 이에 대하여 교회 문헌을 폭넓게 분석 하여, 논문을 작성한 것이 바로 이 논문, <보살핌의 사랑과 병 의 고통 사이의 생사의 윤리 - 영구적 식물상태에서의 인공 식 이 중단에 관한 천주교적 관점(在照顧之愛與病痛之苦間擺盪的 生命倫理; 論天主教有關植物人停止人工餵食餵水的觀點)>[3]과 <천주교가 정의한 안락사는 본질악인가? (天主教定義的安樂死 是本質惡嗎?)>[4]입니다. 이 논문의 논증이 반대하는 이들을 설 득하는 데에 성공했는지를 답하는 것은 어렵습니다. 통상 그러 하듯이, 가톨릭교회 내의 개방적인 이들은 설득되곤 아였으나, 교회 내에 설득되지 않는 이들은 여전히 있었습니다.

또한 현 보건복지부 장관인 Chiu Tai-yuan(邱泰源), 전 타이베 이 시장인 Ko Wen-je(柯文哲), 타이베이 시립병원병원장이자 신경외과 의사인 Huang Sheng-jien(黃勝堅)과 같이 사회적,

---

3) 孫效智, 在照顧之愛與病痛之苦間擺盪的生命倫理 --- 論天主教有關植物人 停止人工餵食餵水的觀點, 政治與社會哲學評論 53期(2015.6), 1-55.
4) 孫效智. 天主教定義的安樂死是本質惡嗎? 國立臺灣大學哲學論評 66期(2023. 10), 1-46.

정치적으로도 유력한 의사들이 이 법안을 작성하는 데에 참여한 전문가 그룹이었습니다.

이 중, Ko Wen-je는 체외막산소요법(extracorporeal membrane oxygenation, ECMO)을 대만에 처음 소개한 의사이기도 하였고 정당대표를 맡기도 하였습니다. 그가 전문가로서 영구적 식물상태가 한 가정에 일으키는 영향을 하나의 간결한 문장으로 전달하여 영구적 식물상태의 비극을 상기시켰습니다. 슬로건이 된 그 문장은 "한 명의 영구적 식물상태 환자가 전체 가족에게 덫이 된다(就一個植物人就害一全家人)"였습니다.

2-2. 환자의 사전 의료 결정에 근거하여 극중증 치매에서 치료의 중단과 보류가 가능하다는 조항은 입법 과정에서 반대에 부딪히지 않았습니까?

손: 이에 대해서도 특별한 반대는 없었습니다. 다만, 연명의료와 인공적 수분과 영양 공급을 중단할 수 있는 치매의 정도를 정하는 데에 있어서는 입법 과정에서의 논쟁이 있었습니다. 애초에는 의학적인 기준인 치매임상평가척도(Clinical Dementia Rating)를 활용하여, CDR 2, 즉 중등도 치매 이상일 때 치료 중단이 가능할 수 있도록 법안을 작성하였습니다. 그러나 다른 정당의 국회의원이 장애인법 내에 있는 치매에 대한 4단계 중, 가장 심한 정도인 극중증만을 대상으로 하여야 하는 주장을 하였으므로, 이에 대한 타협을 하여 '극중증5)'이 치매로 정하였습니다.

2-3. 각 조항에 따른 실제 활용은 어떤지도 궁금합니다. 즉, 법에 명시된 1) 말기환자 2) 비가역적인 혼수 상태 3) 영구적인 식물상태 4) 극중증의 치매 5) 기타 환자의 질병상태나 고통이 참을수 없고, 회복할 수 없는 정도로서 중앙주관기관이 공고한 경우 각각에서의 사전 의료 결정과 중단 및 보류가 수적으로,

---

5) 공식 영문 번역에는 중증의 치매(severe dementia)로 표기되어 있으나 중국어 원문에는 극중증의 치매(極重度失智)로 규정하고 있다.

비율적으로 어느 정도로 이루어지고 있는지 추적이 가능한지요?

손: 현재 법에서 사전 의료 결정(預立醫療決定, Advance Decision)
을 하기 위한 전제조건으로 사전돌봄계획(預立醫療照護諮商,
Advance Care Planning)을 요구하지만 이를 건강보험의 급여
대상으로 포함하고 있지 않습니다. 사람들은 사전돌봄계획을 위
해 비용을 부담해야 하며, 이는 사전돌봄계획을 수행하거나 사
전 의료 결정에 서명하려는 사람들의 수에 영향을 미칠 수 있습
니다. 현재 사전 의료 결정에 서명한 총 인원은 약 80,000명에
달합니다. 얼마나 많은 사전 의료 결정이 이행되었는가에 관한
질문에 대해 이 수치를 추적하기는 어렵습니다. 한편으로는 법
이 몇 년 전에야 제정되었기 때문에 시행된 사례가 많지 않을
것으로 보입니다. 또 한편으로는, 한편, 국민건강보험 데이터베
이스에서 관련 통계를 추출하는 것은 불가능합니다. 단지 단편
적인 자료가 있을 뿐입니다. 우리는 현재 타이베이연합시립병원
다섯 개 분원에서 수집된 단편적인 정보만 보유하고 있습니다.
이 데이터에 따르면, 해당 기관에서 지난 4년간 시행된 사전의
료결정(AD)의 총 건수는 41건입니다.

3. 다음은 치료 중단 및 보류의 대상이 되는 의료적 개입에 대
   한 질문입니다.

3-1. 인공 영양과 수액공급을 사전 의료 결정에 기초한 치료 중
   단과 보류의 대상으로 확대하였는데, 이에 대한 제정 과정에서
   의 논의는 무엇이었나요?

손: 제정 과정에서 인공 영양 및 수분 공급을 중단 혹은 보류할 수
있게 선택할 수 있도록 하는 것 자체에는 별다른 반대의견이 제
시되지 않았습니다. 그러나 연명의료와 인공 영양 및 수분 공급
을 구분하여 규정하기를 원하는 지적이 있었으므로 이를 반영하

였습니다. 그렇지만 인공 영양 및 수분 공급은 침습적이고 의료 적인 개입을 필요로 하므로, 이 둘의 범주 구분은 불필요하다고 생각합니다.

4. 전면적인 치료거부권의 인정이 아닌, 특정 질환군의 목록을 규정하였던 이유와 이에 대한 사회적 논의 혹은 전문가 간 논의를 소개하여 주실 수 있을까요?

4-1. "기타 환자의 질병상태나 고통이 참을수 없고, 회복할 수 없 는 정도로서 중앙주관기관이 공고한 경우"라는 조항이 더 많은 환자군을 포괄할 수 있도록 여지를 주고 있다고는 생각합니다 만, 연명의료 및 인공영양과 수분 공급의 치료 중단과 보류의 권한을 갖는 환자 군에는 제한이 있을 것으로 보입니다.
같은 맥락으로, 그만둘 수 있는 치료의 종류 또한 연명의료와 인공 영양 및 수분 공급으로 명시되어 있고 이를 각각 "심폐소 생술, 기계적 생명유지 장치, 혈액제제, 특정 질환을 위한 전문 의료, 중증 감염에 투여하는 항생제 등 환자의 생명을 연장하기 에 필요한 의료 처치"와 "몸에 넣는(透過) 도관(導管) 또는 침 습성 처치로써 음식이나 물을 공급하는 것"으로 법적으로 정의 하고 있습니다. 이렇게 별도로 규정하는 방식은 한국의 법도 마 찬가지입니다. 물론 한국의 연명의료결정법은 수분과 영양 공급 은 중단 대상이 될 수 없음을 명시하였다는 점에서는 다르지만 요. 왜 이러한 방식을 채택하셨을까요?

손: 생명권과 자기결정권은 가장 중요한 헌법적 권리이자 인권입니 다. 이 둘은 인권의 두 기둥으로 볼 수도 있습니다. 따라서 이 둘 간의 균형을 신중하게 유지하는 것은 매우 중요합니다. 최근 독일의 경우 2020년 연방헌법재판소가 조력자살 금지의 형법 조항에 대한 위헌 결정을 하는 등, 자기결정권을 보다 인정하는 추세입니다. 게다가 치료의 중단이 죽음을 초래하는 결과를 가

져온다고 하더라도, 의사결정능력이 있는 환자는 어떠한 임상적 상황에서건 어떠한 치료든 거부할 수 있도록 허락하는 규율을 점점 더 많은 서구 국가들이 채택하고 있습니다. 그러나 저는 어떤 상황에서도 자기결정권을 옹호하기 위해 생명권을 완전히 무시하는 것은 균형 잡히지 않은 것이며 위험하다고 생각하며, 각 나라는 이 두 권리를 균형 있게 규제하는 법적 제도를 자국의 속도에 맞게 발전시켜야 한다고 믿습니다. 특히 타국이 의사조력자살을 법제화하였다고 하여, 그것이 대만이나 한국 사회에서 이를 그대로 받아들여 도입할 충분한 이유가 되지는 않는다고 생각합니다. 대만의 경우는 「환자자주권리법」이 제정된지 얼마되지 않았으므로, 그리고 사전 의료 결정을 작성한 이들의 수도 80,000명 정도밖에 되지 않았으므로 일단 이 법을 일반화하는 널리 퍼뜨리는 것이 우선이고 그 이후에 이에 대한 사회적 필요와 합의가 생긴다면 그 이후에야 의사조력자살이나 안락사에 대한 고민을 하는 것이 바람직하다고 생각합니다.

양: 「환자자주권리법」 제14조 제1항 제5호, "기타 환자의 질병상태나 고통이 참을 수 없고, 회복할 수 없는 정도로서 중앙주관기관이 공고한 경우"는 의사, 협회, 학회, 환자단체 각각에게 새로운 질병을 포함시킬 요청을 관련 사료를 제출할 권한을 부여하였습니다. 이렇게 관련 증거를 함께 제출할 경우, 검토를 거쳐 해당하는 질병으로 선정될 수 있습니다. 현재 12개의 질환[6]이 이에 속해 있습니다. 이 질환에 이환된 환자가 「장애인법」에 따

---

6) 낭성섬유증(cystic fibrosis), 헌팅턴병(Huntington disease), 척수소뇌 실조(spinocerebellar ataxia), 척수성 근육위축(spinal muscular atrophy), 근위축측삭경화증(amyotrophic lateral sclerosis), 다계통위축(multiple system atrophy), 뒤셴 근육퇴행위축(Duchenne muscular dystrophy), 팔다리이음 근육퇴행위축(limb-girdle muscular dystrophy), 네말린근병증(Nemaline rod myopathy), 원발성 폐고혈압(primary pulmonary hypertention), 유전성 물집표피박리증(hereditary epidermolysis bullosa), 선천성 다발성 관절구축증(Arthrogryposis Mulyiplex Congenita)이 현재 이 질병목록에 포함되어 있다.

라 장애의 정도가 '중증' 장애 기준을 만족시키는 경우, 「환자자
주권리법」 제 14조 제1항 제5호에 해당하여 환자의 사전 의료
결정에 따른 의료기관이나 의사의 중단, 제거 또는 유보가 가능
해 집니다. 관련 자료 제출에는 의학적인 증거가 반드시 필요하
므로, 대부분의 제출은 의사들에 의해 이루어지고, 환자단체만
의 힘으로 이를 제출하는 경우는 드뭅니다. 다만 이때, 장애 기
준의 중증은 그리 심각한 수준을 뜻하지는 않습니다. 이것은 당
시 입법 논의에서의 분위기가 보다 환자 목소리를 경청하는 분
위기였기 때문에 가능하였던 것으로 보입니다.

5. 「환자자주권리법」에서의 권리와 의사조력자살 등을 대중은
   잘 구분하는지요? 혹시 의사조력자살을 요구하는 움직임은
   없는지요?

손: 「환자자주권리법」과 의사조력자살은 다릅니다. 「환자자주권리
법」이 제공하는 권한은 비통상적 의료에 대한 거부권이므로 의
사조력자살이나 안락사가 아닙니다. 저는 독일의 법적 체계에
익숙한데, 이 체계는 과잉금지의 원칙/비례의 원칙(priniciple of
proportionality)을 채택하고 있습니다. 즉, 같은 목적을 이루기
위한 두 가지 수단이 있다면 그 중에 덜 위험한 수단을 선택해
야 하는 것입니다. 따라서 현재로서는 대다수의 환자들이 덜 위
험한 수단인, 「환자자주권리법」에서 제공하는 자연사의 권리를
누려야 하며, 사람들이 보편적으로 이 권리를 누린다면 그 이후
에 그 권리만으로는 충분하지 않은 소수를 위하여 의사조력자살
등의 방법을 논의할 수 있다는 것입니다.
참고로, 같은 연명의료(life-sustaining treatment)라는 말을 쓰
더라도, 「안녕완화조례」에서는 무의미한(futile) 의료를 뜻하는
반면, 「환자자주권리법」에서는 생명유지에 필수적인(necessary)
의료를 뜻합니다. 따라서 이 필수적인 의료를 그만둘 때에 생명

권과 자기결정권 사이의 절묘한 균형이 필요하므로 해당하는 질환과 중단이 가능한 처치의 범위를 규정하는 방식을 택했습니다.

6. 그 외에 입법과정에서 중요한 반대 의견과 그 의견을 제시한 그룹을 말씀하여 주십시오.

양: 「환자자주권리법」을 발의한 전 국회의원으로서, 저는 이 법이 몇 가지의 요소가 함께 작용했기 때문에 통과될 수 있었다고 봅니다. 첫째, 제 자신이 국회의원인 동시에 환자[7]였기 때문입니다. 아무도 제가 환자들을 해칠 의도로 법안을 발의하였을 것으로 의심하지 않았습니다. 두 번째는 정말로 많은, 좋은 의사들의 지지가 있었기 때문입니다. 세 번째는 정치적인 요소로 제가 속해 있던 여당 국민당뿐만 아니라 야당인 민진당에서도 굉장히 지지해 주는 의원이 많았다는 사실입니다. 이 덕분에 국회의원으로서 4년의 임기가 끝나기 직전에 해당 법안 통과에 성공하였습니다. 마지막으로 행정 관료와의 긴밀한 협업이 있었습니다. 보건복지부의 장관, 차관과 많은 협업을 하였습니다.

손: 특히 법 명칭과 조항은 차관과의 6시간의 토론을 거쳐 정한 것입니다. 또 정부기 인히였기 때문에 법정서시도 만들어서 제시하였습니다.

양: 입법과정에서 가장 큰 반대를 한 그룹은, 환자가 아니라 의사들이었습니다. 의사들이 결정할 수 있는 재량권을 환자들에게 넘기는 것에 대한 굉장한 저어함이 있었습니다. 이것은 보건복지부의 장관과 차관이 모두 의사이며, 의료와 관련된 법들은 의사들이 주로 발의를 하곤 하는 대만의 상황을 생각할 때 매우 중

---

7) 그녀는 19세에 미요시 근병증(Miyoshi myopathy)을 진단받은 희귀병 환자로, TV 앵커로 활동하는 한편 희귀병 환자 단체인 희귀질환재단(財團法人罕見疾病基金會, Taiwan Foundation for Rare Disorders)과 사단법인 취약병 환자 권익 촉진회(社團法人台灣弱勢病患權益促進會, Taiwan Organization For Disadvantaged Patients)를 대변한 이력이 있다.

요한 지점입니다. 따라서 가장 큰 도전은 의사들과의 소통이었습니다.

물론, 일부 환자들의 반대도 있었습니다. 특히 장애인 단체가 그러하였는데, 현재도 충분한 복지를 누리지 못하는데 이렇게 생애말기에 관한 선택을 할 수 있는 법이 제정되면 그 문제가 악화될 것이라는 우려였습니다. 그래서 저는 복지에 대한 권리와 생애말기에 대한 선택의 권리가 서로 충돌되지 않는다는 소통을 하였습니다. 저는 국회의원인 동시에 희귀질환재단(財團法人罕見疾病基金會)을 대변한 이력이 있었으며, 이 단체는 1999년에 설립된, 매우 강력한 단체이므로 제가 환자들로부터 신뢰를 받고 설득에 성공하였다고 생각합니다.

7 - 1. 시민의 민주적 참여를 폭넓게 보장하기 위한 구조가 있었나요? (정부안이 아니라 Yang 의원 안에 정부가 참여하는 형태였다고 하는데요)

양: 저는 국회의원이 되자마자 행정부에 이 법을 제안하였습니다. 그러나 진행이 되지 않았는데, 이 사안이 정부 입장에서는 긴급한 주제가 아니었기 때문입니다. 이에 따라 저희가 보다 주도적인 역할을 하고, 정부의 협조를 얻어 이 법을 통과시켰습니다. 공청회, 간담회 등을 거쳐 전문가 단체와 환자단체의 의견을 수렴하였습니다. 또한 행정부가 전문가를 위임하여 이 사안을 검토하도록 하였습니다.

7 - 2. 아시아에서 이 문제가 갖는 여러 복잡한 속성(예를 들어 환자 자기결정권에 대해서 "계몽"이 필요한 상황이기도 하다는 점)을 고려할 때, 제정을 위한 논의가 쉽지 않았을 것 같습니다. 제정 논의에서의 장애물은 무엇이 있었습니까?

손: 네, 한 가지 긍정적인 지점은 대만 사회에서 공유의사결정(shared decision making)에 대한 의식이, 적어도 전문가들 사이에서는

주도적인 사고방식이 되고 있다는 점입니다. 또한 환자 교육을 위한 환자단체도 많아지고 있어서 지식이 확대되고 있습니다. 물론 환자는 약자의 위치에 있어 의사의 권고를 따르는 것을 당연하게 생각하곤 하지만, 천천히 대중들도 공유의사결정의 개념을 받아들이고 있습니다.

8. 다음의 질문들은 「환자자주권리법」의 영향에 대한 것입니다. 이 법의 제정을 통해 대만 사회가 성취한 바와 앞으로 더 발전해야 한다고 보시는 부분은 무엇인지요?

손: 「환자자주권리법」을 통해 환자들이 자신의 생애말기의 치료에 대하여 사전에 결정할 권리를 보장하게 된 것은 성취입니다. 또한 이 법에 대하여 대중과 의료진들을 대상으로 많은 교육과 홍보를 하고 있습니다.

현재 실제 집행에서의 사례를 수집하여 이를 논문으로 작성하였습니다. 크게 세 가지 방향의 개정을 기획하고 있습니다.

첫째, 사전돌봄계획(預立醫療照護諮商, Advance Care Planning)의 비용을 국가가 지원하는 것입니다. 「환자자주권리법」 제9조 제1항 1호는 사전 의료 결정의 절차로서 "의료기관이 사전돌봄계획을 제공하고 그에 따른 사전 의료 결정에 날인"할 것을 요구하고 있습니다. 이를 위하여 1회에 2,000~3,500 대만달러가 소요됨에도 불구하고 이를 국가가 지원하고 있지 않으므로 개인이 부담합니다. 반면, 그 「환자자주권리법」 전부터 작성할 수 있었던 심폐소생금지(Do-Not-Resusitate, DNR)을 작성하는 데에는 추가적 비용이 전혀 들지 않습니다. 사전돌봄계획의 비용을 낮추거나 무료로 제공하라는 요청이 다양한 환자와 단체로부터 있었고 이 대상을 확대하려는 노력을 하고 있습니다.

둘째, 환자의 사전 의료 결정에 따른 연명의료나 인공 영양 및 수분의 중단, 제거 또는 유보를 위하여 의사가 해당 환자를 진단하는 데에 인센티브를 주도록 하는 것입니다. 「환자자주권리법」 제14조 제2항은 환자가 해당 의료적 상황인지 - 즉, 1. 말기환자. 2. 비가역적인 혼수(不可逆轉之昏迷) 상태 3. 영구적인 식물상태 4. 극중증의 치매(極重度失智) 5. 기타 중앙주관기관이 공고한 환자 질병 상태 또는 고통이 참기 어렵거나 질병이 회복할 수 없고 당시의 의료수준으로는 적절한 해결 방법이 없는 상황 중 하나이며 사전 의료 결정이 있는 상황 - 이라는 것을 "2명의 관련 전문의 자격이 있는 의사가 확진하고, 완화의료 팀의 최소한 2회 이상의 자문으로 확인하여야 한다"고 하였으나 이에 대한 인센티브가 전혀 없이 무료로 이루어지고 있습니다. 따라서 이에 인센티브를 배정하여 더 많은 의사들이 이 과정에 참여하도록 하고자 합니다.

셋째, 현재 완화의료에 대한 지불은 말기환자에게만 주어지는데, 말기가 아닌 환자들에게도 완화의료가 제공되도록 건강보험에 포함되게 하는 것입니다. 제16조는 "의료기관이나 의사는 연명의료나 인공영양과 수액공급을 중단, 제거 또는 유보할 때에는 환자에게 완화의료와 기타 적절한 처치를 제공하여야 한다."라고 규정하고 있으나 이에 대한 지불은 말기환자에게로 한정됩니다. 따라서 이를 확대하려고 합니다.

당시 입법과정 중에 정부 예산까지 고집할 수 있는 상황이 아니었으므로, 개정을 통해 이 문제를 다루고자 합니다. 이러한 개정에 따른 정부 지원은 연가 2억 대만달러 정도의 예산이 필요할 것으로 보이므로 대다수의 전문가가 호응하고 있습니다.

참고문헌

■ 제 1 장

국가생명윤리정책원, 연명의료결정 법제화 백서(국가생명윤리정책원, 2018).

법제처, "무의미한연명치료장치제거등(대법원, 2009.5.21. 선고, 2009 다17417)".

법제처, "살인(인정된 죄명: 살인방조)·살인(대법원, 2004.6.24 선고, 2002도995)".

"病人自主權利法".

Code de la santé publique (Fr).

Mental Capacity Act 2015 (UK).

Natural Death Act 2005 (WA).

Danielle Ko, Craig Blinderman, "Withholding and Withdrawing Life-sustaining Treatment (Including Artificial Nutrition and Hydration)," *Oxford Textbook of Palliative Medicine* (Oxford University Press, 2015).

Department for Constitutional Affairs, *Mental Capacity Act 2005 Code of Practice* (TSO, 2007), pp.166-167.

Ruiping Fan, "Self-determination vs. Family-determination: Two Incommensurable Principles of Autonomy: A Report from East Asia," Bioethics vol.11, no.3-4(1997).

So-Youn Park, et al., "A National study of Life-Sustaining Treatments in South Korea: What Factors Affect Decision-Making?," *Cancer Research and Treatment* vol.53, no.2(2020)

Xiaoyang Chen, Ruiping Fan, "The Family and Harmonious Medical Decision Making: Cherishing an Appropriate Confucian Moral Balance," *Journal of Medicine and Philosophy* vol.35, no.5(2010).

▸ 기타

국립연명의료관리기관 정보포털 웹사이트. https://www.lst.go.kr/main/main.do.

행정안전부, "주민등록 인구통계(2020년 2월 기준)", 행정안전부 웹사이트. https://jumin.mois.go.kr.

"사전연명의료의향서 등록현황 월간통계(2021년 3월 기준)", 국립연명의료관리기관 웹사이트. https://www.lst.go.kr/comm/monthly Statistics.do.

"연명의료결정법 논란 속 시행‥제도 보완에도 '머나먼 길'", 메디파나, 2018.12.31. https://www.medipana.com/article/view.php?news idx=232832.

■ 제2장

고윤석 외, "연명치료 중지에 관한 지침의 특징과 쟁점", 대한의사협회지 제54권 제7호(2011).

국가생명윤리심의위원회, 제3기 국가생명윤리심의위원회 2013 연례보고서(국가생명윤리심의위원회, 2013).

국가생명윤리정책원, 연명의료결정 법제화 백서(국가생명윤리정책원, 2018).

김세연의원 등 11인, "삶의 마지막 단계에서 자연스러운 죽음을 맞이할 권리에 관한 법안(의안번호 제9592호)", 2014.3.3. 발의.

김세연의원 등 32인, "호스피스·완화의료에 관한 법률안(의안번호 제14991호)", 2015.4.30. 발의.

김재원 외, 어떻게 죽음을 맞이해야 하나?(보건복지부, 2015).

김재원의원 등 10인, "호스피스·완화의료의 이용 및 임종과정에 있는 환자의 연명의료 결정에 관한 법률안(의안번호 제15988호)", 2015.7.7. 발의.

김정아, "연명의료결정법 제정 논의를 되돌아보기", 2023년 제1차 생명윤리 학술집담회(생명윤리학회 주최, 죽음과 생애말기돌봄 연구 소모임 주관), 2023.2.27.

김제식의원 등 10인, "암관리법 일부개정법률안(의안번호 제12767호)", 2014.12.2. 발의.

김춘진의원 등 10인, "암관리법 전부개정법률안(의안번호 제14518호)", 2015.4.1. 발의.

문재영 외, "대한의사협회 연명치료 중지에 관한 지침(2009)에 대한 한국중환자 전담의사의 인식", 한국의료윤리학회지 제14권 제3호(2011).

박형욱, "연명의료결정법 개정안 1, 2", 「연명의료결정제도 개선방안 마련 연구」 공청회 발표자료, 2022.12.29.

법제처, "무의미한연명치료장치제거등(대법원 2009. 5. 21. 선고 2009다17417)".

법제처, "업무상과실치사((대법원 2014. 6. 26. 선고 2009도14407)".

보건복지부, "연명치료중단 제도화 관련 사회적 협의체 제5차 회의 결과", 2010.4.14.

보건복지부, 한국의료윤리학회, "「연명의료결정제도 개선방안 마련 연구」 연구보고서", 2022.11.30.

신상진의원 등 12인, "존엄사법안(의안번호 제15510호)", 2015.6.9. 발의.

심태규(법제사법위원회 전문위원), "제338회 국회 법제사법위원회 체계자구보고서: 호스피스·완화의료 및 임송과성에 있는 환사의 연명의료결정에 관한 법률안(대안) 검토보고", 2015.12.

안규백의원 등 12인, "호스피스·완화의료 및 임종과정에 있는 환자의 연명의료결정에 관한 법률 일부개정법률안(의안번호 제15986호)", 2022.6.15. 발의.

암관리법(법률 제14031호)", 2016.2.3. 개정, 2017.8.4. 시행.

"연명의료의 환자 자기결정권, 특별법 제정 권고 – 2013년도 제1차 국가생명윤리심의위원회 심의 결과 발표", 보건복지부 보도자료, 2013.7.31.

"연명치료중단 제도화 관련 사회적 협의체 논의결과 발표", 보건복지부 보도자료, 2010.7.14.

이명수의원 등 12인, "암관리법 일부개정법률안(의안번호 제14351호)",

2015.3.17. 발의.

이상원, "'연명치료 중단'을 둘러싼 한국사회의 법적 논쟁에 관한 연구: 개혁주의적 인간관과 윤리관의 관점에서", 성경과 신학 제62 권(2012).

이석배, "존엄하게 죽을 권리와 의사조력자살", 한국의료윤리학회지 제 25권 제4호(2022).

정하용, "정부 제출 입법과 의원 발의 입법의 정책 영역 분석 – 19대 국회를 중심으로", 한국정당학회보 제16권 제2호(2017).

"제337회 국회 보건복지위원회 법안심사소위원회 회의록 제13호", 2015. 12.8.

"제337회 국회 보건복지위원회 회의록 제12호", 2015.12.9.

"제338회 국회 법제사법위원회 체계자구보고서: 호스피스·완화의료 및 임종과정에 있는 환자의 연명의료결정에 관한 법률안(대 안) 검토보고", 2015.12.

"제338회 국회 법제사법위원회 회의록 제3호", 2016.1.8.

"제440회 국회 보건복지위원회 제2법안심사소위원회 회의록 제1호", 2022.12.6.

최경석, "자기결정권 존중을 위해 선행해야 하는 것들: 의사조력자살과 연명의료 유보나 중단과 관련하여", 한국의료윤리학회지 제25 권 제4호(2022).

최선영(보건복지위원회 전문위원), "호스피스·완화의료 및 임종과정 에 있는 환자의 연명의료결정에 관한 법률 일부개정법률안 검 토보고," 2022.11.

최지연 외, "연명의료결정법과 의료기관윤리위원회: 현황, 경험과 문제 점", 한국의료윤리학회지 제22권 제3호(2019).

"호스피스·완화의료 및 임종과정에 있는 환자의 연명의료결정에 관한 법률(법률 제14031호)", 2016.2.3. 제정, 2017.8.4. 시행.

"호스피스·완화의료 및 임종과정에 있는 환자의 연명의료결정에 관한 법률(법률 제15542호)", 2018.3.27. 제정, 2018.3.27. 시행.

"호스피스·완화의료 및 임종과정에 있는 환자의 연명의료결정에 관한 법률(법률 제15912호)", 2018.12.11. 제정, 2019.3.28. 시행.

"호스피스·완화의료 및 임종과정에 있는 환자의 연명의료결정에 관한 법률(법률 제17218호)", 2020.4.7. 일부개정·시행.

"호스피스·완화의료 및 임종과정에 있는 환자의 연명의료결정에 관한 법률(법률 제18627호)", 2021.12.21. 일부개정, 2022.3.22. 시행.

Allen E. Buchanan, Dan W. Brock, *Deciding for Others: The Ethics of Surrogate Decision Making* (Cambridge University Press, 1989).

Tom L. Beauchamp, James F. Childress, *The Principles Biomedical Ethics, 8th Ed.* (Oxford University Press, 2019).

Young Ho Yun, et al., "Attitudes toward the Legalization of Euthanasia or Physician-Assisted Suicide in South Korea: A Cross-Sectional Survey," *International Journal of Environment Research and Public Health* vol.19, no.9(2022).

▸ 기타

"스위스와는 다른 한국형 'K-존엄사법'…어디까지 가능할까?", JTBC 뉴스, 2023.2.1. https://news.jtbc.co.kr/article/article.aspx?news_id=NB12113139.

"연도별 호스피스 서비스 이용률 통계자료", 국립암센터 중앙호스피스센터 웹사이트. https://hospice.go.kr:8444/?menuno=53.

"연명의료 중단 '환자 결정권' 특별법 제정을", 경향신문, 2013.7.31. https://m.khan.co.kr/national/health-welfare/article/201307312212095?utm_source=urlCopy&utm_medium=social&utm_content=sharing.

[트리거] 조력사망 대찬성 여론? … "비참한 의료 현실에 대한 공포", JTBC 뉴스, 2023.1.12. https://news.jtbc.co.kr/article/article.aspx?news_id=nb12110830.

■ 제 3 장

강다롱, "비교법적 검토를 통한 연명의료결정법의 개선 방향에 관한 제언", 연세 의료 · 과학기술과 법 제9권 제1호(2018).

김정아 외 3인, "국민건강보험공단 빅데이터를 통해 본 연명의료중단 등결정의 이행 현황", 생명, 윤리와 정책 제7권 제1호(2023).

법제처, "호스피스 · 완화의료 및 임종과정에 있는 환자의 연명의료결 정에 관한 법률(법률 제19466호)", 2016.6.13. 일부개정, 2024.6.14. 시행.

보건복지부, 2022 국가 호스피스 · 완화의료 연례보고서(중앙호스피스 센터, 2022).

이은영, 이소현, 백수진, "연명의료결정제도의 한계와 개선 방향 모색 을 위한 고찰", 한국의료법학회지 제30권 제2호(2022).

전명길, "웰다잉을 위한 연명의료결정법의 개선 방안", 인문사회 21 제 11권 제3호(2020).

정경희 외 4인, 죽음의 질 제고를 통한 노년기 존엄성 확보 방안(한국 보건사회연구원, 2018).

정서연 외 3인, "「연명의료결정법」 시행에 따른 연명의료결정 수가 시 범사업 운영 현황", 생명, 윤리와 정책 제6권 제1호(2022).

정순태, "연명의료결정제도의 개선 및 활용성 제고 방안: '호스피스 완 화의료 및 임종과정에 있는 환자의 연명의료 결정에 관한 법 률'을 중심으로", 대구한의대학교 박사학위논문(2016).

"제337회 국회 보건복지위원회 회의록 제12호", 2015.12.9.

최지연 외 3인, "연명의료결정법과 의료기관윤리위원회: 현황, 경험과 문제점", 한국의료윤리학회지 제22권 제3호.

Hyun Ah Kim, Minseob Cho, and Dae-Soon Son, "Temporal Change in the Use of Laboratory and Imaging Tests in One Week Before Death, 2006‐2015," *Journal of Korean Medical Science* vol.38, no.12(2023).

Juneyoung Lee, et al., "Cohort Profile: The National Health Insurance Service-National Sample Cohort (NHIS-NSC), South Korea," *International Journal of Epidemiology* vol.46, no.2(2017).

Myunghee Kim, "The Problems and the Improvement Plan of the

Hospice/Palliative Care and Dying Patient's Decisions on Life-Sustaining Treatment Act," *Journal of Hospice and Palliative Care* vol.21, no.8(2018).

Seong-Hun Kang, et al., "Diagnostic Value of Anti-Nuclear Antibodies: Results From Korean University-Affiliated Hospitals," *Journal of Korean Medical Science* vol.37, no.19(2022).

So-Youn Park, et al., "A National Study of Life-Sustaining Treatments in South Korea: What Factors Affect Decision-Making?," *Cancer Research and Treatment* vol.53, no.2(2020).

Young Ho Yun, et al., "Public Attitudes Toward Dying with Dignity and Hospice, Palliative Care," *Journal of Hospice and Palliative Care* vol.7, no.1(2004).

Young-Woong Won, et al., "Life-Sustaining Treatment States in Korean Cancer Patients after Enforcement of Act on Decisions on Life-Sustaining Treatment for Patients at the End of Life," *Cancer Research and Treatment* vol.53, no.4(2021).

■ 제 4 장

"개인정보 보호법(법률 제16930호)", 2020.2.4. 일부개성, 2020.8.5. 시행.

고윤석, "우리 사회의 의사조력자살 법제화", 한국의료윤리학회지 제25권 제4호(2022).

김효신, 김정아, "사회적 합의를 위하여 우선 필요한 것: 무엇을 모르고 있는지 아는 것", 한국의료윤리학회지 제25권 제4호(2022).

박형욱, "환자연명의료결정법의 제정과 과제", 저스티스 제158권 제3호(2016).

법제처, "무의미한연명치료장치제거등(대법원, 2009.5.21. 선고, 2009다17417)".

보건복지부, 「연명의료결정법」 시행에 따른 수가 시범사업 지침(보건복지부, 2018).

최지연, 장승경, 김정아 외 1명, "연명의료결정법과 의료기관 윤리위원회: 현황, 경험과 문제점", 한국의료윤리학회지 제22권 제3호 (2019).

"호스피스 · 완화의료 및 임종과정에 있는 환자의 연명의료결정에 관한 법률(법률 제18627호)", 2021.12.21. 일부개정, 2022.3.22. 시행.

C.J. Kim, "Barriers to Informed Refusal in Korea," *Acta Bioethica* vol.27, no.2(2021).

C.J. Kim, J.H. Kim, "Korea'a First Legislation on Decision on Life-sustaining Treatment," *Medicine and Law* vol.40, no.4(2021).

D.Y. Kim, K.E. Lee, E,M. Nam, et al., "Do-not-resuscitate Orders for Terminal Patients with Cancer in Teaching Hospitals of Korea," *J palliat Med* vol.10(2007).

D.Y. Oh, J.H. Kim, S.A. Im, et al., "CPR or DNR? End-of-life Decision in Korean Cancer Patients: A Single Center's Experience," *Support Care Cancer* vol.14(2006).

H.J. Kim, Y.J. Kim, J.H. Kwon, et al., "Current Status and Cardinal Features of Patient Autonomy after Enactment of the Life-Sustaining Treatment Decisions Act in Korea," *Cancer Res Treat* vol.53, no.4(2021).

H.Y. Lee, H.J. Kim, J.H. Kwon, et al., "The Situation of Life-Sustaining Treatment One Year after Enforcement of the Act on Decisions on Life-Sustaining Treatment for Patients at the End-of-Life in Korea: Data of National Agency for Management of Life-Sustaining Treatment," *Cancer Res Treat* vol.53, no.4(2021).

J. Park, C.J. Kim, "Recent Decrease in Organ Donation from Brain-Dead Potential Organ Donors in Korea and Possible Causes," J Korean Med Sci vol.35, no.13(2022).

J. Phua, G.M. Joynt, M. Nishimura, et al., "Withholding and Withdrawal of Life-Sustaining Treatments in Intensive Care Units in Asia," *JAMA Internal Medicine* vol.175, no.3(2015).

K.H. Kim, "Comorbidity Adjustment in Health Insurance Claim Database," *Health Policy and Management* vol.26, no.1 (2016).

M. Lee, S. Song, J. Choi, et al., "Changes of brain death donors for recent 10 years in Korea: based on Organ Transplantation Law," *Korean J Transplant* vol.36, Supplement 1(2022).

M.E. Charlson, P. Pompei, K.L. Ales, et al., "A new method of classifying prognostic comorbidity in longitudinal studies: development and validation," *J Chronic Dis* vol.40, no.5 (1987).

P.C. Austin, "An Introduction to Propensity Score Methods for Reducing the Effects of Confounding in Observational Studies," *Taylor & Francis* vol.46, no.3(2011).

S.K. Baek, H.J. Kim, J.H. Kwon, et al., "Preparation and Practice of the Necessary Documents in Hospital for the "Act on Decision of Life-Sustaining Treatment for Patients at the End-of-Life," *Cancer Res Treat* vol.53, no.4(2021).

S.Y. Park, B. Lee, J.Y. Seon, et al., "A National Study of Life-Sustaining Treatments in South Korea: What Factors Affect Decision-Making?," *Cancer Res Treat* vol.53, no.2 (2021).

W.Y. Won, H.J. Kim, J.H. Kwon, et al., "Life-Sustaining Treatment States in Korean Cancer Patients after Enforcement of Act on Decisions on Life-Sustaining Treatment for Patients at the End of Life," *Cancer Res Treat* vol.53, no.4(2021).

World Medical Association, 『의료윤리지침』(Medical Ethics Manual, 대한의사협회 게시 공식 번역본) (Ferney-Voltaire Cedex, France: World Medical Association, 2005).

▸ 기타

"2022년 연명의료결정제도 시행 현황 실태조사", 국립연명의료관리기관, 2022. https://www.lst.go.kr/comm/noticeDetail.do?pgNo-

1&cate-&searchOption-0&searchText-&bno-2982.
"사망자 23% 임종 맞는 요양병원 '호스피스 인증제 필요'", 청년의사,
2022.12.5.
"연명의료정보처리시스템", 국립연명의료관리기관, 2023.
https://intra.lst.go.kr/login/pkiLogin.do.
"'연명치료 중단' 김 모 할머니, 201일 만에 별세", YTN, 2010.1.10.
"월별통계", 국립연명의료관리기관, 2023.
https://www.lst.go.kr/comm/monthlyStatistics.do.

■ 제 5 장

김장한, "'김할머니' 사례로 살펴본 가정적 연명의료결정에 관한 연구",
의료법학 제17권 제2호(2016).
김제선, 한연주, "초고령사회 진입 지방자치단체 노인의 의료비부담과
가구 유형의 영향", 한국콘텐츠학회논문지 제17권 제7호(2017).
대한간호협회, "한국간호사 윤리강령"(안승희 외 3인, 생명윤리에 기초
한 간호전문직 윤리(대한간호협회, 2018) 수록).
법제처, "무의미한연명치료장치제거등(대법원, 2009.5.21. 선고, 2009
다17417)".
최경석, "호스피스・완화의료 및 연명의료결정에 관한 법률의 쟁점과
향후 과제", 한국의료윤리학회지 제19권 제2호(2016).
"호스피스・완화의료 및 임종과정에 있는 환자의 연명의료결정에 관한
법률(법률 제14031호)", 2016.2.3. 제정, 2017.8.4. 시행.
홍성애, 문선순, "가족구성원별 생명연장술에 대한 선호도 연구", 한국
노년학 제27권 제4호(2007).

American Nurses Association, Code of Ethics for Nurses(American
Nurses Association, 2015). https://www.nursingworld.org/
practice-policy/nursing-excellence/ethics/code-of-ethics-
for-nurses/.
B. Miller, "Nurses in the Know: The History and Future of
Advance Directives," *OJIN: The Online Journal of Issues in*

Nursing vol.22, no.3(2017).

Ho Geol Ryu, et al., "Survey of Controversial Issues of End-of-life Treatment Decisions in Korea: Similarities and Discrepancies between Healthcare Professionals and the General Public," *Critical Care* vol.17, no.5(2013).

Hyeyoung Hwang, Sook Ja Yang, and Sarah Yeun-Sim Jeong, "Preferences of Older Inpatients and Their Family Caregivers for Life-sustaining Treatments in South Korea," *Geriatric Nursing* vol.39, no.4(2018).

International Council of Nurses, The ICN Code of Ethics for Nurses(International Council of Nurses, 2012). https://www. icn.ch/sites/default/files/2023-06/ICN_Code-of-Ethics_EN_Web.pdf.

Ivo Kwon, et al., "A Survey of Seriously Ill Patients Regarding End-of-life Decisions in Some Medical Institutions of Korea, China, and Japan," *Journal of Medical Ethics* vol.38, no.5(2012).

J. M. Baruth, M. I. Lapid, "Influence of psychiatric symptoms on decisional capacity in treatment refusal," *AMA Journal of Ethics* vol.19, no.5(2017).

Ji Yeong Ryu, et al., "Physicians' Attitude toward the Withdrawal of Life-sustaining Treatment: A Comparison between Korea, Japan, and China," *Death Studies* vol.40, no.10 (2016).

M. D. Sullivan, S. J. Youngner, "Depression, competence, and the right to refuse lifesaving medical treatment," *The American Journal of Psychiatry* vol.15, no.7(1994).

M. S. Bosek, J. Fitzpatrick, "Finding the Right Words," *RN* vol.54, no.11(1991).

Tom L. Beauchamp, James F. Childress, *The Principles Biomedical Ethics, 8th Ed.* (Oxford University Press, 2019).

▶ 기타

[가톨릭 시시각각] 박수정 기자 "연명의료 결정법, 존엄사법 웰다잉법 아냐", 가톨릭평화신문, 2018.2.2. https://news.cpbc.co.kr/

article/710227.

국민연금연구원, "우리나라 중고령자의 노후준비 실태와 기대(1권) - 제3차(2010년도) 국민노후보장패널 부가조사 분석보고서 -", 2022. https://institute.nps.or.kr/jsppage/research/resources/ resources_02.jsp?cmsId-system&seq-10349&viewFlag-true.

"'18년 2월 4일, 연명의료결정제도 본격 시행(보도자료)", 보건복지부, 2018.1.24. https://www.mohw.go.kr/board.es?mid-a105030 10 100&bid-0027&cg_code-.

■ 제6장

박중철, 나는 친절한 죽음을 원한다(홍익출판미디어그룹, 2022).

박형욱, "환자연명의료결정법의 제정과 과제", 저스티스 제158권 제3 호(2017).

배현아, "환자 자기결정권과 충분한 정보에 근거한 치료거부(informed refusal) : 판례 연구", 의료법학 제18권 제2호(2017).

안규백의원 등 12인, "호스피스·완화의료 및 임종과정에 있는 환자의 연명의료결정에 관한 법률 일부개정법률안(의안번호 제15986 호)", 2022.6.15. 발의.

윤태영, "예비 의료인의 연명의료결정제도 인식 확대를 위한 의과대학 교육과정 개편 방안 연구", 보건복지부 연구보고서, 2021. https://www.prism.go.kr/homepage/entire/researchDetail.d o?researchId-1351000-202100264&menuNo-I0000002.

이일학, "의료기관 내 연명의료 결정 실태조사에 기반한 상담돌봄계획 매뉴얼 개발연구", 보건복지부 연구보고서, 2020. https://www. prism.go.kr/homepage/entire/researchDetail.do?researchId- 1351000-202000322&menuNo-I0000002.

지안 도메니코 보라시오/김영하 역, 스스로 선택하는 죽음(동녘사이언 스, 2015).

최선영(보건복지위원회 전문위원), "호스피스·완화의료 및 임종과정 에 있는 환자의 연명의료결정에 관한 법률 일부개정법률안 검토보고," 2022.11.

최은경 외 6인, "각국의 연명의료 관련 결정 절차와 기구에 관한 고찰: 대만, 일본, 미국, 영국을 중심으로", 한국의료윤리학회지 제 20권 제2호(2017).

Alice M. Revised by Bond P, "Treatment refusal," *Gale Encyclopedia of Surgery and Medical Tests 4th edition*(Gale, Part of Cengage Group, 2020).

American Medical Association, "Withholding or Withdrawing Life-Sustaining Treatment. Code of Medical Ethics Opinion 5.3." https://www.ama-assn.org/delivering-care/ethics/withholding-or-withdrawing-lifesustaining-treatment.

Barber v. Superior Court. 1983. 195 Cal. Rptr. 484 (Ct. App.1983).

Cruzan v. Director, Missouri Department of Health. 1990. 497 U.S. 261 (1990).

Dae Seog Heo, et al., "Problems Related to the Act on Decisions on Life-Sustaining Treatment and Directions for Improvement," *Journal of Hospice and Palliative* Care vol.25, no.1(2022).

Quinlan, In re. 1976. 355 A.2d 647 (N.J.), cert. denied, 429 U.S. 922 (1976).

World Medical Association, *Medical Ethics Manual 3rd edition* (World Medical Association, 2015).

Young Ho Yun, et al., "Attitudes toward the Legalization of Euthanasia or Physician-Assisted Suicide in South Korea: A Cross-Sectional Survey," *International Journal of Environment Research and Public Health* vol.19, no.9(2022).

▸ 기타

"[단독] 국민 81%·의사 50%·국회의원 85% "의사조력사망 도입 찬성" [금기된 죽음, 안락사③]", 서울신문, 2023.7.12. https://www.seoul.co.kr/news/plan/euthanasia-story/2023/07/12/20230712001005.

National Health System, Do I have the right to refuse treatment? National Health System U.K. https://www.nhs.uk/ common-health-questions/nhs-services-and-treatments/d o-i-have-the-right-to-refuse-treatment/#:~:text=In%2 0most%20cases%20yes.,your%20organs%20after%20your%20 death.

■ 제 7 장

김현철, 권복규, 생명 윤리와 법, 이화여자대학교 출판부(2009).

노동일, "치료거부권, 죽을 권리 및 존엄사에 대한 재검토: 헌법적 관점에서", 공법학연구 제10권 제2호(2009).

노동일, "헌법상 연명치료중단에 관한 자기결정권의 행사방법과 그 규범적 평가", 경희법학 제46권 제4호(2011).

대법원, 2002.10.11. 선고 2001다10113 판결.

대법원, 2009.5.21. 선고 2009다17417 판결.

대법원, 2014.6.26. 선고 2009도14407 판결.

대법원, 2023.3.9. 선고 2020다218925 판결.

대한의학회, 말기와 임종과정에 대한 정의 및 의학적 판단지침, 대한의학회(2016).

박혜진, "의사결정능력 있는 미성년자 환자에 대한 의사의 설명의무-대법원 2023.3.9. 선고 2020다218925 판결을 중심으로-", 법조 제72권 제5호(2023).

배현아, "환자 자기결정권과 충분한 정보에 근거한 치료거부: 판례연구", 의료법학 제18권 제2호(2017).

보건복지부, 한국의료윤리학회, "「연명의료결정제도 개선방안 마련 연구」 연구보고서", 2022.11.30.

유기훈, "의사능력에 기반한 후견제도와 정신건강복지법의 융합-북아일랜드 정신능력법[Mental Capacity Act (Northern Ireland) 2016]의 제정 과정과 그 의의를 중심으로-", 의료법학 제24권 제3호(2023).

이부하, "연명의료결정법의 법적 쟁점 및 개선방안", 법제논단 제688

권(2020).

이희재, 김정아, "쟁점 중심으로 본 연명의료결정법 제정 논의", 생명윤리정책연구 제16권 제2호(2023).

최경석, "사전지시 제도의 윤리적 사회적 함의", 홍익법학 제10권 제1호(2009).

허순철, "헌법상 치료거부권 - 의사무능력자를 중심으로-", 법과 정책연구 제11권 제2호(2011).

Alasdair Maclean, *Autonomy, Informed Consent and Medical Law: A Relational Challenge* (Cambridge: Cambridge University Press, 2009).

Allen E. Buchanan, Dan W. Brock, *Deciding for Others: The Ethics of Surrogate Decision Making. Cambridge* (UK: Cambridge University Press, 1990).

Amy S. Kelley, Diane E. Meier, "Palliative Care-A shifting paradigm The New England," *Journal of Medicine* vol.363, no.8(2010).

California Health and Safety Code §1262.6(a)(3).

Cruzan v. Director, Missouri Dep't of Health, 494 U.S. 210-309 (1990).

Danielle N. Ko, "Withholding and Withdrawing Life-Sustaining Treatment (Including Artificial Nutrition and Hydration)," *Oxford Textbook of Palliative Medicine (Oxford, UK: Oxford University Press,* 2015).

Erwin Chemerinsky, *Constitutional Law: Principles and Policies, 5th Ed.* (New York, NY: Wolters Kluwer, 2019).

Hye Yoon Park, et al., "For the Universal Right to Access Quality End-of-Life Care in Korea: Broadening Our Perspective after the 2018 Life-Sustaining Treatment Decisions Act," *Journal of Korean Medical Science* vol.39, no.12(2024).

In re J.M., 416 N.J. Super. 222, 3 A.3d 651 (Ch. Div. 2010).

Jennifer S. Temel, et al., "Early Palliative Care for Patients with Metastatic Non-Small-Cell Lung Cancer," *The New England Journal of Medicine* vol.363, no.8(2010).

Jenny HC Chen, "Changing Landscape of Dialysis Withdrawal in Patients with Kidney Failure: Implications for Clinical Practice," *Nephrology* vol.27, no.7(2022).

John H. Galla, "Clinical Practice Guideline on Shared Decision-Making in the Appropriate Initiation of and Withdrawal from Dialysis," *Journal of the American Society of Nephrology* vol.11, no.7(2000).

Joshua M. Baruth, "Influence of Psychiatric Symptoms on Decisional Capacity in Treatment Refusal," *AMA Journal of Ethics* vol.19, no.5(2017).

Libby Sallnow, et al., "Lancet commission on the value of death, Report of the Lancet Commission on the Value of Death: Bringing Death Back into Life," *The Lancet* vol.399, no.10327(2022).

Mark D. Sullivan, Stuart J. Youngner, "Depression, Competence, and the Right to Refuse Lifesaving Medical Treatment," *American Journal of Psychiatry* vol.151, no.7(1994).

Matter of Quinlan, 70 N.J. 10, 355 A.2d 647-670 (1976).

Matthews Municipal Ordinances §39:113.

McKay v. Bergstedt, 106 Nev. 808, 801 P.2d 617 (1990).

Nancy Berlinger, Bruce Jennings, and Susan M. Wolf, *The Hastings Center Guidelines for Decisions on Life-Sustaining Treatment and Care Near the End of Life. 2nd Ed.* (Oxford, UK: Oxford University Press, 2013).

Patient Self-Determination Act §2.

President's Commission for the Study of Ethical Problems in Medicine and Biomedical and Behavioral Research, *Deciding to Forego Life-Sustaining Treatment: A Report on the Ethical, Medical, and Legal Issues in Treatment Decisions* (Honolulu, HI: University Press of the Pacific, 1983, Reprint 2006).

Renal Physicians Association, *Shared Decision-Making in the Appropriate Initiation of and Withdrawal from Dialysis* (Rockville, MD: Renal Physicians Association, 2000).

Ruth Faden, Tom A. Beauchamp, *History and Theory of Informed*

Consent (New York: Oxford University Press, 1986).

Sara N. Davison, "Executive Summary of the KDIGO Controversies Conference on Supportive Care in Chronic Kidney Disease: Developing a Roadmap to Improving Quality Care," *Kidney International* vol.88, no.3(2015).

Schloendorff v. Society of New York Hospital, 105 N.E. 92, 93 (1914).

Sophie Brannan, et al., *British Medical Association, Medical Ethics Today: the BMA's Handbook of Ethics and Law* (London, UK: British Medical Association, 2012).

Stouffer v. Reid, 184 Md. App. 268, 965 A.2d 96 (2009), aff'd, 413 Md. 491, 993 A.2d 104 (2010).

Suenram v. Society of Valley Hospital 155 NJ Super 593, 383 A2d 143 (1977).

Superintendent of Belchertown State Sch. v. Saikewicz 373 Mass. 728 (1977).

Thomas Grisso, "The MacCAT-T: A Clinical Tool to Assess Patients' Capacities to Make Treatment Decisions," *Psychiatric Services* vol.48, no.11(1997).

Tom Beauchamp, Jams Childress, *Principles of Biomedical Ethics, 7th Ed.* (New York: Oxford University Press, 2019).

Union Pac. R. Co. v. Botsford, 141 U.S. 250, 251 (1891).

▶ 기타

American Medical Association, "AMA Code of Medical Ethics; 5.3 Withholding or Withdrawing Life-Sustaining Treatment." https://code-medical-ethics.ama-assn.org/sites/amacoedb/files/2022-08/5.3.pdf.

American Medical Association, "AMA Principles of Medical Ethics." https://code-medical-ethics.ama-assn.org/principles.

Jennifer Hawkins, Louis C. Charland, "Decision-Making Capacity", Edward N. Zalta ed., The Stanford Encyclopedia of Philosophy (Fall 2020 Edition). https://plato.stanford.edu/archives/fall2020/entries/decision-capacity/.

National Health Service, "Overview Consent to Treatment,"

National Health Service. https://www.nhs.uk/conditions/consent-to-treatment.

Nir Eyal, "Informed Consent," Edward N. Zalta ed., *The Stanford Encyclopedia of Philosophy (Spring 2019 Edition)*. https://plato.stanford.edu/archives/spr2019/entries/ informed-consent/.

Ronald B. Standler, *Legal Right to Refuse Medical Treatment in the USA (2012)*. http://www.rbs2.com/rrmt.pdf.

World Health Organization, "2020 Fact Sheets Palliative Care." https://www.who.int/news-room/fact-sheets/detail/palliative-care.

World Medical Association, "WMA Declaration on Lisbon on the Rights of the Patient," World Medical Association. https://www.wma.net/policies-post/wma-declaration-of-lisbon-on-the-rights-of-the-patient/.

World Medical Association, *Medical Ethics Manual, 3rd Ed.* (World Medical Association, 2015). https://www.wma.net/what-we-do/education/medical-ethics-manual/ethics_manual_3rd_nov2015_en/.

■ 제8장

고윤석 외 8인, "연명치료 중지에 관한 지침의 특징과 쟁점", 대한의사협회지 제54권 제7호(2011).

고윤석, "우리 사회의 의사조력자살 법제화", 한국의료윤리학회지 제25권 제4호(2022).

국가생명윤리정책원, 연명의료결정 법제화 백서, 국가생명윤리정책원(2018).

권정혜 외 4인, "연명의료중단 현황 파악 및 한국형 의사-환자 공유의 사결정 모델 탐색", 한국보건의료연구원 연구보고서, 2020. https://www.neca.re.kr/lay1/program/S1T11C145/report/view.do?seq-285.

김세연의원 등 11인, "삶의 마지막 단계에서 자연스러운 죽음을 맞이할 권리에 관한 법안(의안번호 제9592호)", 2014.3.3. 발의.

김재원의원 등 10인, "호스피스·완화의료의 이용 및 임종과정에 있는 환자의 연명의료 결정에 관한 법률안(의안번호 제15988호)", 2015.7.7. 발의.

박소연, "연명의료결정 관련 수가 시범사업 평가 및 개선방안 연구", 보건복지부 연구보고서, 2021. https://www.prism.go.kr/home page/entire/researchDetail.do?researchId-1351000-2021002 63&gubun-totalSearch&menuNo-I0000002.

법제처, "무의미한연명치료장치제거등(대법원 2009. 5. 21. 선고 2009 다17417 전원합의체 판결)".

법제처, "호스피스·완화의료 및 임종과정에 있는 환자의 연명의료결정에 관한 법률(법률 제14031호)," 2016.2.3. 제정, 2017.8.4. 시행.

윤태영, "예비 의료인의 연명의료결정제도 인식 확대를 위한 의과대학 교육과정 개편 방안 연구", 보건복지부 연구보고서, 2021. https://www.prism.go.kr/homepage/entire/researchDetail.do?researchId-1351000-202100264&gubun-totalSearch&menuNo-I0000002.

이윤성, "호스피스와 연명의료 및 연명의료 중단등 결정에 관한 종합계획 수립연구", 보건복지부 연구보고서, 2017. https://www.prism.go.kr/homepage/entire/researchDetail.do?researchId-1351000-201800213&gubun-totalSearch&menuNo-I0000002.

이일학, "의료기관 내 연명의료 결정 실태조사에 기반한 상담돌봄계획 매뉴얼 개발연구", 보건복지부 연구보고서, 2020. https://www.prism.go.kr/homepage/entire/researchDetail.do?researchId-1351000-202000322&menuNo-I0000002.

이희재, 김정아, "쟁점 중심으로 본 연명의료결정법 제정 논의", 생명윤리정책연구 제16권 제2호(2023).

헌법재판소, "입법부작위 위헌확인(2009. 11. 26. 2008헌마385 전원재판부)".

A. Koriat, "Metacognition and Consciousness," *The Cambridge*

Handbook of Consciousness (Cambridge University Press, 2007).

G. G. Fisher, L. H. Ryan, "Overview of the Health and Retirement Study and Introduction to the Special Issue," Work, Aging and Retirement vol.4, no.1(2018).

Institute of Medicine, *Dying in America: Improving Quality and Honoring Individual Preferences Near the End of Life*(National Academies Press, 2015).

J. M. Teno, et al., "Patient-Focused, Family-Centered End-of-Life Medical Care," *Journal of Pain and Symptom Management* vol.22, no.3(2001a).

J. M. Teno, et al., "Validation of Toolkit After-Death Bereaved Family Member Interview," *Journal of Pain and Symptom Management* vol.22, no.3(2001b).

R. P. Anhang, "Development of Valid and Reliable Measures of Patient and Family Experiences of Hospice Care for Public Reporting," *Journal of Palliative Medicine* vol.21, no.7(2018).

▸ 기타

Consumer Assessment of Healthcare Providers and Systems (CAHPS®) Hospice Survey. https://www.cms.gov/ medicare/ quality/hospice/cahpsr-hospice-survey.

Health and Retirement Study (HRS), National Institute on Aging. https://www.nia.nih.gov/research/resource/health-and-retirement-study-hrs.

National Health and Aging Trends Study (NHATS), National Institute on Aging. https://www.nia.nih.gov/research/resource/health-and-retirement-study-hrs.

National Institute on Aging, National Health and Aging Trends Study (NHATS). https://www.nia.nih.gov/research/resource/national-health-and-aging-trends-study-nhats.

찾아보기

존엄한 죽음은 가능한가 – 연명의료결정법의 한계와 대안 –

2025년 1월 10일 초판 인쇄
2025년 1월 25일 초판 1쇄 발행

저 자 김 정 아 외 7 인
발행인 배 효 선

발행처 도서
출판 **法 文 社**

주 소 10881 경기도 파주시 회동길 37-29
등 록 1957년 12월 12일/제2-76호(윤)
전 화 (031)955-6500~6 FAX (031)955-6525
E-mail (영업) bms@bobmunsa.co.kr
(편집) edit66@bobmunsa.co.kr
홈페이지 http://www.bobmunsa.co.kr
조 판 법 문 사 전 산 실

정가 23,000원 ISBN 978-89-18-91578-4